U0687557

穿越春秋
品管仲

李任飞 // 著

中国青年出版社

前言　谜一样的男人

2009 年，我开始写《向管仲学管理》一书，书的开头写了这样一段话：

很多人第一次听说管仲，是在《隆中对》里。诸葛亮喜欢把自己跟管仲相比，所以我们才有幸从这位家喻户晓的名人嘴里知道了一个人名——管仲。

对于很多中国人来说，管仲仅仅是一个人名。

——他到底是谁？

——干过什么？

——干得怎么样？

——他给后人留下了什么？

——他留下的东西有什么用处？

这些问题，很少有人能够回答。

其实在此之前，国内已经有很多机构和个人做过相当多的努力。

1987 年，由山东理工大学主管，齐文化研究院主办的《管子学刊》正式创刊。为国内外传统文化研究者提供了一个做专题探讨的重要园地。

2004 年，山东省淄博市临淄区，以管仲墓为依托的管仲纪念馆正式落成并对外开放。是当时中国第一个运用现代技术手段，系统展示管仲生平、《管子》思想以及中国历代名相的专题性纪念馆。

这些努力固然非常重要，但影响主要集中在管子研究圈、淄博地区，或者管氏宗亲范围之内。管仲为全国人民所知晓，还须假以时日。

有一个故事在圈内传播得很广：大概是在 20 世纪 90 年代，山东省一家文化机构召开了一次"管子文化研讨会"，当时派人去机场、火车站，打着招牌接人。这个时候就有人过来问：你们是研究什么管子的？在他的嘴里"管子"指的是建筑材料。那次研讨会结束以后，还有人写信过来说：听说你们最近开了个会，开得很成功，说是研究管子。但不知道你们研究的是什么管子？是钢管子、铝管子、铜管子还是塑料管子。从地理位置上推测，你们有可能研究的是陶瓷管子。

可喜的是最近十年，公众的认知发生了很大变化。

从 2008 年开始，贾志刚先生的小说《说春秋》开始在网上连载，并于 2009 年正式出版。虽然讲述了三百多年的春秋故事，但其中对管仲这个人物的描写，以及对他思想的集中展示，都给读者留下了非常深刻的印象。

2010 年 3 月，中央电视台科教频道《百家讲坛》栏目，播出了浙江大学董平教授的五集电视讲座《名相管仲》。对于解释管仲是谁、干什么的、干得怎么样等问题，做出了回答。

2011 年清明节，北京中华世纪坛四十位文化先贤雕像落成。其中管仲位列第一，站在老子和孔子之前。虽然这个排序主要依照的是在世时间，但第一的位置还是很容易引发联想。同时，中华管子文化促进会在京宣告成立。

以上这些事件，面向全国乃至全世界的读者、观众、游客。无论是从高度，还是广度，都为管仲个人以及管子思想传播开创了更为宏大的局面。

其实，我的研究工作是与这种时代大潮相呼应的。

2010 年 6 月，全国 118 家地方电视台的同名栏目《前沿讲座》，播出了我的九集电视讲座《向管子学管理》。管仲是宰相，治国思想与管理理论之间具有非常密切的关系。让现代职场人士了解到中国古代原生的管理智慧，他的思想开始为现代社会直接创造价值。

2012 年 1 月，历时三年写作，我的《向管仲学管理》一书正式出版。这本书把管子思想与实践，按照目标、价值、信息、规划、结构、规范、文化、督导、人力资源等九大模块进行归纳分析，得到了非常可喜的成果。可以自豪地说，现代西方管理学的发展，基本上还是在 2700 年前管子思想的系统框架之内进行的细化和变换。

2015 年 10 月，在教育部主办的"中国大学 MOOC 网"上，我所主讲的大型在线开放课程（简称慕课）《中华名相之管仲管理思想》上线，当年共有68000 位学员选修了这门课程。次年初，由果壳网发布 2015 年全球慕课排行榜，我的这门慕课评分位列全球第十三名，中国内地高校第四名。2017 年这门课程被教育部评定为"国家级精品开放课程"。

现在，我对管子思想的研究，已经不再局限于管理方向，开始延伸到哲学、经济、军事、文化、科技等领域。并且，以管仲为核心的讲座和课程，除黑龙江、安徽和港澳台地区之外，已经随着我的脚步，送到了全国数百家党政机关、高等学府、企事业单位，听众人数以百万计。

随着时间推移，对管仲越来越熟悉，我的内心总有一种非常强烈的冲动，就是想真正走进他的内心世界。之前的研究者往往站在客观角度，并没有认真分析作为一个活生生的人，他是如何感受和思考的，他有什么人性特点，他的一系列行为有什么原始动机等等。我想这些问题，对于绝大多数并不专门从事政治和管理工作的人而言，可能会有更大的兴趣以及现实价值。所以，2017年 6 月，我向中央电视台《百家讲坛》栏目提交了十八集电视讲座规划。并从此进入长达两年的苦熬苦修，最终达成心愿：电视讲座《穿越春秋品管仲》终于与广大观众见面了！

但是在同一个电视栏目第二次讲述管仲话题，当然要与第一次有所不同。经过与制片人那尔苏、陈力和总编导魏学来的反复沟通，最终形成了如下共识：

第一，对管仲的生平大事做全面细致深入的讲述。投放更多的精力去关注历史细节当中的人性、感情和智慧，分析事件之间的内在联系以及历史记载的弦外之音。所以，这次讲座更加强调的是一个"品"字。

第二，管仲的精彩，远不同于清风雅韵、快意恩仇、朝堂心机、旷野军争等等通俗趣味，而是在于他对政治、文化、行政、司法、土地、人才、信息、商业、金融、科技、军事、外交等等方面的思考和作为。这样的内容使他在诸子百家中独具特色，但显然并不容易讨好观众。所以这次讲座必须努力把硬壳知识变得柔软可亲。

第三，无论是谁都永远无法真正回到古代场景当中，因此讲座最在意的还是为现代人带来参考价值。所以从历史联系现实，用现代思维理解古代的生活，这样才能发现历史的新意。

虽然有了电视传播，但也不能忘记书籍传播这一途径。在以上大背景之下，经过与中国青年出版社彭岩老师的通力合作，对讲稿进行了重新整理，《穿越春秋品管仲》一书终于得以顺利出版。

为了便于读者顺利阅读，在此对这本书进行如下说明：

第一，本书文字仅仅对讲稿当中针对电视讲座的特定词句进行了处理，例如"电视机前的观众们""前一集曾经讲到"等。百分之九十九的内容保留了讲座的原始风貌。讲稿中的口头语言更为活泼，因此在整理成书稿时做了大量保留。

第二，本书的内容与电视讲座一样，所陈述的史实一般出现在《左传》《公羊传》《谷梁传》《史记》《管子》《韩非子》《国语》《说苑》等历史文献当中，所以在每一篇文字之后，对原文进行了选摘，以供参阅。如果不同史料的记载出现矛盾，一般以《左传》和《史记》为准。

第三，由于现代人无法准确复原古代生活，今天讲述古人说的某句话，往往只是大意，所以在本书行文当中一般不使用引号。这种方式可能会给读者带来误解，比如人物话语和作者文字的混淆，对此我已力图加以避免。如有不周，先致歉意。

第四，对于历史问题，每位研究者都有自己的观点。书中一些大胆推测和另类解读，是针对历史空白所进行的合乎逻辑的补充，目的在于帮助观众和读者贯穿前后，加强理解。在没有过硬证据出现之前，无论是谁的说法，都只能是一家之言。

　　多年研究管仲，难免产生感情。即将开篇，心潮澎湃。如果只能崇拜一位古人，毫无悬念地我会选择管仲。因为在我的心里，他是一位真正的圣人。

　　为什么这样说呢？阅读之后自然明白。

　　感谢所有参与了电视讲座和本书出版工作的朋友们！尤其感谢魏学来、彭岩两位老师的重要贡献。

李任飞

2019 年 3 月 8 日于成都

目录

第一篇

管鲍之交的千古谜团

中国古代有一位很重要的历史人物——管仲。

管仲与老子、孔子、孙子、墨子、韩非子一样，也是诸子百家之一，所以也被称为管子。近代思想家梁启超称他为"学术思想界一巨子"。所谓巨子，简单地说就是顶级大师。管仲是在去世两千六百年之后，由后人送给他一个巨子称号，说明是经过了时间考验的。

管仲在思想和理论方面的成就，与老、孔、孙、墨、韩相比到底孰高孰低，这个问题可以说见仁见智，不同的人看法肯定不同。但他作为宰相取得的卓越成就，比如为齐国创造了超级繁荣，辅佐齐桓公成为春秋时期的第一位霸主，却是举世公认的，在诸子百家当中可以说是独树一帜，独具风采的。所以，他是一个从思想到方法、从理论到实践、全能式的人物。他的思想经世致用，现代人的生活当中还有很多他留下的痕迹，只是我们日用而不知罢了。

概括性的讲述，难免缺乏质感。这一篇就让我们快速触摸历史细节，把发生在他身上的那段脍炙人口的友情故事"管鲍之交"作为入口，一起穿越到管仲的世界。

一、缔结友谊的双方

说到友情，至少是两个人的事情。管鲍之交，当然是双方互动的结果。在讲述这段友情之前，我们先简单了解一下两个人的基本情况。

第一位，本书的主人公——管仲。

管仲，名夷吾，字仲。古人彼此称字，表达的是一种尊重。所以称他管仲，是带着敬意的。我们不能称他管夷吾，那样就是对祖先直呼其名，不礼貌。

他的出生地，目前学界普遍认为是现在的安徽省颍上县。颍上县有个管谷村，就是管仲的老家了。

那么，管仲是什么时间出生又是什么时间离世的呢？因为后来当上了齐国宰相，是大人物，所以他的去世是重大事件，时间很明确，是公元前 645 年。但是，出生在什么时间？因为他小时候身份普通，所以就没有记载。不过在颍上县有一个传说，说他出生在戊午年、戊午月、戊午日、戊午时，出生那天农历是五月初五，节气芒种。这一串的信息显得很神秘，是真实的还是后人杜撰的呢？今天已经无从考证了。现代搞历法的专家经过推算，这个时间点被定位在公元前 723 年，公历 6 月 27 日，农历当然还是五月初五，当时处于芒种节气之间（当时的节气是一个时间段）。所以现在很多纪念管仲的场所的都开始按公元前 723 年—前 645 年介绍生平了。按这个说法，管仲活了 78 岁，在那个年代算是长寿老人了。

也是按照传说，管仲出生了，父母很高兴，就找人算了个命。算命先生一听这个生日时辰就说，你家的孩子将来是国家栋梁之材啊！然后给起了个乳名"芒种"。虽然算命在今天看来是迷信，不靠谱，但还是给这个家庭带来了希望和欢乐。然而三口之家的这种幸福持续时间很短，管仲很小的时候他的父亲就不幸去世了。于是，孤儿寡母相依为命，管仲是靠母亲拉扯长大的，所以他这一辈子跟母亲的感情非常深。有了这个变故，管仲也就沦为了贫寒之士。

接下来，友情的另一方，"管鲍之交"的鲍。

这个鲍是鲍叔牙，与管仲当然是同期人物。但他具体出生在哪一年，出生在哪里，现在很难说清楚了。有人说他同是颍上人，跟管仲是同乡；也有说他生于"杞人忧天"典故里提到的的杞国。在这里我们不去纠缠这些不能确定的问题，只采用能够说清楚的结论。目前关于鲍叔牙的情况有两点是比较清楚的。

第一，鲍叔牙的家境比管仲要好，但好到什么程度呢？是一个未知数。

第二，鲍叔牙与管仲很早就认识了。只是这个早，早到什么程度，说法不一。有人说儿时就在一起，也有人说年轻时在南阳做生意认识的。

到这里，管鲍之交就可以拉开序幕了。这样的两个人相遇，到底能够缔结出什么样的友情呢？中国人形容友情深厚的成语有很多，比如八拜之交、莫逆之交、刎颈之交、生死之交等等，那么管鲍之交有什么特别之处呢？

二、管鲍之交的简单印象

在这里，需要我们先从现代人的角度思考一个问题。如果可以选择，那么在这一对朋友当中，你更想做其中的哪一位？是更想做有一定财富能力、可以帮助别人的鲍叔牙呢？还是更愿意做家境贫寒、需要帮助的管仲呢？

按照生活经验，很可能大多数人会选择成为鲍叔牙。

谁不想家境富裕一些？

谁不想有能力帮助别人？

谁愿意过经常求人的贫苦生活呢？

但是当你选择做鲍叔牙的时候，问题就来了。什么问题呢？你能接受管仲这个人吗？

在司马迁的《史记·管晏列传》当中，引用了管仲的一大段话。这段话就是讲他和鲍叔牙关系的。

在这段话的最后，管仲发出了一声叹息。这句叹息就成了千年一叹，甚至可以说形成了流传至今的"管仲句式"。这句话就是：

生我者父母，知我者鲍子也。

鲍叔牙是我的人生知己啊。

怎么样？是不是一直到今天也有这样叹息的人。生我者父母，知我者某某。

那么管仲是怎么得出这个结论的呢？他们两个人之间都发生了什么事情呢？其实，管仲在发出这句感叹之前，讲了五件事情。

第一件事，就是两个人曾经合伙做过生意。显然，鲍叔牙家境好，本钱肯定出得多些。但是分利的时候，管仲说话了，哥哥，你看能不能给我多分点？

第二件事，就是管仲帮鲍叔牙谋划事情，结果搞砸了，害得鲍叔牙也陷入了困境。

这两件事情似乎在说管仲既贪财又没头脑。这样的人显然是没人愿意合作的。所以鲍叔牙能跟管仲做朋友，已经相当有担当了。

但是，接下来管仲又讲了两件事情，虽然跟利益无关，却很影响形象。

第三件事，可能是经商不行，管仲就想去官府谋份差事走仕途。但是到几家官府不久都被人赶出来了。赶出来的原因我们不知道。但多次被赶出来，至少说明他办事不力，是个蹩脚听差。

第四件事，经商不行，仕途也走不通，管仲就去参军打仗了。但是，真到了战场上，他又临阵脱逃，成了战场逃兵。当官被赶跑，那是被动的。但是打仗当逃兵，却是主动的。贪生怕死，可以理解，但不能纵容。

讲到这儿的时候，我们发现，管仲几乎一无是处了。但是，事情到这里还没完，还有一件更要命的事情。那就是管仲后来给齐国国君齐僖公的二儿子公子纠当老师，想要辅佐他继任国君。结果在争夺君位的斗争中，公子纠被杀了。管仲的同事，公子纠的另一位老师召忽，人家有气节，自杀殉主了。但是，管仲不死，甘当受人凌辱的阶下囚。不死就不死吧，但是更令人看不懂的是他居然转而辅佐杀了他主人的政敌齐桓公，这回算把不忠不义的说法坐实了。

现在,再回想一下刚才的问题。这样一个贪财、懦弱、愚钝、不讲忠义的管仲,你还愿意跟他做朋友吗?

但是,管鲍之交毕竟是历史佳话,这段故事必然会有不同寻常之处。那么,面对这样的管仲,鲍叔牙是如何表现的呢?

管仲想多分钱,好啊,你家穷更需要钱;管仲把事儿办砸了,没关系,谋事在人成事在天,是咱们运气不好;当官被赶出来,是你没赶上好机会,没遇到懂你的人;上战场当逃兵,不是你不勇敢,是你家里有老母亲需要奉养。至于不忠不义的骂名,这个你是肯定不在乎的,建功立业扬名天下才是你最想要的。哥理解你,所以哥挺你!

鲍叔牙厚道、包容、大度,他事事都替管仲着想。他的这种共情之心、识人之智、容人之量,的确非常令人敬佩,值得后人好好学习。尤其是当事人管仲,更是被深深地感动了。于是在他当上宰相的时候,回顾前尘往事,不禁叹息一声说:生我者父母,知我者鲍子也!于是这段故事就成为一段美谈,演变出一个很招人喜欢的成语"管鲍之交"。

与其他那些表达朋友情谊的成语,比如生死之交、八拜之交等相比,管鲍之交是有其特别含义的:首先,管鲍之交肯定是说哥俩感情好的,但是除此之外还有一层意思,就是当一个人羽翼未丰,潜能还没有得到发挥,才华也没有机会展现,这个时候就有人理解你,欣赏你,支持你,这种友情才能称得上——管鲍之交!

管鲍之交鼓舞了无数的中国人,让管鲍两家的后世子孙交好了两千多年。居住在颍上的管鲍两姓长期不通婚。为什么呢?因为他们认为管鲍是一家人。是亲兄弟亲姐妹。一家人自然不能谈婚论嫁了。

到这里时再想一想前面那个问题。你想做管还是做鲍?

当第一次提出这个问题时,很多人会选择做鲍。但是经过这段讲述,可能很多人在心里又改成做管。前面选择做鲍,是一种理想主义,谁不想生活富裕又能帮助他人?但是,做鲍却远远没有想象的那么容易,所以还得回到现实主义。做鲍很难啊!需要充分的包容。需要面对朋友的种种不堪,需要在情感上和物质上不断地付出。但回报呢?遥遥无期,无法期待。所以在管鲍的关系当中,做管似乎是一件非常舒服的事情。这条友谊的小船上，鲍叔牙负责划桨，而管仲则是看风景的。偶尔让管仲划几下桨，他就把桨掉到水里，还得鲍叔牙跳进水里去捞。如果跟这样的人做朋友，心里会是什么滋味呢？

显然听到这段故事之后，很多向往管鲍之交的人都把自己对应成了管仲，希望得到鲍叔牙这样忠心耿耿的朋友，全心全意地包容自己、支持自己。是的，友情靠付出去深化，不能靠索取来维系。鲍叔牙的付出，使他逐渐成了人们心目中的大君子！而管仲，虽然建立了丰功伟绩，但是在历史上经常受到非议，很可能就跟管鲍之交给人留下的印象有关。

但是，事情的真相果然就像上面所说的那样吗？管仲到底是个什么样的人？在这段友情当中到底谁获得的利益更多呢？

三、真相其实并不遥远

关于管鲍之交，前面所讲的可以说是普遍印象，绝大部分人都是前面那样描述和那样理解的。但是这样的管鲍之交已经偏离真相太远了！历史对管仲的误解太深了，其实很多对管仲的质疑，都是捕风捉影，所以需要对一些基本事实做个澄清。

首先，我们必须弄清楚管鲍到底各是什么样的人？

在司马迁《管晏列传》的开篇就说管仲——

少时尝与鲍叔牙游，鲍叔知其贤。   ——《史记·管晏列传》

虽然，司马迁并没有说清楚这个少具体是少儿还是少年，但是两个人应该很早就相识了，并且结果是鲍叔牙了解到管仲是位贤者。什么是贤？贤就是品德好，能力强。这是鲍叔牙对管仲的基本认识。后来鲍叔牙为什么推荐管仲做宰相？而且比自己的地位还高。一定是因为他品德好，能力强！两者缺一不可。

那么鲍叔牙在管仲心中什么样子呢？按照《管子·戒》的记载，管仲去世之前曾经在齐桓公面前对鲍叔牙做了评价。他说，鲍叔牙是一位大君子，优点是千乘之国给他，如果不合道义他也不会接受；但问题是爱憎太分明，眼睛里面不揉沙子。所谓：

> 好善而恶恶已甚，见一恶终身不忘。 　　　　　　　　　　　——《管子·戒》

因此依照鲍叔牙的这种个性进行判断，如果管仲一身毛病，是一个贪财、懦弱、愚钝，尤其还是不忠不义之人，怎么会容忍那么久呢？友谊的小船早就翻了。

那么，真相是什么呢？

首先我们必须注意到，管仲的种种不堪，都是他自己说的而已。他是通过自我嘲讽来树立朋友的形象。一个人牺牲自我、称颂朋友，这个人的品格高低，不言自明。

我们在生活当中也会有这样的经验：把自己胸脯拍得嘭嘭作响说自己诚信的人，多半是不值得信任的人；到处跟人表白自己给朋友多少好处的人，恰是你需要远离的人。而管仲谈论朋友的时候，主要谈的是自己带给朋友多少麻烦，朋友如何包容自己帮助自己，这就是我们今天常说的感恩。

其次，我们还需要分析一下管鲍分金的真相

但是到这里还是会有人想不通。管仲毕竟是多吃多占了。能力行不行，胆子小不小，都在其次。多吃多占，肯定是人品问题，人品问题就不应该纵容了吧？

那么，真相是什么呢？

司马迁在《史记·管晏列传》当中，在说了他是贤者之后，马上又说：

> 管仲贫困，常欺鲍叔，鲍叔终善遇之，不以为言。

显然，这句话跟前一句矛盾了。贤者管仲，怎么会有"欺"人的行为呢？

我们都知道，友情是两个人的事情，当事人的态度是判断的根本依据。司马迁说鲍叔牙一直善待管仲，没有任何怨言，说明什么？从道理上说一个人包容一次并不难，难的是一辈子包容，从不计较。鲍叔牙的这种态度，当然说明给管仲多分钱，是他心甘情愿的，甚至很可能是他自己提出来的。以鲍叔牙的高尚品格，这样做也不奇怪。所以人家哥俩愉快着呢！

其实"欺"有两种解释，蒙骗或者挤占。管仲是位贤者，不可能蒙骗。所以最大的可能是别人认为管仲多拿了，相当于挤占了鲍叔牙的利益，就成了"欺"了。

那么管仲多分钱有没有道理呢？

管鲍做生意的时候，中国企业管理思想还没有今天这么发达。两人合伙最简单的分红方式就是占多少股，分多少红，没有技术股、管理股等干股的概念。但是管鲍二人后来是治国理政的重要人物，所以他们合作经营的时候，一定已经开始琢磨怎样管理才是科学的，而公平的待遇就是其中一个方面。所以哥俩很可能是在一起摸索管理经验。给管仲多分钱，也许就是最早的体现干股的设计。

史料上看到的原因，是鲍叔牙知道管仲家里穷，更需要钱。其实，很可能还有第二个原因，就是管仲的能力强、贡献大。而这第二条原因，管仲显然不会自己说。他说：啊，当年分钱我要求多拿一些，那是因为我能力强！这样说是自我夸耀！这样说话，那还叫什么贤者啊？

讲到这里，我们看到两个人进入了一个理想模式，类似现代商业合作当中常见现象。一个有资金，一个有技术。一个是金主，一个是能人。这样的两个人一拍即合，优势互补，坚持不懈，修成正果。但是，如果反过来，富豪看才子是穷光蛋，而才子看富豪是大笨蛋，只关注对方的劣势，注定一生没有伙伴。

最后，如何理解一个奇怪的人

但是管仲不仅仅要求多分钱，问题是他还有其他毛病。比如说当逃兵，并且还是多次。这个实在说不过去啊。当然，我们还是应该注意到，这个事情也是管仲自己说的。

其实，后人有个说法，叫春秋无义战。管仲出身贫寒，卷入战争很可能被逼无奈。但是不义之战怎么能跟奉养母亲相提并论呢？抛舍了母亲去助纣为虐？管仲那么清醒的人当然不愿意。同时我们还必须注意到，当逃兵是要被严厉处置的，这一点古今相同。而管仲多次当逃兵还能活得下来，显然与理不合。也就是说管仲的这个说法也夸张了。应该是打得赢就打，打不赢的时候为了保存实力主动撤退，没有蛮干而已。

一个伟大的人，他的胸怀、志向、观念当然不是常人所能理解，忍辱负重几乎是伟人成长的必修课。在管仲早期生活当中，他还当过杂役。什么是杂役？就是背着工具走街串巷，四处打短工，并且还曾经替人养过马。孙悟空当弼马温大小是个官员都忍受不了，管仲养马则真实地生活在社会底层，需要忍受的东西明显更多。管仲在市场上做生意曾经多次遭到侮辱而没有能力还击，虽然我们不清楚具体的侮辱方式，但仍然可以理解他内心的痛苦。

那么，经受了生活的磨难，管仲是就此堕落了还是由此升华了呢？

孟子说过：

故天将降大任于斯人也，必先苦其心志，劳其筋骨，饿其体肤，空乏其身，行拂乱其所为，所以动心忍性，曾益其所不能。

——《孟子·告子下》

一个想要承担重大历史使命的人，必然有一个痛苦磨砺过程。孟子明确指出，管仲就是这种堪当大任之人！

四、没有完全对等的友情

分析到这里，肯定有人会说管鲍之交好像是一个不等式。论付出，鲍叔牙大于管仲。如果论收获，就是管仲大于鲍叔牙了。

那么，这种看法对不对呢？

首先，必须看到，这种看法完全是从功利出发，这样是看不清友情真相的。友情当然是双方互动的结果，任何一方都不可能一味付出而没有收获，虽然他可能在付出的时候并不追求收获。但是完全以功利衡量友情，也会偏离本质。

比如，在管鲍之交当中，有人认为鲍叔牙付出大，管仲收获大，但是如果非要从功利角度分析，也可以说为鲍叔牙的收获可能比管仲还大。

比如，第一种收获。

两个好朋友，都是热血青年。他们合作经商之余，游历山水，对坐小酌，秉烛夜谈，甚至背靠大树遥望星空。这个时候，管仲畅谈他对宇宙对天地对社会的种种洞见；树立他对未来、对事业、对国家、对百姓的远大目标；讲述他对治国理政、改善经济、优化国防、发展科技、重振华夏的多维构想。这些事情，鲍叔牙当然也有相当的水平参与讨论，但毕竟无法企及管仲的高度。这种时候管仲带给鲍叔牙是智慧层面甚至是灵魂层面的导引。这个收获显然更大！于是家境的差异、股份的大小、生活的小节等等，都会瞬间淡化，无足轻重了。其实人类社会当中，永远会有很多生活富裕的人，愿意结交管仲这样的朋友，愿意像鲍叔牙一样全心全意地去理解他、欣赏他、支持他。

鲍叔牙为什么后来能给国君的儿子当老师？很可能是管仲促进了他水平的提高，使他更关心国家大事，使他对治国理政有了更为深入的理解，使他具备了为国家培养储君的能力，从而得到国君的认可，然后才能上岗工作大展宏图。

再比如，第二种收获。

后来管鲍二人都到了齐国。管仲辅佐齐国国君齐僖公的二公子纠；而鲍叔牙辅佐齐僖公的三公子小白。而后来，鲍叔牙辅佐的公子小白当上了国君，就是后人所说的齐桓公。再后来，齐桓公得到管仲辅佐成了春秋时期第一位霸主。

于是到这里就需要面对一个不容回避的问题：辅佐公子小白当上国君然后称霸诸侯，建设一个繁荣富强的齐国，这原本是谁的愿望？本该是谁的职责？答案很简单：当然是鲍叔牙的。鲍叔牙才是小白的亲老师。

但是，最后这些事情是谁在干呢？实际上主要是管仲在干。可以说，管仲辛勤工作四十年，虽然实现了建功立业的理想，但同样也是在帮助鲍叔牙实现愿望，代替他履行职责。从这个角度看，鲍叔牙的收获是不是更大！

并且在管鲍二人去世之后，鲍叔牙的身后有十几代人都是名大夫，都有封邑。鲍家备受国人尊重，是影响国家政治的主要力量之一。而管仲的后人，在重要史料上已经很难见到踪影，再也没有扮演过重要角色。

所以，从世俗功利的角度，这段友情当中谁的收获更大，其实是说不清楚的。但是恰恰这个按常理早该翻船的管鲍之交，后来却成了千古佳话。为什么呢？其中最为重要的一点，就是双方都抛开了功利。

心灵有多少种形状，关系就有多少种形状。假如说管鲍二人把功利考虑到友情当中，追求对等付出，友情就充满了世俗气。虽然这样的友情普遍存在，也具有一定的合理性，但是要想靠这样的友情来获得一生的慰藉，想共同开创大事业，几乎是不可能的。因为双方的关注点很容易从共同开创转移到对等、对等、对等。

其实，友情也无法真正对等。管鲍二人的背景、资源、能力、个性都不可能完全相同，需要给他们设计个什么样的公式，通过怎样的复杂计算才能够算出对不对等呢？所以，管鲍之交的实质就是一场付出的互动。两个人都不计较回报，友情才变得天长地久。

讲到这里，如果请你再做一次选择，那么到底是做管还是做鲍？

相信一定会有很多人，不再纠结于做管还是做鲍。能够做管就做管，能够做鲍就做鲍，真诚相待，管鲍之交也就不远了。无论做管还是做鲍，一生能有这样一份友情，双方都将是充实的，幸福的！

【原文选摘】

《史记·管晏列传》（节选）

管仲夷吾者，颍上人也。少时尝与鲍叔牙游，鲍叔知其贤。管仲贫困，常欺鲍叔，鲍叔终善遇之，不以为言。已而鲍叔事齐公子小白，管仲事公子纠。及小白立，为桓公，公子纠死，管仲囚焉。鲍叔遂进管仲。管仲既用，任政于齐，齐桓公以霸，九合诸侯，一匡天下，管仲之谋也。

管仲曰："吾始困时，尝与鲍叔贾❶，分财利多自与，鲍叔不以我为贪，知我贫也。吾尝为鲍叔谋事而更穷困，鲍叔不以我为愚，知时有利不利也。吾尝三仕三见逐于君，鲍叔不以我为不肖，知我不遭时也。吾尝三战三走，鲍叔不以我为怯，知我有老母也。公子纠败，召忽死之，吾幽囚受辱，鲍叔不以我为无耻，知我不羞小节而耻功名不显于天下也。生我者父母，知我者鲍子也。"

鲍叔既进管仲，以身下之。子孙世禄于齐，有封邑者十馀世，常为名大夫。天下不多管仲之贤而多鲍叔能知人也。

管仲既任政相齐，以区区之齐在海滨，通货积财，富国强兵，与俗同好恶。故其称曰："仓廪❷实而知礼节，衣食足而知荣辱，上服度则六亲固❸。四维❹不张，国乃灭亡。下令如流水之原，令顺民心。"故论卑而易行。俗之所欲，因而予之；俗之所否，因而去之。

其为政也，善因祸而为福，转败而为功。贵轻重❺，慎权衡。桓公实怒少姬❻，南袭蔡，管仲因而伐楚，责包茅❼不入贡于周室。桓公实北征山戎，而管仲因而令燕修召公❽之政。于柯之会❾，桓公欲背曹沫❿之约，管仲因而信之，诸侯由是归齐。故曰："知与之为取，政之宝也。"

管仲富拟于公室，有三归、反坫⓫，齐人不以为侈。管仲卒，齐国遵其政，常强于诸侯。……

太史公曰：吾读管氏牧民、山高、乘马、轻重、九府，及晏子春秋，详哉其言之也。既见其著书，欲观其行事，故次其传。至其书，世多有之，是以不论，论其轶事。

管仲，世所谓贤臣，然孔子小之。岂以为周道衰微，桓公既贤，而不勉之至王，乃称霸哉？语曰"将顺其美，匡救其恶，故上下能相亲也"。岂管仲之谓乎？⓬

注释

❶ 贾：做买卖。

❷ 仓廪：贮藏米谷的仓库。

❸ 上服度：上行礼度。六亲固：父、母、兄、弟、妻、子感情稳固。

❹ 四维：指礼义廉耻。

❺ 轻重：钱币，也是古代的一个经济概念，接近现代金融一词。

❻ 少姬：指因荡舟惹怒了齐桓公的蔡姬。

❼ 苞茅：一种草，酿酒时可用来过滤。

❽ 燕召公：西周宗室、大臣，与周武王、周公旦同辈，受封于燕国。

❾ 柯之会：柯地的会盟。柯，今山东东阿。

❿ 曹沫：鲁将，又有资料记载为曹刿。

⓫ 三归：豪华住所。反坫：放酒杯的台子。

⓬ 此句大意为：顺百姓之美，纠国家之恶，令君臣百姓相亲，说的不就是管仲吗？

第二篇

追求理想的折线人生

关于人生，每个人都想在理想和现实之间画一条直线，然后大步向前。但是绝大多数人找不到这条捷径，所以走的往往是曲线，所谓弯路。走弯路费时费力，但也能因此收获一路风景。然而还有一种情况，就是在行进的路上突然转向，走出的是一条大折线。于是乎波诡云谲，摇摆动荡，普通人显然受不了这种刺激。

其实，2700年前的管仲，他的前半生多次发生突变，走的是在希望和幻灭之间摇摆的大折线。但奇妙的是几次转折之后，居然绝处逢生，突然发现理想之地就在眼前了。

一、开启竞争模式

我们知道，管仲早年过的是贫困潦倒的生活。而人往高处走，自从贫困潦倒的管仲到了齐国，命运就开始发生重大转折。历史没有交代管仲是怎样到了齐国，怎样见到了国君齐僖公，在齐僖公面前又说了什么，这件事鲍叔牙参与了多少等等，但最终结果是齐僖公让管仲和另外一位老师召忽辅佐他的二儿子公子纠，让鲍叔牙辅佐三儿子公子小白。

由贫寒之士变成了公子的老师，管仲的人生画出了一条大折线，华丽转身。但是祸福相依，看起来给国君的儿子当老师是件荣耀的事情，其实一条绝路也铺在了管仲的脚下。

齐僖公的这个安排，现在看来是很有其深意的。他看到老二老三都有机会继任，所以都要派人辅佐和保护。但是公子纠因为年长，可能性更大，危险也就更大，所以给他派了管仲和召忽一文一武两位老师。召忽这个人历史上没有留下背景资料，但肯定也是高人。其次，假如真有一天轮到老二老三争位，由于管鲍分头辅佐，其中至少有一位能够活下来，齐国的社稷仍然会有强力支撑。

但是，没想到鲍叔牙接到任命之后就不高兴了，不想干，"称疾不出"。于是管仲和召忽就去看望鲍叔牙。一见面，鲍叔牙就说：知子莫若父，知臣莫如君。看来国君是看不上我，所以让我辅佐老三啊。言外之意，老三得猴年马月才能当上国君啊？

这个时候召忽说话了。他说：那你就别干了。我们回去跟国君说你快病死了。肯定能免你的任命。召忽的话简单直接，的确更有武士风格。

鲍叔牙听完说：如果这样说的话，当然可以免我的职了。显然，召忽的建议没有命中鲍叔牙的心结。这就像两口子吵架，女方找闺密诉苦。闺密听完了数落之后，开口就建议离婚。显然女方想听的不是"离婚"，而是希望闺密帮她找到过下去的理由以及言归于好的台阶。

接下来该管仲说话了。按理说管鲍已经分头辅佐不同的人，算是开启了竞争模式，说话应该有所保留，说多了岂不是为自己挖坑？但是管仲怎么说呢？他说：不行。主持国家大事的人，不应该推辞工作，贪图安逸。将来继承君位的还不知道是谁，您还是出来干吧。也就是说，管仲认为小白也有很大希望。为什么呢？

接着管仲又说：国君的大公子诸儿，虽然排名在前，但品行卑劣，看不出有多大前景。所以，公子纠和小白都有机会。公子纠因为母亲被国人厌恶，转而厌恶他的人也很多，所以局面并非有利。而小白呢，他母亲走得早，国人很同情他，并且这个人不耍小聪明，为人警醒，有大格局，得大思路。跟公子纠相比，小白可能更有作为。所以，将来很可能还是靠你来安定国家。管仲的分析理性客观，站到整个国家的高度去看问题，因此更有大局观。

其实，不仅鲍叔牙了解管仲的智慧，召忽也很佩服管仲，所以也相信他的分析。听了管仲的话，他说：国君百年之后，如果有人违犯君命夺去公子纠的君位，那我也不活了。我接受国君的任命，坚决维护自己的君主，这是义不容辞的责任。召忽的这段话，既是表态，也有威胁之意。就是用必死的勇气让鲍叔牙心生忌惮，最好死了辅佐小白的心思。

但是，召忽的话警示了鲍叔牙同时也刺激了管仲。管仲因此说了一段话，抛出了一个彪炳历史的重要理念。这段话乍一听有些心惊，但转念一想，管仲的说法可谓穿越古今。

他说：我管夷吾作为臣子，承担的是国君赋予的使命，保卫社稷和宗庙，我岂能为公子纠一人而死呢？我要死的话，那也应该是发生了如下三种情况。就是：

　　社稷破，宗庙灭，祭祀绝。　　　　　　　　——《管子·大匡》

这三种情况下我会毫不犹豫地牺牲自己。如果不是，那我还是要努力活下来。因为我活着会做很多有利于齐国的事情。

这段话当中把国家和国君做了切分，国和君不能等同看待，所以他"死国而不死君"。也就是可以为国家去死，但不为某个君王去死，可见管仲不提倡愚忠。听了这话，鲍叔牙得到了一颗大大的"宽心丸"。不论谁当上国君，齐国的事情管仲都会出力。

管仲说完，鲍叔牙立即询问：那么我应该怎么办？管仲说：接受任命即可。

鲍叔牙又问：怎样开展工作呢？鲍叔牙的意思是说，我如果努力工作，岂不是跟你发生竞争，那样你能高兴吗？管仲说：身为人臣，对君主不尽心竭力就不能得到信任，君主不信任则说话不灵，说话不灵则国家不能安定。总之，侍奉君主不可存有二心。

鲍叔牙听了，一脸愁云散尽，高高兴兴地上班了。

但是，也就是从这一天开始，就注定了这对好朋友之间会有一场难解难分的夺位之战。管仲由此开始走上了一条通往绝境的道路。

二、撤离容易返回难

管仲说了身为人臣做事要尽心尽力。虽然小白更有前途，但是君命不可违，既然管仲只能辅佐公子纠，当然也会全力以赴。

前面说过，老大诸儿品行卑劣。后来，诸儿继任了国君，就是后人说的齐襄公。在他当上国君不久，管仲所预料的危局就开始出现了。

首先，齐襄公有一位堂兄公孙无知，父亲齐僖公在世的时候视如己出。但是齐襄公掌权之后，大幅度削减了他的待遇，公孙无知很生气，于是兄弟不亲了。在家天下时代，修身齐家治国平天下是基础逻辑，兄弟不亲意味着家族势力的削弱，也就意味着对国家的控制力下降。

其次，这位齐襄公不但不能齐家，甚至连修身也做不到。他居然跟亲妹妹文姜私通，并为此杀了来齐国访问的亲妹夫——鲁国国君鲁桓公。这种伤天害理的事情，带来两个严重后果：一是遭到百姓鄙视，国君的隐私都成了街头巷尾的大笑话；二是国际形象也严重受损，来访的国君都杀，谁还敢跟你交往？于是百姓不敬，诸侯不友。

这时候，管鲍二人都看出两位公子的处境危险了。以齐襄公的品行，哪天想到两个弟弟对他的君位有威胁，就可能大开杀戒。所以从长计议，双方决定出国避难。管仲、召忽和公子纠去了鲁国，而鲍叔牙和小白去了邻近的莒国。今天山东境内的莒县，就跟这个莒国有关联。

最后，正如管鲍所判断的一样，齐襄公兄弟不亲，百姓不敬，诸侯不友，随后又加上一条，大臣不满。齐襄公曾经派两位大臣去葵丘戍边。边关的条件艰苦，所以两位大臣问什么时候回来。当时齐襄公正在吃瓜，就说了一句及瓜而代，意思就是明年这个时候换你们回来。

但是到了第二年，瓜熟了，两位大臣一直没等来接替之人。他们怕国君忘了，就派人去提醒国君。结果齐襄公开始耍赖，说自己没说是第二年瓜熟。光耍赖还不算，他还出言不逊，把派来的人骂了一顿。

身为国君言而无信，戏弄大臣，任谁都看不到未来。于是两个人就联合公孙无知，发动了宫廷政变，杀了齐襄公，公孙无知成为国君。但是公孙无知显然缺乏根基，仅仅一个月时间，也被人杀了。于是齐国无君。

这个局面当然对身在鲁国的公子纠十分有利，甚至可以说胜券在握了。公子纠年长，并且有鲁国支持。而鲁国虽然实力比齐国弱，但却比莒国大得多，并且公子纠在王室的地位也高得多。于是，鲁国军队浩浩荡荡地出发了，准备把公子纠护送回国，支持他继任国君。

但是越接近理想，可能越靠近危险。鲍叔牙这时也没有闲着。他听到公孙无知的死讯，也立即带小白动身，准备以最快的速度赶回齐国，立小白为国君。接下来的故事，至少有五个版本。其中司马迁《史记·齐太公世家》当中的记载流传最广，也得到了广泛认同。这个版本当中暗含着一个巨大的戏剧元素，因此被后来人多次引用和演绎。小说《东周列国志》就是根据司马迁的版本写作的。当然，小说的情节更丰富更生动。大概情节如下：

鲍叔牙想到的，管仲也想到了。因此他向鲁庄公借了三十辆兵车，并且在路上拦住了鲍叔牙和小白。

一见面，管仲就问：公子别来无恙，您这是准备去哪儿啊？明知故问，小说这样一写，趣味性就来了。

小白说：回国奔丧。齐国接连死了两位国君，奔丧是个很好的理由。

但是，这个理由糊弄不了管仲。管仲又说：公子纠年长，理应主持丧事。所以，你还是别去了，免得白辛苦。

管仲这一说，小白就不好说话了。因为那个时候，父死子继、兄终弟及是基本原则，所以管仲占理。

怎么办？小白不好说话，就该鲍叔牙出场了。那么鲍叔牙会怎么办呢？他直接把脸拉长，语气严厉地说：管仲，请你退回去。现在你我各为其主，废话少说！请注意，这里鲍叔牙称管仲而不是他习惯称的夷吾。使用敬称而非小名，显然是把二人定位成了公务关系，而非朋友。所以，虽然只是小说，作者冯梦龙对细节还是非常讲究。

管仲看到对方的兵将怒目圆睁，斗志旺盛，再想到自己的兵力少于对方，所以就假装答应，向后撤退。

但就在退后的路上，管仲突然弯弓搭箭，瞄准小白，一箭射过来。只听小白大叫一声，口吐鲜血，倒在车上。鲍叔牙急忙赶过去保护，随从惊叫不好了，然后哭声四起。于是管仲带着三十辆兵车朝鲁国的方向飞奔而去。路上，管仲感叹说：公子纠有福，合该他继位。

那么，这一箭的效果是否就如管仲看到的那样呢？

其实，这一箭实际上考验了三个人。

首先考验的就是管仲。考验什么？当然不仅是箭法高低，更重要的是身为人臣到底能不能尽职尽忠？现在看虽然管仲更加看好小白但却没有因此对不起公子纠，也没有因为管鲍之交而有辱使命，所以他做人是地道的！

同时，这一箭也考验了公子小白。管仲早就说过，小白是个有出息的人物。为人警醒，并有大格局，得大思路。而这种品格在这个时候果然发挥了作用。

管仲的那一箭射中了，非常准，正中中腹带钩，相当于今天的皮带扣。小白在被射中的瞬间出于本能惊叫一声，但下一秒，他立即意识到这一箭并没有伤到自己。正常情况下，一箭射中，没伤到性命，应该立即抽出宝剑，号令将士们一起灭了管仲。但是这时小白却想，管仲是神箭手，如果再射一箭自己就不见得还有那么好的运气，所以当即咬破舌头，口吐鲜血装死。这一装，避免了双方无谓的纠缠；而好一个装死，不仅管仲，就连鲍叔牙也被骗过了。能在一两秒之内把这样的问题想清楚，并迅速采取有效行动，可谓冰雪聪明，仅凭这一点就能看出小白确非等闲之辈。接下来小白迅速赶回齐国，登基做了国君，他就是后人所说的齐桓公。

很显然，管仲这一箭非同小可，效果是在他和小白之间射出了不共戴天之仇。那么，二人的仇恨还能化解吗？

讲到这里，我们很容易想起一个人——鲍叔牙。可以说，管仲的这一箭对他也是一次重大考验。接下来就要看看鲍叔牙是否有足够的智慧把走向绝境的管仲拉回来了。

三、化解仇恨的金钥匙

小白回国登基之后，鲁国护送公子纠的军队才赶到。这时候想要逆转局面已经太困难了，但是双方后来还是在乾时打了一仗。

齐桓公虽然新立，但很快得到了国内大夫的有力支持；而鲁国毕竟是劳师远征，并且鲁国要比齐国弱得多。所以这一仗的结果是鲁国战败了，并且败得很惨。就连国君鲁庄公都差点被活捉。

这样的局面之下，可以想象，管仲这几位的日子就变得非常艰难了。为什么？鲁国因为收留与支持公子纠和管仲，受了连累，遭遇重创，心里怎么会没有怨言？尤其是管仲，在鲁庄公的眼里简直就是一个倒霉蛋。他那一箭伤到齐桓公的只有舌头，还是自己咬破的，但错报军情给鲁国造成的损失却是非常惨重。所以管仲在齐鲁两国都不讨好。换作一般人，恐怕已经心死，精神上走到了绝境。

这个时候，鲍叔牙真的着急了。

齐桓公登基以后，师徒二人都有一个共同的心愿，都想把管仲引渡回来。但引渡的目的是不同的。鲍叔牙是想推荐他当宰相，而齐桓公当然是想亲手宰了他。为了这件事，鲍叔牙费尽了口舌。

齐桓公问：你为什么这么执着地推荐他啊？

鲍叔牙说了：如果仅仅是图个国泰民安，现在我们这老哥几个就足够了。但是，如果你想成就大业，那就非管仲不可。鲍叔牙的这段话，恰恰使用了一件利器，这个利器可以称为化解仇恨的"金钥匙"。仇家什么情况下可以和解？当然看大局。齐桓公的大局无疑是齐国发展壮大，如果符合这个大局，原谅管仲也并非不可能。当年管仲从大局出发劝说鲍叔牙辅佐小白，到现在鲍叔牙又从大局出发推荐管仲辅佐小白，这几位的人生大戏实在太好看了。

但是道理虽然正确，齐桓公仍然心存疑虑：那你说说看，管仲到底有什么本事？

关键时刻到了，鲍叔牙条理分明，如数家珍。他说：

我有五个方面不如管夷吾。宽惠爱民，我不如他；治国理政运用权力，我不如他；用忠信交好诸侯，我不如他；制定礼仪示范于四方，我不如他；披甲击鼓，立于军门，使百姓勇气倍增，我不如他。最后结论是：

夫管仲，民之父母也，将欲治其子，不可弃其父母。

——《管子·小匡》

说管仲，他的大德堪比百姓的父母啊。就像管理一群孩子，最好的办法是借助于他们的父母。

鲍叔牙的这段话所表现出的内涵太丰富了，谈到了国民、权力、邦交、文化、军事等等领域。同时，也让我们进一步确信管仲的人品是圣贤级的。鲍叔牙的品格，历史上从来没有人怀疑过。所以鲍叔牙对管仲的看法，自然也是可信的。

管仲原来这么厉害啊？听到这里齐桓公动心了。一动心就关心，一关心就担心。于是他问：管仲会不会帮鲁国干啊？

鲍叔牙说：不会，管仲心里只有齐国。管仲说过"死国不死君"，所以他不会为公子纠去死，会回来报效齐国的。

接下来齐桓公又问，那么他对我能忠心吗？

这个时候鲍叔牙一定要实事求是，不能为了哄齐桓公高兴，就说管仲会忠诚于他。齐桓公不傻，刚刚射了自己一箭，怎么可能转眼就忠于自己？所以鲍叔牙说：他回齐国做事，不是为了国君您，而是为了先君的信任和江山社稷。他跟公子纠要比跟您亲，尚且不肯为公子纠死，更何况您呢？如果您是为宗庙社稷着想，那就尽快请他回来。不然咱就算了。

鲍叔牙的这段话，分寸极佳，漂亮！

但是怎样才能把管仲引渡回来呢？接下来，鲍叔牙采取了他的方式。

齐国的打法是派人给鲁庄公送去一封信。信的内容是这样的：

第一，公子纠是齐国的政敌，却也是国君的亲哥。国君新立，宅心仁厚，不忍心亲自杀他，请你们代劳吧。

第二，待在你们那里的管仲和召忽，是我们国君的大仇人。只有亲手宰了他们，方能解国君的心头之恨。所以请把他们押送回来。

这两件事情如果做不到，嘿嘿！你就等着大兵压境吧。

这是鲍叔牙的设计，而管仲那边的情况如何呢？当然已经走到了绝境。

四、绝处逢生并非偶然

在这个绝境当中管仲的心情非常复杂。不是万念俱灰，而是矛盾重重。

首先，因为鲁国刚刚败给了齐国，心有余悸。于是，真的就把公子纠杀了。管仲和公子纠是十几年的师徒，朝夕相处，一起经历过多少风风雨雨，就算公子纠笨点、孬点，但人总是有感情啊。并且，公子纠是管仲事业的核心，这么多年管仲对他寄托着多么大的希望，付出了多少心血，殚精竭虑，出生入死，就是为了辅佐他成为一代明君，让齐国在他的治理之下繁荣昌盛，让老百姓能在他这一任上享受幸福生活。但这些希望就在一天之内彻底破灭了。虽然管仲说过"死国不死君"，但之前毕竟都是理论上的，而当考验来临，内心真会那样笃定坦然吗？就不会有普通人的悲哀、纠结、恐惧和绝望吗？当然会有！

其次，管仲和召忽被关进了囚车的时候，虽然他们心里明白这只是鲍叔牙的计谋，是为了避免鲁国察觉齐国想重用他们而拒不放人甚至直接杀害。但是毕竟他们都是名士，都是要脸面有尊严的人。那个年代对名誉可比今天重视多了。面对政敌，如何能够弯得下腰来受这份屈辱？这个矛盾一旦无法解决，就意味着在心理上打了死结。

最后，进入齐国之前，召忽不忘初心，说了一段话：

我之所以不早死，是想看大事确定下来。现在大事定了。你我必然成为齐国左右宰相。虽说这样的结果很好，但是毕竟他们杀了我的君主。杀了我的君主还要用我，这是对我的侮辱。这样吧，你做生臣，我做死臣。我明知可得重用而死，公子纠就有了死臣。有死臣，说明品德高贵，有人为他死心塌地；而你当宰相让齐国称霸，公子纠就有了生臣。有生臣，说明他有能力治理好齐国，如果继任他将会是一代明君。所以——

死者成行，生者成名，名不两立，行不虚至。子其勉之，死生有分矣。

——《管子·大匡》

就是死者成全品行，生者成就功名。追求功名就不要顾虑其他，重视品行也不能只玩虚的。所以你一定要努力，咱们生死各尽本分，各得其所吧。刚一入境，召忽便自刎而死，兑现了最初的诺言。

管仲终归是个有血有肉的人。合作了十几年的老战友倒下了，此时会是什么心情？在悲痛之余，他明白自己的行为肯定会遭受当世人的白眼，也会在历史上受到无数人的非议，甚至还会影响子孙后代的生活。关键是就算自己愿意忍辱负重去辅佐政敌，齐桓公真的能够给他提供平台？真的能够让他放手工作？所以能不能施展抱负还是一个未知数。如果不能施展抱负，这样活着回到齐国，就相当于自取其辱，有什么意义？

很显然，很多人会在这样的时刻选择自我终结。

但是最终的结果是管仲活了下来，他的命运再一次发生了转折。而这一条折线的幅度之大，真可谓生死一线，绝处逢生！从此以后，管仲几乎以直线的方式直奔向理想之地。

今天回看，他的故事为后人留下了一个耐人寻味的话题。

折线人生的极致表现就是绝处逢生。但是绝处逢生不是每个人都敢去尝试的，原因是真到绝处未必逢生。那么管仲为什么走到绝处还能逢生呢？这样的转折到底是偶然的还是有很大的必然性呢？这其实是一道人生命题，值得我们认真思考。

管仲得以绝处逢生，应该说主要靠如下两点：

第一：绝处逢生，首先取决于自己想不想活。所以管仲需要在这个时候战胜自我。也就是首先得给自己活下来的理由。

伟大人物常常需要忍辱负重。从辅佐公子纠那天开始，管仲就不再为自己活着，而是为了齐国活着。事实证明，未来的他甚至可以说是为整个华夏而活。

那么，他为什么能够战胜自我呢？当然主要靠大局观。

什么是大局观？形象点说，那就是得站得高、看得远、想得多、悟得深、舍得出、放得下。有了大局观，就有了精神支柱，人就能超越个人荣辱，忍辱负重就有了内在的力量。大局观强，接近于一种得道状态，而得道多助。

其实在当初，鲍叔牙还在为辅佐老三机会少而闹情绪，召忽还在为公子纠能否继位而诅咒发誓的时候，管仲早就已经从个人利益当中超脱出来，他关注的是整个齐国的安宁。"死国不死君"，国大于君，这就是伟人的大局观。愚忠的人，是看不到这个大局的。

为了个人利益破坏大局，是小人。为了大局超越自我，才是伟人。

第二，走到绝处能不能逢生，除了自己想不想活之外，还要看别人让不让你活。所以，人品在这个时候就成了重要的因素。

好人品能交好朋友，好朋友能在关键时刻互相帮助互相解救，这也是管鲍二人给我留下的最直接的精神财富。

比如，在管鲍接到齐僖公的命令，让二人分头辅佐两位公子，如果管仲立即想到两人将来会成为政敌，于是有所保留，既不真诚帮助鲍叔牙分析小白的优势，也不鼓励鲍叔牙忠心辅佐，他这样干的话，管鲍之交早就翻船了。彼此缺乏诚意，还谈什么互相推荐和彼此解救？这就是诚。

再比如，箭射小白这件事，也跟人品有很大关系。管仲可不可以给自己留条后路而不射那一箭？可不可以一见鲍叔牙，畅叙旧情，相洽甚欢，然后就掉转枪口帮小白呢？如果管仲这样做事，显然是没有信用。没有信用天下还有谁敢再用？这就是信。

以上这两件事情，一个是诚，一个是信，是管仲人品端正的证明。因此鲍叔牙才敢把他推荐到比自己还高的位置上去，所以才有绝处逢生。

现在社会上当遇到无法掌控的事情时，流行说一句话"看人品"。当莫名其妙地得到眷顾的时候，会说"人品爆发"。这个说法看似玩笑，其实还是可以揣摩出一些滋味。

在管仲去世一百多年后，孔子说过一段话，他说：

天之所助者，顺也；人之所助者，信也。　　　——《系辞传》

这里的"顺"——顺应天道，刚才说的大局观就是对道的一种顺应；而信就是诚信做人，诚信就是人品中的重要部分。显然，古圣先贤在这一点的思考是深刻的。而在现实生活当中，每个人都可能遭遇困境。虽然困境没有绝境那样严重，但是摆脱困境和绝处逢生的道理基本相同。大局观和好人品都是最有力的支点。

【原文选摘】

《管子·大匡》（节选）

齐僖公生公子诸儿、公子纠、公子小白。使鲍叔傅小白，鲍叔辞，称疾不出。

管仲与召忽往见之，曰："何故不出？"

鲍叔曰："先人有言曰：'知子莫若父，知臣莫若君。'今君知臣不肖也，是以使贱臣傅小白也。贱臣知弃矣。"

召忽曰："子固辞，无出❶，吾权任子以死亡❷，必免子。"

鲍叔曰："子如是，何不免之有乎？"

管仲曰："不可。持社稷宗庙者，不让事，不广闲❸。将有国者未可知也。子其出乎。"

召忽曰："不可。吾三人者之于齐国也，譬之犹鼎之有足也，去一焉则必不立矣。吾观小白必不为后矣。"

管仲曰，"不然也。夫国人憎恶纠之母，以及纠之身，而怜小白之无母也。诸儿长而贱，事未可知也。夫所以定齐国者，非此二公子者，将无已也❹。小白之为人无小智，惕而有大虑，非夷吾莫容❺小白。天不幸降祸加殃于齐，纠虽得立，事将不济，非子定社稷，其将谁也？"

召忽曰："百岁之后：吾君卜世❻，犯吾君命，而废吾所立，夺吾纠也，虽得天下，吾不生也。兄❼与我齐国之政也，受君令而不改，奉所立而不济❽，是吾义也。"

管仲曰："夷吾之为君臣也，将承君命，奉社稷，以持宗庙，岂死一纠哉？夷吾之所死者，社稷破，宗庙灭，祭祀绝，则夷吾死之。非此三者，则夷吾生。夷吾生则齐国利，夷吾死则齐国不利。"

鲍叔曰："然则奈何？"

管子曰："子出奉令则可。"

鲍叔许诺。乃出奉令，遂傅小白。鲍叔谓管仲曰："何行？"

管仲曰："为人臣者，不尽力于君则不亲信，不亲信则言不听，言不听则社稷不定。夫事君者无二心。"

鲍叔许诺。

注释：

❶　无：通毋。

❷　任：当保。

❸　广：同旷，空。

❹　已：通以。

❺　容：通庸。庸，用。

❻　卜世：下世。

❼　兄：同况。

❽　济：废。

《管子·小匡》（节选）

桓公自莒反于齐，使鲍叔牙为宰。

鲍叔辞曰："臣，君之庸臣也。君有加惠于其臣，使臣不冻饥，则是君之赐也。若必治国家，则非臣之所能也，其唯管夷吾乎！臣之所不如管夷吾者五：宽惠爱民，臣不如也；治国不失秉❶，臣不如也；忠信可结于诸侯，臣不如也；制礼义可法于四方，臣不如也；介胄执枹❷，立于军门，使百姓皆加勇，臣不如也。夫管仲，民之父母也，将欲治其子，不可弃其父母。"

公曰："管夷吾亲射寡人，中钩，殆于死❸，今乃用之，可乎？"

鲍叔曰："彼为其君动❹也，君若宥❺而反之，其为君亦犹是也。"

公曰："然则为之奈何？"

鲍叔曰："君使人请之鲁。"

公曰："施伯，鲁之谋臣也。彼知吾将用之，必不吾予也。"

鲍叔曰："君诏使者曰：'寡君有不令之臣在君之国，愿请之以戮群臣❻，'鲁君必诺。且施伯之知夷吾之才，必将致鲁之政。夷吾受之，则鲁能弱齐矣。

夷吾不受，彼知其将反于齐。必杀之。"

公曰："然则夷吾受乎？"

鲍叔曰："不受也。夷吾事君无二心。"

公曰："其于寡人犹如是乎？"

对曰："非为君也，为先君与社稷之故。君若欲定宗庙，则亟请之，不然，无及也。"

公乃使鲍叔行成❼，曰："公子纠，亲也。请君讨之。"鲁人为杀公子纠。又曰："管仲，仇也。请受而甘心焉❽。"鲁君许诺。

注释：

❶ 秉：通柄，权柄。

❷ 介胄：甲胄。枹：鼓槌。

❸ 殆：几乎。

❹ 动：行动。

❺ 宥：宽恕。

❻ 戮群臣：在群臣面前杀了。

❼ 行成：议和。

❽ 请受而甘心焉：交给我在群臣面前杀了才算得偿心愿。

第三篇

机遇当前的通达智慧

在鲍叔牙努力下，管仲回到了齐国。

其实对于齐桓公而言，人才难得，不能等闲视之；而对于管仲而言，要找到实现抱负的平台，也不可坐失良机。那么管仲到底应该做什么？怎么做？才能让齐桓公接受自己，然后给他提供成就梦想的舞台呢？因此管仲是如何抓住机会的，是一个值得探究的话题。

一、慎独是一项重要修炼

历史上求贤若渴的故事有很多。最早的有尧帝寻访舜帝；最著名的有刘备三顾茅庐请诸葛亮出山。在双方碰面之前，往往有一些铺垫的过程。这些铺垫发挥了很重要的作用。同样对于管仲而言，鲍叔牙推荐的作用不能忽视，也不应该忘记。但是，在见到齐桓公之前，还有什么会影响到他的未来呢？在这场注定载入史册的会面之前，有没有发生什么事情呢？

　　引渡管仲的时候，为了不引起鲁国怀疑，鲍叔牙授意把管仲装在囚车里拉回来。也就是说，管仲这时候处于被动状态，所以没有条件主动做什么事情。但是说来也巧，就在管仲通过边关的时候，发生了一件事情，成了双方会面的前奏曲。什么事情呢？按照《韩非子》当中记载，管仲坐着囚车，一路颠簸来到齐鲁边境绮乌。这一路翻山越岭、风尘仆仆、口干舌燥、饥肠辘辘。所以押送他的差吏就带着他去守关人那里讨点饮食。但是没有想到，这位守关人居然对管仲非常之恭敬，跪在他的面前，伺候他吃东西。

　　可以想想，经过长途跋涉，管仲已经疲劳不堪。虽然他心里明白是鲍叔牙做了安排，但毕竟现在还是囚犯，所以被杀的可能依然存在。如果是普通人，这种时候恐怕想的是，管他呢，舒服一会算一会儿吧。同样，管仲在这种情况下，面对如此体贴关怀的人，心里也难免涌起感激之情。

　　但是，这位守关人也太急于求成了，跪着伺候管仲，就算是用腿肚子思考一下也会觉得蹊跷。不正常的行为，往往会有不寻常的动机。以管仲那清醒的头脑，这点疑问当然也会立即产生。于是他就问：您为什么对我这么好啊？咱俩以前认识吗？

　　而这位守关人也算是一个聪明人，他知道在管仲面前说谎是愚蠢的，所以实话实说，一张嘴就说了真实想法。他说：假如您回到齐国之后很幸运地没有被杀，而是当了大官，那么您将如何报答我呢？没想到，管仲遇见的是一个坦荡荡的小人。讲到这里，我们知道考验管仲的时刻到了。

　　是受人恩惠然后牺牲国家利益表示感谢，还是义正词严地表明立场进行批驳呢？前者说明人品有问题，后者容易吃眼前亏。那么管仲是怎么说的呢？他说：

　　　如子之言，我且贤之用，能之使，劳之论。我何以报子？

　　　　　　　　　　　　　　　　　　　——《韩非子·外储说左下》

　　这句话意思是说，如果你是贤能之人，当然我会重用，但如果你只会勒索，对不起，在我这里捞不到什么好处。虽然管仲并没有直接斥责，但守关人一听就知道了，没戏！于是气哼哼地走了。

这件事情让我们了解到了一个可信赖的管仲。如果管仲在赶来会面的路上就损公肥私，显然就是一个小人，即使能力可用，也不能委以重任。

实际上，这件事情可以从两个方面做出分析。

一是客观上的。这件事情会不会是齐桓公有意安排来试探管仲的呢？当然，正常情况下不是。并且就算不是齐桓公亲自设计，如果管仲当时跟守关人蝇营狗苟，对齐桓公来说想了解的话也会很容易，那样的话后果可能会很严重。仕途上最悲摧的事情，就是自己倒在了上任的路上。

二是主观上的。君子慎独，在没人监督的情况下能否自律，是君子和小人的分水岭之一。对于君子而言，当然不应该把国家利益作为私人待遇的筹码。越是没人知道的细节，越要严格要求自己。按司马迁的说法，管仲本来就是一位贤者，因此这样的事情不用刻意，也能表现出高尚的品格。

像管仲这样的大才，与国家命运休戚相关，所以在任用上就会更加慎重。因此也就要求他每一步更要走得扎实，更要经得起调查和考验。胸怀大志的人，只有今天的脚步坚实，未来才可能平步青云。

一旦经受住考验，人生就会别开生面。

这个时候，鲍叔牙早已在边境迎候。见到管仲归来，鲍叔牙立即上前打开囚车，请管仲沐浴更衣。

这个时候，我相信大家都能感觉到，老哥俩一定是心潮澎湃。早年立下的远大志向，经历了重重磨难，终于迎来了大展宏图的机遇。管、鲍就是历史上的两座大山，每个人实力雄厚、影响巨大，可以说都是巍然耸立的。所以两个人重新会合，就好像两座大山碰头。而两座山碰头，那将发生多大的地震？而这一震，不得了，齐国掀起了一场轰轰烈烈的社会改革，这一震，震出了称霸诸侯的千秋伟业，震出了超级繁荣的东方大国，也震出了一个世界级的巨大思想宝库——《管子》！

现在"大地震"就要来了！

二、一个心理游戏的玩法

管仲回到齐国，齐桓公用盛大礼节欢迎他。接着把他请到了庙堂之上。庙堂是供奉祖先的地方，在普遍迷信的春秋时代，谁敢在祖先的牌位下面不真诚，不恭敬，信口开河呢？在庄严的地方，当然是想做重大的事情。

果然，一开口，他就问了一个非常重要的问题。而这个问题是所有新登基的国君都会关心的问题。不论是英明伟大还是昏庸无能，不管胸怀大志的还是贪图享乐的，都会关心。这个问题就是——"社稷可定乎？"，就是说我的江山能坐稳吗？其实，不仅仅是国君，其他各级官员，甚至是企业当中的经理，同样在履新的时候，也会关心这个问题，这把椅子我能坐稳吗？人同此心，心同此理。

既然齐桓公开门见山，管仲也没有必要绕弯子，于是他直截了当地指明了两种不同道路：

君霸王，社稷定；君不霸王，社稷不定。　　——《管子·大匡》

第一条道路，如果能称霸，那江山就能稳固；第二条道路，如果不能称霸，那江山就随时可能沦陷。齐桓公出了道问答题，而管仲的回答却是一道选择题。称霸或者不称霸，由你齐桓公来选择。但是管仲是有他自己态度的，他是力挺称霸这个答案的。

现在，球被踢到了齐桓公一边了，齐桓公做什么反应呢？

按照正常的思路，他应该接住话茬儿马上就问，如何才能称霸呢？不想当将军的士兵不是好士兵，不想当霸主的国君那也肯定不是好国君啊。但是齐桓公很令人失望，他并没有因此兴奋得两眼放光，而是在这个重要话题面前选择了退缩。他说：哎呀，我可没有那么大的奢望啊，我只是想江山能够平安地坐下来就行了。请注意，齐桓公的目标，其实是一个国君的最低目标，就是平安。如果只追求最低目标，那还有什么大作为啊？

很显然，这一回合当中，管仲的目标并没有得到齐桓公的认同，国君说他不想称霸。我们知道，目标的认同，是做好任何事情的前提，连这个问题都没搞定，再谈其他都是浮云。尤其对管仲而言，身为逃亡在外的政敌，千里迢迢回到齐国，已经背着一个不忠不义的巨大骂名。这种情况下给齐桓公出了一主意，结果还没被接受。这局面可以说非常尴尬。怎么办呢？管仲只有继续劝说。但是无论怎样劝说，齐桓公都是摇头，不不不，不玩这个。

那么，此时的管仲心情会是如何呢？我想他一定深深体会到了召忽的感受。你们杀了我的君主，我已经受辱了。你们还想再用我为你们干活，这是再一次羞辱。这个时候他一定觉得之前对齐桓公的判断全错了，他只是一位没有雄心大志的国君，仿佛鲍叔牙对他的理解也偏了。管仲不是怕死，而是想实现伟大的抱负，报效国家，造福国民。如果不能实现梦想，还需要每天面对世人的白眼和辱骂，还需要看政敌齐桓公的脸色忍气吞声，那就真的不如杀身成仁了。

于是管仲说：国君免了我的死罪，这是我的幸运。我之所以在你杀了公子纠之后还不死，是想回来报效齐国，让齐国繁荣昌盛。但是现在一看你没这意思，这种情况下再让我拿齐国的俸禄，不为你哥哥公子纠去殉节，我可不敢这样做人啊。说完就往外走。

很显然，管仲的观念，不成功，便成仁。换成今天的话，要么精彩地活，要么赶紧死。

其实，这个场面，在做生意讨价还价时也常常遇见。在谈判学上有一个说法叫"离场压力"，就是用离场的方法给对方制造压力。而这时店家想卖当然需要叫住顾客，但要等顾客走到门口时再叫。叫早了，顾客会想价还高了，因为幸福来得太快！等顾客出门以后再叫，顾客可能会产生较劲的情绪，或者一出门遇见了性价比更好的。

这个时候，齐桓公也如法炮制。等管仲走到门口，齐桓公发出了恰到好处的一声呼唤。管师傅回来回来，有话慢慢说嘛。然后管仲转身回来。这时齐桓公出了一头的汗，叹息了一声说：没办法，我就勉为其难去努力称霸吧。

那么，难道齐桓公真的不想称霸吗？当然不是。他跟鲍叔牙早就讨论过了，就是因为想称霸，才引渡管仲回国。

其实，这件事情很像一场心理游戏。齐桓公拿不准管仲称霸的决心到底有多大。万一是他贪生怕死，贪图富贵，是想回来借鲍叔牙的地位享受安乐生活的呢？所以，必须进行试探。假装不同意他的主张，看看他到底着不着急。

那么管仲是怎样处理的呢？他的想法就是，不论你怎么玩，我只表达最重要的主张——称霸，最真实的态度——必死的决心。于是，齐桓公心里踏实了。

但是管仲回来了，齐桓公的话要怎么说呢？

他说：哈哈，刚才是在试探您的，就看看您称霸的决心有多大。这样说行吗？如果是生活中普通场合一件小事，开这么个玩笑当然没关系。但是，这是在祖庙上，谈论国家大事，而且面对的是天下大才管仲，这样说就不对了。像管仲那么智慧的人，被别人耍了一圈，会是什么心情？

但是齐桓公也不是演员，这头汗也不可能想出就出啊。可以说，齐桓公是被管仲的决心震撼了。因为管仲最后说的是"我可不敢这样做人"，所以万一游戏做砸了，管仲人间蒸发，怎么办？这样的人才可遇不可求，一旦错过，就可能遗恨千古。所以，齐桓公出的，不是为称不称霸纠结的"汗"，而是怕错失管仲所出的担心的"汗"！

其实，刚才这件事情，虽然说过程并不长，也没有拔刀相向，甚至连吵架都没有，但却是齐国历史上最重要的事件之一，堪称里程碑。这件事真正确立了齐国未来四十年的发展目标，也为齐国后来四百年的富强奠定了坚实的基础。

然而，事情到这里还没有完。做事情只有目标是不行的，只有决心是不够的，一位大才加盟，还需要拿出过硬的方案。这样的情景不仅仅有《三国演义》当中刘备诸葛亮的"隆中对策"。比他们早八百年，就有管仲齐桓公的"祖庙对策"了。并且，祖庙对策比隆中对策更为系统，更具实操性。

那么，管仲会拿出什么样方案呢？

三、据说聊了三天三夜

刚才所讲树立目标的故事，记载在《管子·大匡》当中。但是在《管子·小匡》当中，对两个人在庙堂之上发生的故事，还有另外一种记载。记载的是管仲对齐桓公讲述称霸的具体方案。在目标达成一致以后，齐桓公必然会问到有没有成型的方案。而方案的讨论，则需要全面细致，所以需要进行一次长谈。小说《东周列国志》上面说他俩谈了三天三夜。小说也许夸张了，但这个方案的确值得谈三天三夜。因为第一话题太重大；第二管仲的讲述太精彩。

1. 根本问题

像管仲这样的天下大才，当然要有雄视天下的能力。所以，首先他得能够看到最重要的问题；第二他得能提出切实可行方案。

那么，当时齐国面临的最重大问题是什么呢？

先听听齐桓公怎么说。他说：前面的齐襄公荒淫无度、频繁用兵、胡作非为，把国家的经济、军事、外交等等方面都搞糟了，社会风气也是每况愈下，我接手的是一个烂摊子啊。我真怕宗庙无人打扫，社稷无人祭祀，请问该怎么办啊？

> 吾恐宗庙之不扫除，社稷之不血食，敢问为之奈何？
>
> ——《管子·小匡》

这是齐桓公看到的问题。这些是不是问题呢？当然是问题。这些问题需不需要解决呢？当然也需要解决。但是这些都不是最重要的问题。

那么，最重要的问题是什么呢？其实是土地的控制权问题。当时的土地，很多都被封给了卿大夫。这个模式就跟企业承包一样，初期很好，但时间一长连人带地都管不了了，各自为政。

显然，这个问题会严重影响国家的统一。没有统一意志的国家，别说什么称霸了，恐怕连自身安定都很难保证。这种巨大的危机，管仲早就敏锐地发现了。

2. 解决方案

管仲给出的方案，不是只针对这个问题的解决方案，而是一个大型的系统方案，包括了政治、文化、经济、军事、外交等领域的改革措施。前面所谈到的土地控制权问题的解决办法，也放在这一方案当中。由于完整方案篇幅过长，细节过多，无法全部叙述，所以此处只讲土地控制这一个问题。

那么管仲是怎么做的呢？

他首先为国都的行政管理设计了一个塔形结构。如图。

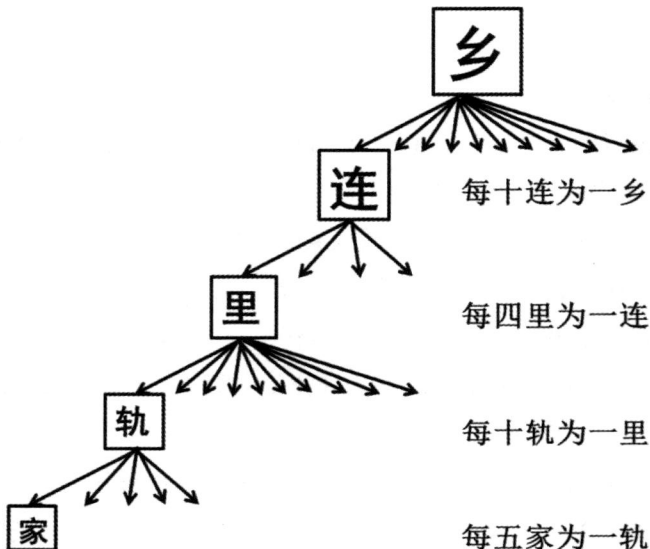

每五家为一轨，设有行政长官轨长；

每十轨为一里，五十户，设有行政长官里司；里这个字，现在已经不做行政单位讲了，但是地名当中仍然有用，比如和平里、平安里等。

每四里为一连，两百户，设有行政长官连长；

每十连为一乡，两千户，设有行政长官乡良人。乡，现在还是行政单位。现代农村一个乡的规模，几百户到几千户不等，平均两三千户，跟管仲时期的规模相差不多。

当然，农村也同样是设计了塔形结构。

有了这个结构，管仲就可以进行实质性的操作了。

按照这样的行政结构，国都可以划分为二十一个乡。由齐桓公直辖十一个乡，而另外还有两家，一家姓高、一家姓国，两家各管辖五乡。于是齐桓公超过半数，在国都就有了足够的力量，相当于现代企业的绝对控股。其他大夫当然也有封地，主要封在农村。当时诸侯国采用"国野制"，也就是国都和农村的地位不同，最明显的差别在于国都有军队，农村没有。所以，齐桓公在国都的优势同样可以延伸到农村。

那么事情到这里是否就算解决了呢？当然没有。虽然塔形结构看起来更稳固，但是土地仍然在大夫手里，他们仍然可以各自为政啊。

怎么办？这时候就可以见识一下管仲的独特方案了。

为了说明管仲的方案，需要先讲一个现代人非常容易理解的概念——加盟连锁。加盟连锁店，店主投资并享有收益权，但是得按照连锁机构的要求经营甚至由连锁机构直接经营。店面怎么装修？商品怎样管理？广告怎样打？活动怎样搞？人员怎么招？一切都是按照连锁机构要求来做。那么为什么会有人愿意加盟呢？原因很多，归根结底是自己省心，还比原来赚得多了。所以就有很多的人愿意加盟，连锁品牌就越做越大。

同样地，管仲保留大夫的既得利益，也就是在封地上的收益权没变，原来的收入归你，现在还归你。

但同时，大夫的封地要接受国家的管理。行政结构要按国家的规范设立，官员要按国家要求任命或派遣，包括文教、统计、经济、军事、司法等，都要按国家标准开展工作，甚至由国家直接管理。于是，中央对土地的控制权得到了很大程度的加强。

那么大夫为什么愿意接受这样的方案呢？齐桓公的力量加强了，不敢不听，这是威的一面；更重要的是也跟连锁店主一样，大夫省心了。国家机构在管仲的领导下运营水平高，所以土地产出更大，大夫受益也更多。这是恩的一面。

管仲这样做的结果是什么呢？大夫的实际身份慢慢由领主变成了官员，封地变成了待遇而不再是实力。如果大夫敢跟国家对着干，那就随时可以撤换，因为大夫封地上的各种事务原本就是国家管理着，所以换人的影响很小。这样一来，大夫反而要更加卖力工作了，因为害怕被国家撤换掉。可见管仲的办法考虑了大夫的心理，相对温和。所以同样是社会改革，他所遇到的阻力很小，效果极佳。可见这是一个因势利导的高明方案。

现在可以看清楚了，在这次重大的会面当中，管仲表现出了良好的品行，必死的决心，并提出了高明的方案。有了这三点，自然会得到齐桓公的信任。那么接下来需要做什么呢？当然得谈工作条件了。要看看齐桓公的支持力度够不够。那么，管仲是怎么谈的呢？

四、正式上任的重要条件

品德好、态度坚决、方案可行，齐桓公一看果然靠谱，所以立即就想到请管仲做宰相。但是到了这一步，管仲却说：对不起，我干不了。

齐桓公一听就糊涂了，什么道理都讲了，现在却说干不了，为什么啊？

管仲说了，当宰相虽然有了职务，但没爵位，我的身份仍然低贱。"贱不能临贵"，就是身份低贱的人见到身份尊贵的人，说话得低头行礼，恭恭敬敬，他的话很可能不受重视。齐桓公一听，这个好办。我封你为上卿，位列高、国两家之上。于是管仲得到了上卿的爵位。

但是管仲说还不行。为什么呢？因为"贫不能使富"。尽管身份有了，但我还是个穷人啊。一个穷人说话想让富人听，那得多难啊。齐桓公理解，说这个也好办！我把国家市场上一年的租税赐给你。于是管仲一夜之间成了富豪。

可管仲仍然说不行。前面两个要求齐桓公都能想到，所以答应起来也很爽快。但是这次又是为什么呢？管仲说"疏不能制亲"。什么意思呢？就是你有那么多兄弟姐妹和亲戚，他们都跟你有血缘关系。如果我工作当中需要动他们，你能支持我吗？

齐桓公听了，还真是这么个理儿。于是决定奉管仲为仲父，也就是拜他为干爹。身为国君，管宰相叫干爹，可见齐桓公称霸之心多么急切。

这件事情，记载在《说苑·尊贤》当中。从现代的角度看，管仲似乎在跟齐桓公谈待遇。所以，今天如果遇到谈待遇的事情，可以向管仲学习一下。

首先，这个待遇不是一开始就谈的。假如管仲一开口就谈这样的待遇，齐桓公很难接受。但是当品德、态度、方案都一一呈现了以后，齐桓公认同了管仲的价值，谈待遇就变得容易了。第二，管仲谈待遇的出发点是什么？是为了更好地开展工作，并不是为了待遇本身，所以效果极佳。

可能有人会觉得管仲的要求太高了，也不符合古代君子的形象。但是，有意思的是特别推崇君子风度的人，跟他同处于春秋时代的孔子，却是这样评价他的：

管仲之贤，不得此三权者，亦不能使其君南面而霸矣。

——《说苑·尊贤》

就是说，以管仲这样品德好才能高的贤者，如果没有得到这三个支持，同样也是无法辅佐齐桓公实现称霸目标的。显然在一个家天下时代、等级制社会，而管仲又是一个外来户，所以他所面对的贵贱、贫富、亲疏都是现实问题，并且也的确会成为工作的障碍。孔子对那个时代了解当然比后人深刻，并且对君子的渴望比其他人都强，但是孔子依然觉得管仲的做法是正确的。

现在我们回顾一下，管仲能够成长为宰相，能够抓住重大机会靠的是什么？当然，具体说来是靠品德、态度、方案。但是，这一切归结为什么呢？当然是他的智慧。

在汉语当中，智慧这个词会有多种解读方式。

智的写法是以知作为顶部的，所以知是智的显著特征；

慧的写法是以心作为底部的，所以心是慧的深层内核。

智是智商，更偏重理性，智的提升在于思考；

慧是情商，更偏重感性，慧的增长依赖体验。

智是解决问题的方法，有助于设计系统方案；

慧是面对问题的心态，有助于树立坚定信念。

智者重视规则，善于运用制度力量来统御行为；

慧者重视感情，善于运用精神力量来赢得人心。

而对于管仲而言，早期表现为智的突出，智有余而慧不足。但后来经历了长期的生活磨难，慧也得到了充分的增长。于是他变成了一位智慧双全的伟人。在这次会面当中，一个全面系统的解决方案，就是智！靠的是智商，讲究的是方法，着眼于统御行为；而他必死的决心就是慧！靠的是情商，表现的是心态，着力于赢得人心。

智慧双全，才是当宰相的料。

当然，智和慧往往是相互结合难解难分。前面所讲到的，仅仅是管仲智慧的冰山一角。更多的智慧，留在以后的内容中，慢慢品味。

到这里，管仲登上了相位。

齐桓公是新君，管仲又是新相，这个时候最紧要的事情是什么呢？当然莫过于收拾民心。那么，管仲是如何赢得民众广泛支持的呢？

【原文选摘】

《韩非子·外储说左下》（节选）

管仲束缚，自鲁之齐，道而饥渴，过绮乌封人而乞食❶。绮乌封人跪而食之，甚敬。封人因窃谓仲曰："适幸，及齐不死而用齐，将何报我？"曰："如子之言，我且贤之用，能之使，劳之论。我何以报子❷？"封人怨之。

注释：

❶ 封人：地方官职称。

❷ 子：你。

《管子·大匡》（节选）

桓公二年❶践位❷，召管仲。管仲至，公问曰："社稷可定乎？"管仲对曰："君霸王，社稷定；君不霸王，社稷不定。"公曰："吾不敢至于此其大也，定社稷而已。"管仲又请，君曰："不能。"管仲辞于君曰："君免臣于死，臣之幸也。然臣之不死纠也，为欲定社稷也。社稷不定，臣禄齐国之政而不死纠也，臣不敢。"乃走出，至门，公召管仲。管仲反，公汗出曰："勿已，其勉霸乎！"管仲再拜稽首而起曰："今日君成霸，臣贪承命趋立于相位❸。"乃令五官行事。

注释：

❶　二：学界判断为元之坏残。二年：元年。

❷　践位：登位。

❸　贪：后世学者分析同钦。贪承命：钦承君命。

《说苑·尊贤》（节选）

齐桓公使管仲治国，管仲对曰："贱不能临贵❶。"桓公以为上卿，而国不治，桓公曰："何故？"管仲对曰："贫不能使富。"桓公赐之齐国市租❷一年，而国不治。桓公曰："何故？"对曰："疏不能制亲。"桓公立以为仲父。齐国大安，而遂霸天下。孔子曰："管仲之贤，而不得此三权者，亦不能使其君南面而霸矣。"

注释：

❶　临：统管、治理。

❷　市租：市场税收。

第四篇

凝聚民心的核心主张

　　也就是在管仲当上宰相的同时，一个消息迅速地在齐国的农民当中传开了。说齐桓公准备把公田分到各家各户，自主种植，所得收入除了上缴税赋之外，全归自己支配。如果这一消息是真的，农民的日子就有盼头了。

　　那么，这个消息是真的吗？

　　还别说，就是真的。

一、把土地分到农民手中

　　在祖庙对策之时，管仲提供了一个系统方案来帮助齐桓公实现称霸的目标。这个方案得到了齐桓公的认可。但是，光齐桓公认同没用，最关键的还得齐国的老百姓支持。

　　怎样才能得到老百姓支持啊？当然就要找到老百姓的痛点。把老百姓的疾苦解决掉，这样自然就有人支持了。而老百姓最大的疾苦当然是吃不饱肚子。

于是，管仲就派官员到田间地头给农民开会。

官员用一根树枝，在地上画了两横两竖一个井字。然后开始讲话了：

赵	钱	孙
王	公田	李
郑	吴	周

乡亲们，以前咱们的土地，用的是祖先留下来的井田制。就是这个"井"字，除去中间的公田，剩下八块地，都是你们自己种植自己吃。假如说赵钱孙李周吴郑王（这些姓氏在春秋齐国不一定常见，这样写仅仅是为了现代读者容易理解而已），自己的地收成怎么样？收成是不错，但是地少对不对？你们自己有劲儿用不完吧？有的人家，比如老赵家，你们家人口越来越多，但是地还是原来那么大，打的粮食不够吃，所以孩子只能喝稀粥。稀粥没营养，就得多喝，所以孩子们的肚子都鼓鼓的，用手弹一弹，还嘣嘣响。开会来的农民都频频点头，是这么回事。

而中间这块公田，以前是你们集体种植，公田里的收成是你们的领主大夫的。公田的收成怎么样啊？

无田甫田，维莠骄骄。 　　　　　　　　——《诗经·齐风》

这两句说的意思是大家都不用心种公田，所以公田里的蒿草长得老高还没人除。大伙说是不是这么个情况？八家人都点头，是有这个情况。

于是，官员就问了：你们说实话，在公田里干活卖力气没有？用心没有啊？

说到这里，老钱家的人说话了。这不能怪咱们老百姓啊。农忙一来，就那几天是关键，在公田里多干一天，自己家的田就多耽误一天。最后公田倒是好了，但你让我们家的日子怎么过？就这，我家俩大姑娘就一套衣服，平常只能一个人出门，你说日子苦不苦？这段话，立刻引起其他老乡的共鸣，七嘴八舌地，吐了不少苦水。

这时候官员觉得时机成熟了，马上话锋一转说：我今天来不是兴师问罪的。我是替咱们新宰相管仲给大家送喜讯的。什么喜讯？大家前几天都听见传说了吧？对，就是要把公田分到你们八家去，你们自己爱种啥种啥，爱怎么种就怎么种，收成也都归你们自己，每两年按照规定上缴赋税就可以了。

讲到这里，农民高兴了，刚想说话，官员又说了：不过咱们得先明确一下：土地所有权，还是国家的，只是使用权下放到你们手里，也就是国有民用。以前，井田制的时候，咱们是三年轮换一次。因为不稳定，所以你们都不愿意好好侍弄土地，都想明年就轮换了，今年还侍弄个什么劲儿。所以管相说了，以后不轮换了。你的地就精心侍弄着，不用担心。但是有个情况，也请大伙理解，咱们十年得调整一次。因为十年下来，每家的人口变化不一样，所以在原来的基础上调整一些。这个政策怎么样？心里踏实了吧？

这一下农民兴奋了。原来这是真的。于是，老乡们的眼睛放光了。都说现在的政策真好啊！这就相当于耕者有其田了啊！

这件事在《管子·乘马》当中说得非常清楚：

道曰，均地分力，使民知时也。民乃知时日之蚤晏，日月之不足，饥寒之至于身也。是故夜寝蚤起，父子兄弟不忘其功。为而不倦，民不惮劳苦。

——《管子·乘马》

什么意思呢？"道"就是客观规律，客观规律告诉我们：把土地折算分租，实行分户经营，可以使农民自觉抓紧农时。他们会关注季节的早晚、光阴的紧迫和饥寒的威胁。这样，他们就能够晚睡早起，父子兄弟全家关心劳动，不知疲倦并且不辞辛苦地经营。

这段话之后，管仲又说了：土地不分配下去的害处，就是地利不能充分利用，人力不能充分发挥。比如，当官如果不告知农时，百姓就不抓紧耕作；政府不教化农事，百姓就不想干活。而实行了均地分力的制度，明确了征收标准之后，百姓自然就知道所得的比例，所以就会尽力劳动了。于是，不必督促，父子兄弟都会来关心生产的。

有了这样的积极性，老百姓何愁不富？

但是，管仲的这套政策到底推行得怎么样呢？在他的改革当中会不会遇到问题呢？

二、老百姓不想被人欺负

这个制度看起来没毛病，并且老百姓也表示了欢迎，但真的付诸实施，也会出现新的问题。

还是刚才赵钱孙李周吴郑王那八家人。地分了，但分得很不开心。原因很简单。这块地虽然原本是一块，但地势不可能完全相同——有高有低。结果，这家摊上的地势高，那家摊上的地势又太低。旱的旱死，涝的涝死。也有不高不低的，不旱不涝的地，但是这样的好地分给谁呢？大伙肯定会担心，会不会把好地都分给官员亲戚呢？所以会有很多农民害怕自己吃亏，反而不开心了。

所以管仲在那个时代就已经意识到"一刀切"是不行的。这里就有一个历史经验，老百姓先患贫，然后也患不均。也就是说当贫穷不再是问题的时候，就开始担心不公平。面对这个问题又该怎么办呢？

当然，这样的事情是难不倒管仲的。他让官员们又召集农民开了个现场会。

第一，官员宣布，土地标准租税，如果年景正常，则两年交 30%，相当于一年交 15%。为什么两年一交，因为咱们管相知道，农民靠天吃饭，所以给大伙留一个缓冲的时间。

第二，咱们管相知道每家的土地都不一样。怎么办呢？所以他又制定了一个办法，叫相地衰征。对，不同的土地，交的税不一样。土地好就多交，土地不好就少交，这个公平吧？

老乡们听了说，理是这么个理，但总得有个区分标准吧？总不能靠官员拍脑袋吧？如果靠官员拍脑袋，我们普通农民还是会受欺负啊。

官员听了就笑了。大伙说得对。管相想到了。来来来，我们现场就给大家演示一下。老赵，这里是你的地吧，把你几个儿子叫出来，就从这里往下挖，挖到出水为止。

老赵家三个儿子，一会就挖出了水。

官员说，来量量，看看挖了几尺出的水。结果一量，八尺半。当官又让挖了其他人家的地，比如老钱家的地四尺就出水了。

这个时候官员说了，咱们的管相给了办法，大家听好了。

如果这块地挖六尺出水，这说明这块地既不容易旱，也不容易涝，所以交标准赋税 15%。其他地块呢？如果挖到七尺出水，就说明容易旱，赋税就减免 10%，此后每增加一定尺寸，都递减 10%。同样，如果挖到五尺就出水了，那就说明容易涝了，所以也应该减免赋税。出水深度每减少一尺，赋税就减免 10%。老赵家挖到八尺半出水容易旱，老钱家挖到四尺出水容易涝，都有减免。减免多少？按制定好的标准，该减免多少就减免多少。这个政策怎么样？标准都是管相定的，而且也是经过测算的，大家不会再说我偏心吧？于是，老赵家和老钱家的人，心理上也平衡了。既然这是管相的主意，我们就放心了。

管仲的这套方法，体现了精细化管理的思路，就是后来"级差地租"的雏形，具有一定的科学性。这种思路在现代企业管理中已经得到广泛运用。同样是卖一百把木梳，到女子学校和到寺庙里面，销量肯定不同。到寺庙里卖木梳，难度更大，因此奖励幅度要足够高才有人愿意去做。这种科学性，既是管仲思想的支点之一，也是齐文化的重要特点之一。齐文化当中对务实、科学、创新的强调，是中国历史上的一道风景。

在这里，很显然管仲追求的就是我们常说的公平。

公平不是口号，而是要变成落地的制度。随着对管仲了解的深入，就会发现，管仲虽然不能突破等级制的束缚，但是也已经把公平当作努力方向，提到了一定的高度。在《管子·明法解》当中，有这样一句话：

公平而无所偏，故奸诈之人不能误也。　　——《管子·明法解》

公平的作用是什么？就是让奸佞狡诈之徒无法兴风作浪，当然更不可能把路带偏。这句话虽非管仲原话，但却是用来解释他"明法"思想的，所以体现了他的意图。

管仲所在的时代是等级制社会。普通百姓是弱势群体，本来就比官吏的地位低。然而，就算同样生活在社会底层，其中也有奸佞狡诈之徒，老实人在受官吏的压制之外，还要受这些人算计甚至欺负。管仲年轻的时候经历过生活磨难，所以对这些现象感受很深。因此他从内心里同情社会底层老实人。

仅仅让官吏自己掌握公平的尺度，这个不现实。管仲对人性有非常深刻的洞察，他非常清楚，每个人在遇到自己的兄弟、亲戚、朋友、老乡的时候，都难免产生照顾一下的想法，这是人性的一部分。所以在"均地分力"这种事情上，也难免会存有私心。每个人都有善恶两面性，只是善和恶，哪一面表现的更突出更稳定一些，这是区别所在。如果一个社会的治理水平高，人们就会自觉地压制自身恶的一面，让善的一面得以发扬。相反，人们就会削弱善的一面而放纵恶的一面。

当把这些事情想明白，办法也就随之而来了。

第一，精神引导不可少，所以他提出礼义廉耻，国之四维。廉，讲公正；耻，知好歹。

第二，仅有精神引导是不够的。如果没有执行的标准，要么好心办了不公平的事，要么就有很多空子可钻。所以管仲要给一套标准。有了标准，公平度就会大大提高。

但是，一个社会只要有了公平机制就能解决所有问题吗？

三、公平之后还要有公益

有一次，齐桓公外出来到平陵，也就是今天山东历城县附近，看到一位年纪很大的老人独自生活。一国之君出于关心，所以问了问情况。

这位老者很无奈地说：我家人口不少，我有九个儿子，但家里太穷，没能力给他们娶媳妇，所以我就让他们外出给别人干活挣钱，一直没有回来。

齐桓公一听，这一家十条光棍，一个操持家务的女人都没有，实在太可怜了。于是，就命令五个非贴身的侍女嫁给了其中五个儿子。

齐桓公的这个做法，用今天的眼光看，有点粗暴了。那五位侍女愿意吗？不过，还是用今天的眼光看，那五位侍女，在宫里虽然吃穿不愁，但地位低，看人脸色。现在嫁给普通农户，至少也得了个夫妻恩爱，在家里肯定被当作宝贝。

那么，齐桓公为什么会这么做呢？这是因为管仲在相地衰征之后，想到了更多的事情。什么事情呢？

均地分力，相地衰征，虽然提高了劳动积极性，并且建立了公平机制，但是仍然没有彻底解除老百姓的后顾之忧。上面这些政策，无疑都是面向有耕作能力的正常家庭的。但是社会上总有一些老百姓家里有非常现实的困难，就算是把土地分给他们也不能改变状况。比如，老弱病残，这样的情况国家到底管不管呢？

这个问题在古代非常现实，古代是饥荒多、瘟疫多、战争多的"三多社会"。"三多"的结果当然就会有很多人需要社会抚恤。所以一个社会仅有公正是不够的，还需要有公益来保障弱势群体的生活。

那么管仲是怎么搞的呢？

他给齐国创造了一种"九惠之教"。简而言之，就是对九种弱势人群给予照顾，就是管仲时期的社会福利保障制度。在管仲刚刚担任宰相四十天当中，就五次督促实行九惠之教。"九惠之教"的内容是：

一曰老老，二曰慈幼，三曰恤孤，四曰养疾，五曰合独，六曰问疾，七曰通穷，八曰振困，九曰接绝。

——《管子·入国》

在今天，给予弱势群体以关怀是普遍的，很好理解。但要注意那是2700年前。那时候的帝王，除了一些英明的之外，其他大部分想的是我代表上天来治理你们，是我让你们老百姓在我的土地上休养生息，这是我给你们的恩惠。所以，你们必须供养我的享乐，必须听我的号令。于是就有了两个国君为争夺一个美女，而让老百姓打得血流成河的事情发生。像管仲这样照顾老百姓利益的办法，在春秋时期的确罕见。所以管仲的"九惠之教"，效果是凝聚了民心，国家越来越有号召力了，齐桓公逐渐也尝到了甜头。

按说齐桓公做了这件好事，管仲该高兴。但是管仲进宫拜见齐桓公的时候却说：国君您啊，的确做的是好事，就是做得太小了。

齐桓公本来以为管仲会给他点赞，但没想到会这样说自己，当然就得问问为什么。

管仲说：您看啊，这件事是您亲眼看到的。如果这样的事情都得等到您亲眼看见并且亲自解决，那齐国还不知道有多少人娶不上媳妇呢。管仲的想法当然是希望通过国家政策来解决问题。

齐桓公是个聪明人。一听管仲的这话，就下了一道命令。这道命令今天听起来比较生硬，但在古代的思维当中却是一项真正的安民之策。什么指令呢？就是要求齐国的男人，二十岁一定要娶妻，女子十五岁一定要嫁人。

这样做的必然结果是：

第一，大大减少了孤男寡女的数量。这也是九惠之教当中的合独。

第二，促进了齐国人口的增长。那个时候，国家是需要人的。

第三，也减少了某些犯罪行为，文化风气变得更好了。

本来，管仲"合独"是在城市里面设有"掌媒"的官吏，为单身男女做媒，分给田宅而让他们安家。齐桓公发的这道指令，无疑是有力的推动，使得"合独"的政策落实得更为彻底。

管仲解决了公平问题，也保障了民众生活。在这样的齐国生活，老百姓相比其他诸侯国来说是比较幸福的。但那是个君主政治的时代。君主政治，当然要以君主的想法为最高意志。所以，能对老百姓如此关怀，本身就是一个历史奇观。那么，管仲为什么要这样主张？齐桓公为什么要接受这样的主张呢？

四、古代政治的制高点

有一天，齐桓公突然问管仲一个问题：对君王而言，什么是最重要的？

说实话，突然问了这个问题，还真拿不准从哪个地方开始回答。有人可能会说，是君王的品德，自古天下有德者居之；也有人说是国家的法度，没有法制，国家就乱了；还会有人说军队、文化和经济等。

那么管仲能不能一语惊人，振聋发聩呢？我们听一听他是怎么说的？他说：当然是天啦！

乍一听，管仲这话可没什么稀奇的，管仲说的不过就是上天崇拜，那个年代，祭祀天地是一项法定仪式。

接着他又说了一段话。这个故事就因为下面这段话，成为了历史经典。

管仲曰：所谓天者，非谓苍苍莽莽之天也；君人者以百姓为天。百姓与之则安，辅之则强，非之则危，背之则亡。

——《说苑·建本》

管仲说，我所说的天，不是苍苍莽莽、在头顶上的那个天。当君王的人，要以百姓为天。对于一个国家而言，百姓亲附，国家就可安宁；百姓辅助，国家就能强盛；百姓反对，国家就很危险；百姓背弃，国家就要灭亡。

这回管仲把话说清楚了。老百姓是一个国家最重要的力量，是君王的天。如果对百姓不好，你就等着天塌下来吧。虽然说杞人忧天的那个天塌不下来，但君王头上百姓这个天，却是可能塌下来的。

但是，管仲要想让齐桓公接受这个观点，也得讲出道理啊。管仲是怎么讲的呢？管仲当然有他的打法，就是交换。

还是在祖庙对策的时候，齐桓公问管仲，说：我想把国内局面理顺之后，不定期地跟诸侯们会个面，这个能做到吗？那么这句话是什么意思呢？当然不是齐桓公内心寂寞，非得没事儿约几个朋友一起玩。这只是古人委婉的说法，用今天的话简单点说，就是经常召集国际峰会，当时叫会盟。召集会盟，当然就可以在团结其他诸侯国的基础上树立齐国的威信了。

那么管仲是如何回答的呢？他说：可以！

齐桓公听到管仲说可以，心想太好了，于是急切地追问：从哪里开始啊？

于是管仲抓住时机抛出了一条非常重要的主张：始于爱民！

管仲的回答乍一听有点南辕北辙，齐桓公的焦点在于能不能经常召集会盟，而管仲却说从爱民开始。但是道理非常简单，齐桓公一听就懂，就是内圣才能外王。想在国际上树立威信，就得先把自己家的后院安顿好嘛。

其实，这是管仲做的一个交换。你心里惦记着称霸，而我心里惦记的是百姓的幸福。你想称霸，行，我支持，但得同时让百姓过上好日子。所以，一定要理解的是，管仲称霸的实质不是穷兵黩武威吓天下，他的目的是通过称霸这一举动，给老百姓带来幸福，给天下带来和平。这一点在管仲后来各项工作当中，也得到了充分的体现。

在《管子》一书当中，从百姓为天这个基本理念出发，管仲做了很多论述，比如"凡治国之道，必先富民""政之所兴，在顺民心；政之所废，在逆民心"。

但是，那毕竟是在春秋时期，齐桓公那种君权至上的想法会经常流露出来。所以有这么一次，齐桓公问管仲：我想制服民众，有没有什么办法？国君提到了这样的问题，宰相应该怎样回答呢？没想到，管仲这个时候说了一句非常重的话：这不是人君该说的话！

但是，齐桓公既然管他叫仲父，也就得听他教导。他说：要想制服民众很容易，制定法律条文，明确揭发有赏，然后不断审查，杀一大批人，就制服了。但是，这不是根本办法。这样下去，百姓不亲近，当灾祸降临时，百姓就不会出力，国家还是一样陷入危亡之地。

到这里可能有人会说，管仲的观念好先进啊！的确。管仲的说法，在君主政治时期，的确具有先进性。但是，我们还必须客观看待。那就是面对一个历史人物，不能什么好事都往他身上安。

其实对民的重视，管仲并不是最早的。我们来理一下发展脉络。目前看，对民的重视，主要有如下一些言论影响较大。首先，第一位就是五帝之一的大禹。大禹曾经说国：民为邦本，本固邦宁。接下来管仲说的以百姓为天。再接下来，齐相晏婴，明确提出了以民为本。再接下来，孔子说，民就是水，水所以载舟，亦所以覆舟。再后来才是孟子的民为贵、社稷次之、君为轻。

大禹	民为邦本，本固邦宁
管仲	以百姓为天
晏婴	以民为本
孔子	水所以载舟，亦所以覆舟
孟子	民为贵、社稷次之、君为轻

（按时间次序排列）

很显然，管仲在凝聚民心方面的智慧是很了不起的。

第一，管仲所秉持的观念，近似于唯物主义史观，历史是人民创造的。英雄人物，是在顺应民意的情况下推动历史发展的。民心，看似一个抽象的概念，但一旦被激发或被激怒，就会变成非常具体而又强大的推动力量。所以，想要干大事业，必须顺应民心，得到百姓的支持。

第二，怎样才能得到百姓支持呢？管仲在这里很好地展示了痛点思维。就是找到老百姓生活的疾苦和忧虑，从这个地方下手解决问题。这样做效果明显，老百姓更容易得到实惠。"均地分力"解决的是劳动积极性问题；而"相地衰征"解决的是管理公平问题；"九惠之教"解决的是弱势人群的生活保障问题。发现历史发展的决定性力量，解除这一力量所承受的痛苦，让它得以充分释放，想到并做到这一点，就是大智慧、大功劳。

到这里，管仲已经通过行政结构设计解决了国家控制力问题，又通过土地政策和九惠之教赢得了民心。但是所有这些事情都需要有得力的人来帮着推行。那么管仲的改革到底谁来落实？不足的人才又怎样进行补充？

【原文选摘】

《管子·乘马》（节选）

三岁修封❶，五岁修界❷。十岁更制❸，经正也❹。十仞见水不大潦❺，五尺见水不大旱。十一仞见水轻征，十分去二三，二则去三四，四则去四，五则去半❻，比之于山。五尺见水，十分去一，四则去三，三则去二，二则去一，三尺而见水，比之于泽❼。

【注释】

❶ 修封：修整田埂。

❷ 修界：修整田界。

❸ 更制：更定田界。

❹ 正：政。经政：近常例之意。

❺ 十仞：后世学者分析当为一仞，古代一仞为七尺。潦：涝。

❻ 十一见水~五则去半：后世学者分析当为，一仞见水轻征，十分去一，二则去二，三则去三，四则去四，五则去半。

❼ 三尺而见水，比之于泽：后世学者分析当为一尺而见水，比之于泽。

　　道曰❶：均地，分力❷，使民知时也，民乃知时日之蚤晏❸，日月之不足、饥寒之至于身也。是故夜寝蚤起，父子兄弟不忘其功。为而不倦，民不惮劳苦❹。故不均之为恶也，地利不可竭，民力不可殚❺。不告之以时而民不知，不道之以事而民不为❻。与之分货❼，则民知得正矣❽，审其分❾，则民尽力矣。是故不使而父子兄弟不忘其功。

【注释】

❶ 道曰：同语曰。

❷ 均地：将土地分给农夫耕种。分力：分散耕种。即实行一家一户的个体生产。

❸ 蚤晏：早晚。

❹ 惮：害怕。

❺ 殚：用尽。

❻ 道：告知。事：农事。

❼ 与之分货：与农夫分取农产品，指国家按土地征收租税。

❽ 得：自己应得的收益。正：同征，应纳的租税。

❾ 分：指分货的标准，得征的比例。

《说苑·贵德》（节选）

桓公之平陵❶，见家人有年老而自养者❷，公问其故。对曰："吾有子九人，家贫无以妻之❸，吾使佣而未返也。"桓公取外御者五人妻之❹。

管仲入见曰："公之施惠，不亦小矣。"公曰："何也？"对曰："公待所见而施惠焉，则齐国之有妻者少矣。"公曰："若何？"管仲曰："令国丈夫二十而室，女子十五而嫁。"

【注释】

❶ 平陵：春秋时齐邑，故址在今山东历城县西。
❷ 家人：人家，指平民之家。自养：自己生火做饭。
❸ 妻之：给他们娶妻。
❹ 外御：君王非贴身侍女。

《管子·入国》（节选）

入国四旬，五行九惠之教❶。一曰老老❷，二曰慈幼，三曰恤孤，四曰养疾❸，五曰合独，六曰问疾❹，七曰通穷，八曰振困❺，九曰接绝。

所谓老老者，凡国、都皆有掌老❻，年七十已上，一子无征❼，三月有馈肉❽；八十已上，二子无征，月有馈肉；九十已以上，尽家无征，日有酒肉。死，上共棺椁❾。劝子弟：精膳食，问所欲，求所嗜。此之谓老老。

所谓慈幼者，凡国、都皆有掌幼，士民有子，子有幼弱不胜养为累者❿，有三幼者无妇征⓫，四幼者尽家无征，五幼又予之葆⓬，受二人之食，能事而后止。此之谓慈幼。

所谓恤孤者，凡国、都皆有掌孤，士人死⓭，子孤幼，无父母所养，不能自生者，属之其乡党知识⓮、故人。养一孤者一子无征，养二孤者二子无征，养三孤者尽家无征。掌孤数行问之，必知其食饮饥寒身之胜⓯胜而哀怜之。此之谓恤孤。

所谓养疾者，凡国、都皆有掌养疾，聋、盲、喑、哑、跛躃、偏枯、握递[16]，不耐自生者[17]，上收而养之疾官[18]，而衣食之，殊身而后止[19]。此之谓养疾。

所谓合独者，凡国、都皆有掌媒，丈夫无妻曰鳏，妇人无夫曰寡，取鳏寡而合和之，予田宅而家室之，三年然后事之[20]。此之谓合独。

所谓问疾者，凡国、都皆有掌病，士人有病者，掌病以上令问之。九十以上，日一问；八十以上，二日一问；七十以上，三日一问；众庶五日一问。疾甚者，以告上，身问之。掌病行于国中，以问病为事。此之谓问病。

所谓通穷者，凡国、都皆有通穷，若有穷夫妇无居处，穷宾客绝粮食，居其乡党以闻者有赏，不以闻者有罚，此之谓通穷。

所谓振困者，岁凶，庸人訾厉[21]，多死丧，弛刑罚，赦有罪，散仓粟以食之。此之谓振困。

所谓接绝者，士民死上事，死战事，使其知识、故人受资于上而祠之[22]。此之谓接绝也。

【注释】

❶ 五行：五次推行。教：教化的政策。

❷ 老老：敬老，养老。

❸ 疾：残疾。

❹ 问疾：后世学者分析当为问病。

❺ 通、振：救济。

❻ 掌老：掌管敬老的官吏。

❼ 无征：不用承担国家征役。

❽ 馈肉：官府馈赠的肉品。

❾ 共：供。椁：古时棺材外面的套棺。

❿ 不胜养为累：养不起而成拖累。

⓫ 妇征：国家向妇女征收布帛。

⓬ 葆：保姆。

⓭ 士人：后世学者分析当为士民。

⓮ 知识：朋友。

⓯ 膌：同"瘠"，瘦。

⓰ 喑、哑：哑巴。偏枯：即半身不遂。握递：一种手部疾病。

⓱ 耐：能。

⑱ 疾官：似指官府设置的收养残疾人的馆舍。

⑲ 殊：后世学者分析认为是死的意思。

⑳ 事：承担国家的职役。

㉑ 庸人：佣人。訾厉：疾病。

㉒ 资：钱财。祠：祭祀。

第五篇

寻找伙伴的良苦用心

　　管仲在齐国登上相位，除了制定称霸目标和凝聚民心的政策之外，更为现实的是他还需要有工作伙伴，也就是要有一个像样的团队一起干。于是，在他刚上任不久，就向齐桓公提出了一份名单，想要任命一些官员。

　　但是，这个名单给他带来了一些麻烦，有些人认为管仲做了件对不起好朋友鲍叔牙的事情！

一、知人善任很重要

　　首先看看这份名单。管仲说了：我想任命一位"大行"，也有的资料上称为"大司行"，这个职务其实就是外交大臣，相当于现在的外交部部长。要想称霸，在国际上树立威信，外交当然重要，所以这个人一定要选好。而朝堂之上谦让有礼，进退之间礼节娴习，说出话来刚柔有度，这样的事情隰朋最为擅长，就封他作为"大行"。

按照现代人的心理推测，齐桓公很可能满心以为管仲第一个会推荐鲍叔牙，所以听到管仲的话会略感吃惊。但转念一想，隰朋做外交的确适合。于是就说，好吧。

接下来，管仲又说：我得推荐一位大司田。这个职位相当于今天的农业部长。这个人需要善于开辟土地，增收粮食，增加人口，建设城镇。在"尽地利"这种事情上，我不如宁戚，就立他为大司田吧？

还是没有推荐鲍叔牙。但是宁戚也的确是个大人才。他原来是卫国人，听说齐国招贤纳士就想投奔过来。但他家里很穷，没路费，是靠给一位商人赶车这才来到齐国，住在郊外。有一天晚上，齐桓公到郊外迎接客人，灯火通明。宁戚正在喂牛呢，看到国君的气派，再想想自己的落魄，心生感叹，放声长歌，结果把齐桓公震撼了。虽然现在搞不清楚到底是歌词好还是唱功好，但其结果是齐桓公把宁戚带了回来。因为宁戚是齐桓公自己亲自发现的，当然没有意见了，所以立即也说，好吧！

接下来，管仲又提议了两个人，分别担任大司马和大司理。这两个职位，一个相当于国防部长，一个相当于最高法院院长。也都一一获得了齐桓公的批准。

但这个时候，齐桓公的心越来越紧了。自己的师傅到底怎么安排呢？

这时管仲说到了第五位。

犯君颜色，进谏必忠，不辟死亡，不挠富贵，臣不如东郭牙，请立为大谏之官。

——《管子·小匡》

到这里，五位部长级干部全部任命完了。但是我们没有听到鲍叔牙的名字。于是后人形成了一种印象，就是管仲实在太不近人情了。鲍叔牙对他那么真诚、信任，极力推荐他当宰相，并且费尽心机把他引渡回齐国，结果在这么重要的问题上不认朋友了，实在让人寒心啊。并且以鲍叔牙的雄才大略，不用来为国家做事，岂不太可惜了？

其实，这件事情，按照史料分析很可能就是一个误会。管仲推荐的东郭牙，应该就是鲍叔牙。这一点可以在《管子·小匡》当中看到相关记载。其中两次提到管仲推荐大谏官的人选，第一次是鲍叔牙，第二次是东郭牙。但是在第二次推荐东郭牙的时候，并没有把鲍叔牙推荐到其他岗位。按照鲍叔牙跟国君的关系以及自身能力，不可能不用在重要岗位。所以一个比较合理的解释就是鲍叔牙住在城东，所以他也曾被人称为东郭牙。因此在史官记录的时候，就采用了东郭牙这一称呼。并且在其他史料当中，鲍叔牙和东郭牙的名字从来没有同时出现，这一现象也从另一个侧面佐证了前面的判断。

但是，即便是管仲推荐了鲍叔牙，也还必须在此加以澄清：管仲推荐鲍叔牙，并不是出于感激，照顾兄弟，而是举贤不避亲，因为他确实适合这个岗位。这样说有两个原因。

第一个原因，鲍叔牙是齐桓公的老师。像这种犯颜直谏的事情，鲍叔牙最方便。别人不敢说的话，他敢说。就算话说重了，齐桓公也不好对老师发飙。

第二个原因，鲍叔牙的性格适合这个职务。管仲说过，鲍叔牙，善恶太分明，眼睛里面不揉沙子，所以他才会"犯君颜色，进谏必忠"。这在某些人眼里似乎是一种道德洁癖，但他能经常对官场的不正之风、对社会的丑恶现象提出尖锐批评，对国家发展显然大有好处。即便要求高一些，也会取乎其上，得乎其中。

有一次，桓公问管仲：我想常有天下而不失，常得天下而不亡，能办到吗？

管仲回答说：不能以个人好恶损害公正原则，要了解人民所恶，并引以为戒。

那么怎么才能做到呢？管仲建议要学习黄帝、尧、舜、禹、汤，以及周武王设立的检举和申诉制度，在齐国开展"啧室之议"。其实就是关于法度、刑罚、政事、税赋等方面，在啧室听取百姓的意见。而管仲当时建议的啧室负责人，就是鲍叔牙！管仲说，他可以为正确意见在君主面前据理力争，坚持真理，死磕到底。这一点从鲍叔牙不遗余力地推荐管仲这件事情上看得出来，他确实有老牛一般的执拗劲儿。

但是可能还会有人在想，这是有这么一个合适的岗位，如果没有，管仲还会不会推荐鲍叔牙呢？而答案是，确实不会。

在管仲临近去世的时候，齐桓公曾经问管仲，鲍叔牙是否能够担任宰相。

按理说，高官卸任，都希望继任者是跟自己关系密切的人。这样既能保证政策的连续性，也能保护自己和家人的安全。谁在岗位上能不得罪人呢？所以，这个时候推荐鲍叔牙对管仲最为有利。

但是，管仲却明确表示，鲍叔牙不合适。

为什么呢？中国有一句老话叫"宰相肚里能撑船"。鲍叔牙的爱憎太分明，作为宰相是不行的。宰相需要把不同阶层、不同行业、不同身份的，形形色色的人团结起来，给所有人提供一个基本的法律和文化环境，让大家在齐国得以和谐相处，都能在建设齐国的过程中实现自身价值。这是宰相的职责。所以必须有一种包容心态。

从管仲最后没有推荐鲍叔牙做宰相这件事情也可以看出，管仲并没有考虑个人利益，他是从齐国大局出发，一方面举贤不避亲，另一方面又绝不会任人唯亲。

二、以人为本和"百年树人"

到这里，就需要提起一种与现代生活密切相关的伟大思想。这种思想在中国出现比意大利的文艺复兴要早两千多年，并且已经被广泛运用到了政治、经济、科技、文化、教育、医疗、组织管理等各个领域。这种思想曾经有专家以为是比管仲晚八百年的刘备提出的，但是《管子》一书当中白纸黑字写着，而这本书的最后成书时间也远远早于刘备的年代，而且这个事实不是几位专家片面言论所能改变的。这种思想其实就是今天广为人知，得到中外一致认同和推崇的——"以人为本"。

"以人为本"的思想贯穿在《管子》一书当中，体现在很多言论、政策、行动当中。可以说，以人为本，以及前面所讲的以民为天，是管仲思想的主轴。人性和民心，是所有社会必须关注的根本问题。

以人为本是一个中心思想，而把它运用在人才培养上，管仲又提出了一个举世闻名的重要理念——"百年树人"！

在《管子·权修》当中，他曾说过一段话：

> 一年之计，莫如树谷；十年之计，莫如树木；终身之计，莫如树人。
>
> ——《管子·权修》

这句话就是"百年树人"的出处。虽然从开国国君姜子牙开始齐国就有举贤尚功的传统，但真正提出培养人才是百年大计的人还是管仲。而关于这句话的重大价值不必多讲，最重要的还是看看管仲怎么行动。

管仲需要人才，当然不能仅仅从身边人当中去挑选，身边的人才毕竟有限。那么他会怎样解决这个问题的呢？

首先，管仲担任宰相没几天，齐桓公上朝的指令就有了新内容。

他说：你们管辖的乡里，仁义、好学、聪明、敦厚、孝悌等方面突出的人有没有？有，就要报告，有而不报，就是埋没人才，有罪。同时呢，有没有勇气过人、筋骨强壮、拳脚出众的人？有，就要报告。有而不报，也是埋没人才，有罪。那么，齐桓公为什么这么做呢？很显然这都是管仲的安排。

那么，管仲想干什么呢？其实他是想在全国范围建立一套人才选拔制度。那个时代没有高考，也没有大型人才招聘会，更不能网络投递求职信。管仲于是根据具体条件制定了一套人才选拔制度——三选！

比如，你家有一个儿子叫宝贵。宝贵从小就很乖，既仁义，又好学，甚至还有一些专长。你正发愁怎样才能不耽误孩子的前程呢，结果乡良人，相当于乡长，就主动来找你了。说要把孩子推荐给国家。这个时候你激动啊。为什么？当时是世袭制，而你家是平民，差不多是社会底层。平民想当国家官员不容易。乡选，这是第一步。

第二步，宝贵就被送到一处官府，比如是掌管农业生产的部门。这时候你千叮咛万嘱咐：宝贵，你可一定要珍惜国家给你的这个机会啊。咱们全家世世代代都是普通百姓，就靠你来光宗耀祖了。于是，宝贵拼命工作，加班加点，任劳任怨。试用期满，上司写了一个试用评语：宝贵这位后生，不但为人讲仁义，而且聪明能干，对父母孝敬，对兄弟友爱；在试用期内，表现出良好的工作态度，以及很强的分析问题和解决问题的能力；建议国君重点考察。于是宝贵就进入了第三步，也是最重要最关键的一步，姑且称之为殿试，由齐桓公亲自考察。

殿试也是管仲的一种设计。

按照现在看到的资料，齐桓公的殿试没有笔试，主要是跟青年才俊们一起坐而论道，讨论国家治理的难题，看看谁能应对自如，不同流俗。同时观察他们在礼节方面是否谦逊得体，言语方面是否扼要真诚，行为方面是否会得意忘形。如果表现好，最高可以安排当上卿的助手。当时的上卿主要有管仲和高、国两家。而你家的宝贵最终没有辜负期望，得到了国君的重用。于是你们家张灯结彩，大宴乡亲。

这样的做法可能会有人担心：如此层层选拔，没有明确标准，会不会产生腐败呢？比如乡长只推荐自己的小舅子；比如试用单位只推荐送了礼的。社会是由人构成的，只要是人就有人情世故私心杂念，所以从理论上讲，任何时代都存在这种可能。

但是，管仲还有他的配套措施。大的方面说管仲通过法律和文化，在整顿官风和疏导民风方面下了很大功夫，所以有一个良好的社会环境。小的方面，管仲把推荐人才跟绩效挂钩了。如果推荐的是真才子，将来就能得奖励。如果只推荐亲友或送礼的呢？这些人后来表现不好，试用单位的评价不好，或者殿试的时候被退回太多，那就说明办事不力，于是奖金拿不到，晋升没希望，甚至还可能遭到责罚。

但是管仲的这套设计还存在一个关键的问题，就是三选制度最后的把关人是齐桓公，他如果任性又怎么办呢？所以管仲也需要对他进行疏导。

一天，齐桓公在管仲的陪同下，来到马棚视察养马的情况。

齐桓公一见养马人就关心地询问：你觉得哪一件事最难？养马人一时难以回答。其实，养马人心里想啊，一年365天，打草备料，饮马遛马，调鞍理辔，接驹钉掌，除粪清栏，哪一件事都不轻松！

管仲在旁边看见养马人犹豫，便代养马人回答说：以前我也养过马，依我看，编围栏这件事最难。为什么呢？因为备用的木料往往有弯的也有直的，所以下第一根桩尤其重要。

先傅曲木，曲木又求曲木，曲木已傅，直木无所施矣。先傅直木，直木又求直木，直木已傅，曲木亦无所施矣。

　　　　　　　　　　　　　　　　　　　——《管子·小问》

如果第一根桩用了弯曲的木料，随后就得顺势将弯曲的木料用到底，像这样曲木之后紧接着曲木，那些笔直的木料就难以派上用场。相反一开始就选用笔直的木料，继之必然是直木接直木，曲木也就派不上用场了。

其实，管仲之所以这样说，不仅仅是教养马人，更重要的是暗示齐桓公，选拔人才与编围栏选料道理相同。国家在选拔之初，就必须慎重行事，把握正直的标准，以便今后按这样的标准选贤任能。

齐桓公如果明白了这个道理，选拔出来的人才就靠谱了。

三、张开大网发现精英

既然目标在于称霸，必须具有国际视野。齐国如果只靠自己培养人才，思维有局限，数量也不够，所以还需在更大范围内吸引人才，尤其是吸引其他诸侯国的人才。如果这项工作得力，齐国人才越来越多，对国家建设大有好处。那么，这件事管仲是怎么做的呢？

于是，管仲又给齐桓公出了个主意，庭燎。

什么叫庭燎？管仲的这个庭燎，就是在齐桓公的院子里树一些草把，当有人才前来加盟的时候，就把草把点着。相当于现代放礼炮来欢迎客人。是一种隆重仪式。

到这里可能会有人问：这种点把火的事情，有吸引力吗？其实这件事并不难理解。比如现代人出国，如果得到了其他国家领导人的接见，并且按最高规格鸣放礼炮，即使没有得到经济上的实惠，也会感觉很荣耀。一个人受到这样的礼遇，就说明是个人物，将来到其他地方也会受尊重。

但是，这样的措施公布出来结果怎样呢？可能会有人说管仲这么聪明的人想出的办法，效果一定会好的。但是事情就是那么有意思，恰恰是聪明成了这件事的障碍。这项措施推行了一年，一点效果都没有。于是，君臣二人好生纳闷，为什么呢？

但是凡事在于坚持，就在这时，突然来了一个人想要加盟。齐桓公等得花儿都快谢了，一听有人来了，立即兴奋得不得了。梳洗打扮，盛装出镜，请对方坐下，问一声：请问对面高人，您擅长什么技术啊？换句话说就是有什么绝活啊？结果那人一开口，齐桓公就哈哈大笑。为什么呢？因为他说：我会九九口诀！齐桓公和管仲怎么也没想到会是这么个结果。其实，齐国当时因为开国伊始就很重视商业，所以九九口诀大部分人都会。

齐桓公笑过，来人说话了：我之所以只会九九口诀就来见您，就是为了抛砖引玉的。齐侯啊，你知道为什么这么好的措施，一年都没有人来吗？

说实话古人也是非常谦逊的。齐桓公一听，马上放下姿态：请先生教我！

于是那人说：那就是因为天下人都知道您和管仲太聪明了。我们那点微末的本领，在您面前都是雕虫小技，不值一提啊。你看，我刚才一说会九九口诀，你笑成了那样。谁不怕在你们面前丢脸啊？他说的这个现象现实生活中很常见，也很容易理解。

可见智者千虑必有一失。尽管齐桓公管仲都是极聪明的人，但在这个问题上却没有考虑到加盟者的感受。说到这儿，对方把话锋一转，说：如果你能对我这个只会九九口诀的人行庭燎之礼，天下贤能之士将会趋之若鹜的。

齐桓公一听这话有道理啊。于是真的给这位做了庭燎。结果这一下不得了。齐国国内，以及其他诸侯国的人都想啊，连会个九九口诀都能得到重用，那咱们还有什么不敢去的。于是大家拉家带口，背着行李，赶着马车，都奔齐国来了。

电影里有一句话"21世纪什么最贵？人才！"其实，不仅仅是21世纪，27世纪以前同样也是人才最贵。管仲这一招后来被秦孝公学会了，他发了一道求贤令，求来了商鞅，于是大秦开始崛起。

管仲的三选和庭燎，像一张大网，国内和国外，推荐和自荐，似乎都一网打尽了。但是任何时代都会有一些特别的人才埋没于世俗，未被发现。而这样的人，管仲居然也能发掘出来一些。

　　比如有一次，齐桓公和管仲两个人在房间里密谋打仗的事情。结果，很快满城风雨，疯传国君要打莒国了。

　　两个人商量事情，又没有其他人在场，风声是怎么走漏的？尤其是这种军事机密，泄露出去对齐国多么不利？于是齐桓公生气了。他怒气冲冲地对管仲说：就咱们俩一起商量事情，怎么现在大街小巷全知道呢？你得给我一个解释。显然齐桓公是在怀疑管仲。

　　如果换成我们，被国君怀疑了，会怎么样想呢？

　　假如说是一个小气的人，肯定心里不舒服啊。虽然面对国君没办法，奈何不了他，但难免就有了隔阂。而管仲当然是一位极具大局观的贤者，所以他这个时候丝毫没有情绪化，而是认真思考发生问题的原因。

　　接下来，我们就看到管仲思维的敏锐了。他说：

国必有圣人。
　　　　　　　　　　　　　　　　　　　　　　——《管子·小问》

　　宫廷之内必有大智慧的高人！

　　齐桓公听他这样一说，也冷静下来了。于是反复回想，终于想起来了。说：是的。服侍人员中有一个人端饭过来的时候往上看来着，一定是他！于是找到了那个服侍的人，东郭邮。

　　齐桓公问他：是你说我要打仗的吗？东郭邮说：没错，是我。

　　齐桓公一听，眼睛就睁大了，问：那天我们并没说要打仗，更没说想讨伐哪个国家，你是怎么知道的呢？东郭邮说：前人说过，君子善于谋划，而小人善于推测，这是我推测出来的。

　　齐桓公说：咱别绕弯子了。就说说你是怎样推测的吧。

　　东郭邮说：人的心理状态，从神色当中能够看出来。意气风发情绪亢奋手脚忍不住想动作，是想发动战争的样子。那天，我看你们两位在台上，口开而不合，是莒的口型；并且举手指画，也是对着莒国的方向。而据我所知小国诸侯不肯顺服的，唯有莒国了，所以我说要讨伐他们。

　　鬼才啊！桓公听完，赞叹地说：好呵！从细微动作里判断大事，见微知著，说的就是这种情况吧！您请坐下来，就跟我们一起谋划这件事吧。

　　这里我补充一句，有些古典文献把东郭邮和东郭牙搞混了。可能这个事情是口口相传造成的。但是，东郭邮不可能是东郭牙，因为东郭牙被推荐的时候，东郭邮的这件事还没发生；还有东郭邮和东郭牙的性格也不相符。但是这种混淆，对鲍叔牙和东郭牙是同一人的判断造成了障碍，以至于《东周列国志》当中把他作为两个人物出现。

　　到这里就知道了，管仲对人才的嗅觉有多敏锐，为什么那么敏锐？就是因为求贤若渴，寻找人才用心良苦啊。

　　但是，人毕竟是复杂的，同样管仲也难免会遇见一些复杂的情况。比如，遇见心术不正、假仁假义的人，他能不能够识别出来呢？

四、从人性出发的根本判断

　　齐桓公身边有三个大红人，竖刁、易牙、开方。有人称他们为"三贵"或者"三宠"。

　　第一位竖刁。从小就跟着齐桓公。但长大了，变成棒小伙了，就不能再入宫了。见不到国君，他难受啊，所以下了个决心做了个手术，练起了《葵花宝典》。于是成为齐桓公的贴身保镖，当上了大小太监们的带头大哥。

　　第二位易牙。这个人堪称中华厨神，民间俗语"打牙祭"有一种说法就与他有关，所以齐桓公吃他做的饭，口福不浅。有一天，齐桓公饭罢，心满意足，拍了拍肚子说：这辈子国君当得太爽了，吃遍了山珍海味。但是没吃过人肉，易大厨，人肉到底什么味道啊？第二天易牙来了，端了一碗肉。齐桓公吃完以后，问是什么肉？易牙告诉他，昨天听国君说的话，辗转反侧半夜没睡着觉。国君有这么个心愿，想要了解人肉的味道，身为臣子无论如何应该满足，不然就没尽到臣子的本分。所以早上把自己三岁儿子给杀了。

　　第三位开方。虽然名字叫开方，但绝对不是搞数学的。他是卫国的长公子，是要继承君位的人，相当于手里有接班人的资格证书。但当遇到了齐桓公，就被他的魅力吸引了。于是离开生养他的土地，放弃治国兴邦的理想，把接班人的资格证书一丢，追随到了齐国。

这三个人，如果放在古代语境中，齐桓公当然会把他们当作忠心耿耿的仁义之士。因为他们对君主的忠诚，都是无可挑剔的。君要臣死，臣不能不死。连死都可以，更别说自宫、杀子和放弃权力了。所以，齐桓公很感动，总想把他们放到重要岗位。

但是，管仲对他们三人很不以为然，因为他知道——不符合人性的所谓"仁义"，一定所图非常。于是管仲说出了他的心里话。

他评价竖刁：竖刁这个人连自己的身体都不爱，怎么可能爱国君呢？

他评价易牙：易牙这个人连自己的儿子都不爱，怎么可能爱国君呢？

他评价开方：开方这个人放弃千乘之国来到齐国，很可能有更大企图。

管仲这样说的根本依据是什么呢？今天的人一看就清楚了，当然是人性！一个人连身体都不爱，连儿子都不爱，连祖辈传下来的江山都不爱，还有人性吗？残忍、扭曲，即使他们对国君表现得百依百顺、无限忠诚，其实也往往是虚情假意，委曲求全，另有图谋。

那么，管仲的判断到底准不准呢？最后结果是齐桓公死在了这三个人的手上。关于齐桓公是如何死在他们手上的，后面的内容当中做专门交代。这段历史被后人不断谈论，其中的教训是非常惨痛的。

讲到这里，我们可以品读一下管仲的智慧了。

第一，我们从东郭邮的故事能够看到什么呢？当时管仲被齐桓公怀疑，可以说发生了一个负面事件，因为很容易造成他跟国君之间的隔阂。但他丝毫没有情绪化，而是非常理性地进行思考，判断出有高人在侧。而东郭邮造谣传谣，其实可以算作负面人物，他甚至差点离间了管仲和齐桓公的关系。假如遇到的是其他人，会不会建议国君把东郭邮杀掉呢？但是管仲却帮助齐桓公发现了他的过人之处，把他变成了可以为齐国效力的人才。所以东郭邮的吉凶，以及齐国的吉凶，那时就在一念之间。一念天堂，一念地狱，总能在负面情形当中找到正面意义，这是他身上非常可贵的特质。司马迁评价管仲：善因祸而为福，转败而为功。应该就是这种特质所带来的效果。

第二，但是奇怪的是面对"三宠"的时候，管仲为什么没有尝试从中寻找什么正面意义，而是直接予以否定呢？这一点就要看管仲面对的是什么了。就算有人认为东郭邮散布谣言很庸俗很不堪，但说到底他还是一个人，他的缺点也是人身上常见的缺点，每个人都难免有说闲话甚至瞎话的时候。但是，"三宠"，在管仲的眼里，已经不能用"人"字来称呼了，而是白眼狼。与他们相处，其实就是与狼共舞，他们帮你的时候可能万分给力，而咬你的时候也能一口致命。那么，怎样识别白眼狼呢？就需要像管仲那样洞悉人性。而洞悉人性，才能真正做好以人为本和"百年树人"。

【原文选摘】

《管子·小匡》（节选）

　　正月之朝，乡长复事❶，公亲问焉，曰："于子之乡，有居处为义、好学、聪明、质仁、慈孝于父母、长弟闻于乡里者❷？有则以告。有而不以告，谓之蔽贤，其罪五。"有司已于事而竣❸。公又问焉，曰："于子之乡，有拳勇、股肱之力、筋骨秀出于众者❹？有则以告。有而不以告，谓之蔽才，其罪五。"有司已于事而竣。公又问焉，曰："于子之乡，有不慈孝于父母，不长弟于乡里，骄躁淫暴，不用上令者？有则以告。有而不以告，谓之下比❺，其罪五。"有司已于事而竣。于是乎乡长退而修德，进贤。桓公亲见之，遂使役之官❻。公令官长，期而书伐以告❼，且令选官之贤者而复之。曰："有人居我官有功，休德维顺，端悫以待时使❽。使民恭敬以劝。其称秉言❾，则足以补官之不善政。"公宣问其乡里，而有考验。乃召而与之坐，省相其质❿，以参其成功⓫，成事可立⓬，而时⓭。设问国家之患而不肉⓮，退而察问其乡里，以观其所能，而无大过，登以为上卿之佐。名之曰三选⓯。高子国子退而修乡，乡退而修连，连退而修里，里退而修轨，轨退而修家。是故匹夫有善，故可得而举也；匹夫有不善，故可得而诛也。政既成，乡不越长⓰，朝不越爵。罢士无伍⓱，罢女无家⓲。士三出妻，逐于境外。女三嫁，入于春谷⑲。是故民皆勉为善。士与其为善于乡，不如为善于里；与其为善于里，不如为善于家。是故士莫敢言一朝之便，皆有终岁之汁；莫敢以终岁为议，皆有终身之功。

【注释】

❶ 复：告诉，报告。

❷ 质：品性。弟：通"悌"，对兄长的敬爱。

❸ 竣：退。

❹ 股肱：犹四肢。股，大腿。肱，手臂从肘到腕的部分。

❺ 比：勾结。

❻ 役：服侍、供职。

❼ 期：年。书伐：记录功劳。

❽ 端悫以待时使：端正诚实，待可用之时而使用。

❾ 称：宣扬。秉：意近傍，毁谤，非议。

❿ 省相：省视，察看。

⓫ 参：检验。

⓬ 成：通诚。成事可立：事诚可立。

⓭ 而时：等待时机。

⓮ 肉：后世学者分析当为疢，疢本作疢，意为贫病。

⓯ 三选：指乡长、长官和君主的三次选拔。

⓰ 长：长者。

⓱ 罢士：缺乏德义的人。罢通疲。

⓲ 罢女：缺乏教养的女人。家：嫁。

⓳ 春谷：古代对一种女奴的称谓，因被迫从事春米一类的劳动。

相三月，请论百官。公曰："诺。"管仲曰："升降揖让❶，进退闲习❷，辨辞之刚柔，臣不如隰朋，请立为大行❸。垦草入邑❹，辟土聚粟多众，尽地之利，臣不如宁戚，请立为大司田❺。平原广牧，车不结辙，士不旋踵，鼓之而三军之士视死如归，臣不如王子城父，请立为大司马。决狱折中，不杀不辜，不诬无罪，臣不如宾胥无，请立为大司理。犯君颜色，进谏必忠，不辟死亡❻，不挠富贵，臣不如东郭牙，请立以为大谏之官。此五子者，夷吾一不如❼；然而以易夷吾，夷吾不为也。君若欲治国强兵，则五子者存矣❽；若欲霸王，夷吾在此。"桓公曰："善。"

【注释】

❶ 揖让：古代宾主相见的礼节。

❷ 闲：通"娴"，熟习。

❸ 大行：外交官之首领。

❹ 入邑：后世学者分析当为立邑，即创建城邑。

❺ 大司田：田官之长。

❻ 辟：通"避"，躲避。

❼ 一：都。

❽ 存：后世学者分析其意近"足"，即足够。

《说苑·尊贤》（节选）

　　齐桓公设庭燎❶，为士之欲造见者❷，期年而士不至❸，于是东野鄙人有以九九之术见者❹，桓公曰："九九何足以见乎？"鄙人对曰："臣非以九九为足以见也，臣闻主君设庭燎以待士，期年而士不至，夫士之所以不至者，以君天下贤君也；四方之士，皆自以论而不及君，故不至也。夫九九薄能耳，而君犹礼之，况贤于九九者乎？夫太山不辞壤石，江海不逆小流，所以成大也，《诗》云："先民有言，询于刍荛❺。'言博谋也。"桓公曰："善。"乃因礼之。期月，四方之士相携而并至矣。

【注释】

❶ 庭燎：庭中照明的火炬。古代庭中置火炬为接待宾客的盛礼。

❷ 造见：前面拜见。造，到。

❸ 期年：周年。

❹ 东野鄙人：住在东郊的乡下人。九九之术：九九算术，即九九乘法。

❺ 刍荛：割草打柴的人。

《管子·小问》（节选）

桓公与管仲阖门而谋伐莒❶，未发也，而已闻于国矣。桓公怒谓管仲曰："寡人与仲父阖门而谋伐莒，未发也，而已闻于国，其故何也？"管仲曰："国必有圣人。"桓公曰："然。夫日之役者，有执席食以视上者❷，必彼是邪！"于是乃令之复役，毋复相代。少焉，东郭邮至，桓公令傧者延而上❸，与之分级而上❹，问焉，曰："子言伐莒者乎？"东郭邮曰："然，臣也。"桓公曰："寡人不言伐莒而子言伐莒，其故何也？"东郭邮对曰："臣闻之，君子善谋，而小人善意❺，臣意之也。"桓公曰："子奚以意之？"东郭邮曰："夫欣然喜乐者，钟鼓之色也；夫渊然清静者，缞绖之色也❻；澺然丰满❼，而手足拇动者，兵甲之色也。日者，臣视二君之在台上也，口开而不阖，是言莒也；举手而指，势当莒也。且臣观小国诸侯之不服者，唯莒，于是臣故曰伐莒。"桓公曰："善哉，以微射明，此之谓乎！子其坐，寡人与子同之。"

【注释】

❶ 阖：关闭。
❷ 席食：后世学者分析当为蔗饴，一种甘蔗糖果。
❸ 傧：迎宾的人。
❹ 上：后世学者分析当为立字。
❺ 意：推测。
❻ 缞绖：麻制的丧服。
❼ 澺：清澈的样子。

第六篇

把脉天下的细密思维

管仲的职责是治国理政，所以在凝聚民心网罗人才之后，还需要充分了解国内国际的情况来制定优势战略。而这件事管仲又是怎样做的呢？

在这里需要先讲一个耳熟能详的故事。虽然这个故事发生的时间比管仲晚了很多年，但最终还是可以追溯到管仲时代，甚至追溯到管仲本人。

这个故事就是田忌赛马。

一、信息以及大数据

故事是这样的。战国时期齐国流行赛马。那时候有没有押注的事情不清楚，但至少赛马赢了会很有面子。当时大臣田忌就经常跟国君齐威王赛马，但是田忌经常输。怎么办呢？得找个聪明人指点一下。谁是当时齐国最聪明的人呢？田忌想到了孙膑。

孙膑是兵圣孙武的后代，同样用兵如神，同样也留下了一部军事著作《孙膑兵法》。果然孙膑一开口就让田忌心服口服。他说：以你的上马对他的中马，以你的中马对他的下马，以你的下马对他的上马，这样一来三局两胜，赢定了。这个办法田忌一试，果然奏效。

田忌赛马这个故事脍炙人口。但是，它的意义不仅仅是一个故事。现代人也把它运用到了决策论当中，认为它是一个古典决策模型。

但是孙膑的这个决策模型虽然很了不起，但它的成立还需要一个非常重要的前提，那就是必须首先知道齐威王每场比赛要出哪匹马。掌握对手的情况，用今天的话说，就是重视信息。而重视信息这件事，则可以向上追溯，追溯到孙膑的先辈孙武。孙武，也就是孙子，他是春秋时期伟大的军事家，到现在可以说是闻名世界。他在《孙子兵法》中有一句家喻户晓的名言，叫"知彼知己，百战不殆"。一般来说，凡是现代中国人写的"信息论"几乎都会在前言部分提到这句话，借以说明我国古代早就对信息的重要性有所了解。所以，孙膑是在知己知彼成为常识的情况下，才给田忌出了这个主意的。可见孙膑的策略，得益于他的先辈孙武。

那么，孙武的知己知彼又是怎么来的呢？是自己想出来的，还是受了其他人影响呢？

其实，孙武本来姓田，因为他的爷爷田书打仗有功，被国君齐景公赐姓为孙。在中国历史上，田孙两家在军事方面非常突出，将星如云，可谓历史奇观！比如说，田无宇、田开疆、田穰苴、田书、孙武、孙膑、田忌、田单等等，都是军事名人。其中的田穰苴、孙武、孙膑，都是有兵书著作的军事家。这说明田孙两家在军事方面的家学非常发达，所以由孙武到孙膑，信息意识得到传承也是自然而然的事情。

但是，还是刚才那个问题，孙武的信息意识又是从何而来的呢？有没有可能也受到过其他人影响呢？带着这个问题再往上追溯，就到了管仲时期。公元前672年，孙武的祖先陈完逃亡来到齐国。本来姓陈，但因是逃亡而来，不想辱没祖先，所以改姓为田，由陈完变成田完。这个人被齐桓公任命做了齐国的工正，就是主管手工业。而主管国家的手工业，当然主要是配合宰相也就是管仲的工作。

讲到这里斗胆说一下个人看法。我个人认为，孙子知己知彼的思想，极有可能受了管仲的影响。这是因为他的祖先田完长期配合管仲工作，管仲是上级，田完是下级，因此具备管仲直接影响田完的条件。而田家的家学又那么发达，所以也就构成了从田完到孙武的传承通道。

田完做工正的时候，身为宰相的管仲说了另外一句话。虽然这句话当时也是讲打仗的，但站在今天一看就知道，可以运用到社会生活的方方面面，比知己知彼高度更高，适应范围更广。这句话是：

遍知天下，审御机数。 ——《管子·七法》

遍知天下，不用解释。审御机数，其中机数是时机和规律，而"审"可以有两种解释：第一种，把"审"理解为审慎，"御"理解为运用；第二种，把"审"理解为研究，"御"理解为运用。相比之下审的第二种解释与前后文更协调。也就是通过各种手段广泛收集信息，分析内在联系，把握时机运用规律来解决问题。这个意思其实非常接近现代社会的一个新说法，就是大数据思维。

管仲是宰相，打仗的事情也是他工作内容之一。但是他更多的工作是治理整个国家，参与国际事务，要做的事情涉及很多方面。这些事情想做好，当然需要采用科学方法。充分调查研究，然后制定科学决策。所以看似针对军事的一句话，其实与其他工作的思路是相通的。

其实，回顾一下，管仲提出的方案，所推行的措施，都是有根有据的。他要治国理政，要直接面对国民贫富，国家兴衰这样重大的现实问题，因此必须讲究科学，脚踏实地。不调查研究，怎样决策呢？难道去算卦，占星，求签吗？宰相当然不能这样当。所以"遍知天下"的思想，也可以说是从宰相这个职务的思维当中孕育出来的。而孙子的知己知彼实际上是包含在遍知天下当中的。

但是说起来容易做起来难，怎么才能做到遍知天下呢？

二、国家统计的意义

有这么一天，齐桓公见到管仲，问了一句话：仲父啊，你最近一直忙一件事——"官国轨"，什么是"官国轨"啊？

管仲说："官国轨"就是国家要做统计工作。轨，按照梁启超先生的解释就是统计的意思。国家对土地、人口、需用、常费，以及流通的货币都要有统计。所以乡要做统计，县要做统计，整个国家都要做统计。总之要想遍知天下，先得遍知齐国。

管仲的想法固然好，但是对齐桓公来说是新概念，所以还有一个继续了解的过程。于是他又问：都怎么统计啊？

管仲说：这个嘛，国家要做两组统计。其中一组统计的是一个县或者乡多少土地？粮食总产量多少？纺织布匹多少？有多少人口？货币总量需要多少？全年余粮多少？余布多少？而另外一组呢？就是调查土地的情况。比如山地、沼泽地、低洼地、水溏地，这四种土地，都要进行统计。

可以猜想，以齐桓公的性格，面对这种婆婆妈妈的事情难免会觉得头疼。所以齐桓公又问了一句：统计这些东西有什么意义呢？虽然在史料上说这句话的时候并没有相应的情绪描述，但有一种可能不可忽视。齐桓公的言外之意很可能是：统计这些干吗啊？吃饱了撑的。

现代人都懂得"没有统计作为基础，决策就是空穴来风"，所以会觉得齐桓公的问题有些傻。但是齐桓公冒这种傻气，并不是真傻，而是因为时代不同。那个时代实行分封制，齐国的一部分土地实际上也封给大夫。大夫自己的地，当然自己负责，打多少、吃多少，不用国君操心。遇到困难了，谁扛着？当然是大夫自己。所以那个时代，老百姓赶上一个好大夫，日子就过得幸福一些。如果赶上个差的，当然就水深火热了。

但是管仲不同，他要把国家强大起来，就需要全面统筹。既要发挥老百姓的积极性，让生活富裕；又要加强国君的控制力，让国家强大。这样才能民富国强，而民富国强才能称霸。

于是管仲开始给齐桓公上经济课了。他说：这个意义可大喽。

第一，咱们国家的货币怎么发行啊？不能拍脑袋吧？货币的发行是需要以统计数据为基础的，要全面筹算。管仲这里举了例子，比如有的人家粮食产量超过口粮消耗，能多打粮食，就要贷款给他们，让他们打更多粮食，需要贷多少？有的人家全年口粮无法自给的，也要借钱给他们保障最低生活，需要借多少？这些因素在发行货币的时候，都应该考虑吧？没有统计怎么行？

第二，国家对山地、沼泽地、低洼地、水溏地进行统计。这部分地没人愿意种啊，所以国君可以控制起来，发展副业。副业收入多了，就不必向民众征税了。这样做老百姓欢迎吧？但是对那些亩产高的上等土地，平民种植，君主当然更应该统计并控制其出产，这样就能避免粮食被富户或商人所操纵。

第三，管仲另一次谈到宏观调控时表达了他的想法。粮食多了，粮价会下跌，国家就要准备充足的货币，等到粮价跌到伤农的时候，国家要动手收购粮食，确保农民有收入。而当粮食供应不足，粮价上涨，涨到可能伤民，也就是影响老百姓生活的时候，国家就要把国库里的粮食卖出来以平抑粮价。也就是：

夫民有余则轻之，故人君敛之以轻；民不足则重之，故人君散之以重。
——《管子·国蓄》

显然，这种宏观调控工作，如能有统计数据作为先导，也会变得更顺利。

怎么样？管仲想的全面并且深远吧？

当然，调查统计这件事在管仲之前就有了。但是对这个问题做理论探讨，《管子》这本书最早。并且调查的具体项目和方法，也以《管子》这本书的记载最为详细。那么，对那个时代，统计到底意味着什么呢？在此再举两个例子。

在《左传》当中记载，公元前 548 年，此时管仲已经去世将近 100 年了。楚国司马蒍掩，按照令尹子木的要求，在一年里，对楚国的田地、沼泽、山丘、洼地进行了统计，弄清了各地兵甲器械供应能力。楚国的持续强大，并成为战国七雄之一，也有蒍掩统计的功劳。

进入战国时期，秦国重用商鞅。按商鞅的要求，同样对国情做了深入的摸底。仅人户登记一项就有十三项指标。这些调查统计当然也是想要弄清楚家底。比如平时能够组织利用的生产力，以及战时能够统一调遣的战斗力。那么商鞅工作的成效如何呢？历史公认大秦的崛起是从他这里开始的。

虽然说社会发展到今天，统计成了常规工作，国家之间已经不是在这个层面上竞争了。但在春秋战国时代，从分封走向统一，谁更早做了统计，谁的实力就更早获得提升。这个道理在商业当中也适用。一手收钱一手花钱，没有财务，这是个小卖铺；进出都有记账，但不做统计，不分析哪类产品赚钱多，哪类产品消耗大，也只能是个小作坊。所以统计是大规模运行的必要条件。

现代中学生就会学到一个词，公理。什么是公理？公认的道理。如果带点科技味道来说这个事，公理的本质是由大数据统计出来的规律。统计造福国人的例子有很多。举一个例子比如国宝中医，大部分中药的药效，就是通过大量尝试，也就是通过统计来确认的。

所以，遍知天下，审御机数，可以看作是对信息统计的高度概括，是现代大数据思维的古典表达。

三、国际情报的来源

遍知天下，审御机数，当然不能只了解国内情况，只在国内做统计了。那么管仲如何搜集国际情报呢？他的办法很简单，就是打造一张情报网。

在他这个情报网当中，总负责人，就是他推荐的大行，隰朋。

隰朋之下，还有很多人分别负责跟各国人打交道。比如分别派曹孙宿、商容、季劳、徐开封、匽尚、审友等人驻楚、宋、鲁、卫、燕、晋等国。在管仲对这些人做出安排的时候，都充分地考虑了每个人的性格是否适合相应的国家。

然后，更有意思的是，他还派八十游士，赶着马车拉着礼品，到各国去结交宣传。而这八十游士，他们的职责有两种：一种近似于后来的传教士；另一种相当于情报人员。

虽然当时齐国并没宗教，但是齐国有理论啊。在交往过程中，这些理论会自然而然地渗透出去，让其他国家的人了解齐国、认同齐国。比如管仲提倡的以人为本，以民为天，和谐诚信，以法治国，令行禁止，百年树人等等，这些思想到今天仍然主流高端，更何况在 2700 年前？当然超级先进，所以其他国家像听神话故事一样。用今天的话说，这些思想能甩出其他诸侯国几条街。

而这八十人的工作，管仲对他们有个规定，就是给对方交换礼物的时候，齐国的礼物一定要重于对方。比如齐国以豹皮送给小国，让小国以鹿皮回报；齐国以马送给小国，让小国以狗回报。这个习惯，今天已经演变成了民俗。交换礼物的时候，一般应该比对方送得略微贵重一些。很显然，这样做事，受对方欢迎，在一起的时候话好说，搜集情报的活就好干。八十游士当然不只是到各国去结交宣传，更为重要的是把各国的情报带回来。

所以，管仲相当于建立了朝野两部分人构成的情报网络。

那么，这些人出去以后怎么工作呢？

虽然现代社会派人出国考察已经是常态了，但是大多民间考察，应该说往往是缺乏细则的。出国之前，除了学一些基本礼仪和风土民情之外，其他没有做具体细致的要求。大多是自己对什么感兴趣就看什么，回来有收获就讲讲，没收获就算了。

但是 2700 年前，如果在管仲的手下做事，可就没有那么轻松自在了。得按照要求考察，得学会考察细则。

在《管子·八观》当中，清晰地阐述了如何观察一个国家的八大方面。这些细则，当然也适用于国内，但出国之前更应该学透。

那么，他要考察哪些方面呢？

饥饱、贫富、侈俭、实虚、治乱、强弱、行与不行、存亡。

具体考察方法，在此列举几条。比如管仲说：

行走田野上，看看他们耕耘的情况，计算一下农业产量，就知道这个国家的百姓是饥饿还是温饱了；走到他们的山林湖泊，看看桑麻的种植情况，计算一下畜牧业的收入，这个国家的贫富就了解到了；再走到他们的都城，看看宫殿和房屋，看看他们驾什么车穿什么衣服，这个国家的风气是奢侈还是节俭就了解到了。并且每一个方面都有具体细致的标准和计算方法。

当然，要想摸人家的底，别人也不是傻子，难道不加防范？那怎么办？为了方便官方和民间两部分情报人员结交这些国家的重要人物，管仲给了他们一招撒手锏——就是给其他国家的君臣发奖。怎么发？

> 诸侯之君有行事善者，以重币贺之；从列士以下有善者，衣裳贺之；凡诸侯之臣有谏其君而善者，以玺问之、以信其言。
>
> ——《管子·大匡》

凡诸侯国的君主有做好事情的，就以重币贺之，给他发奖金！无论是哪个国家，国君永远缺钱，因为有钱就能办更大的事情。名人名士做了好事情，就奖励衣裳！名人名士经常抛头露面，穿上齐国奖励的精美服装，当然会更有面子。凡大臣当中有给国君出主意取得良好效果的，就用玉印去慰问他，相当于发一个奖章！其实古代也有喜欢揽功的国君，别人出的主意，转眼就成了他的原创，很伤部下的积极性。所以用玉印证实谏言是出自某大臣之口，也是一种鼓励方式。可以想想，齐国是大国，桓、管又名扬天下，再用上发奖金、发服装、发奖章等办法，效果可想而知。

现代有些能人在国际上得了奖了，得奖很厉害了。但是思考一下，到底是发奖的厉害还是得奖的厉害呢？答案当然是发奖的。这一点管仲很清楚，得奖的得替发奖的说话。所以发奖这件事，虽然出钱，但好处也很多。

第一，齐国派去的人员，无论什么身份，都很容易跟各国要员走近。甚至这些人还会主动走近他们，让他们了解自己的功绩，以期得到齐国的奖励。所以，搜集情报的工作就变得容易了。

第二，如果有人拿了奖，他的态度会亲近齐国。因此就会帮助齐国宣传。齐国人说自己国家好，远不如其他国家的君臣和名士说齐国好那么给力。所以，其他各国的人才要么跑到齐国，要么身在他国却向往齐国。

四、管仲思维的部分特征

当然，最需要情报的事情就是打仗。

齐桓公有一次问管仲：大军出行奔袭敌人的城镇，行动次序安排恰当，并占据优势地形，怎样才能做到呢？

管仲说：

用货察图。 ——《管子·小问》

就是用财物来收买敌方的地图。这个说法很容易理解。比如历史故事荆轲刺秦王，荆轲想要见秦王，带了两样东西。一是提着秦王仇人的头颅，这颗头颅就像一个投名状；二就是带着秦王想要攻占地区的地图。不用带金山银山，一张地图比什么都值钱。历史上献图的故事还有很多。《三国演义》里张松献图，还有《智取威虎山》里杨子荣献联络图。

当然，地图仅仅是战争当中一个决胜因素。还有很多其他情况也需要掌握。比如在战争之前，管仲特别强调如下几条。

不明于敌人之政，不能加也；不明于敌人之情，不可约也；不明于敌人之将，不先军也；不明于敌人之士，不先陈也。 ——《管子·七法》

不了解敌人的国政，不能出兵；不了解敌人的军情，不能宣战；不了解敌人的将帅，不能抢先进攻；不了解敌人的士卒，不能率先列阵。

以上这些是大原则。而在一些细节上，管仲同样也能觉察出一些信息。主动采取刺激的方法看对方反应而搜集信息。

有一次，楚国攻打莒国。莒国小而楚国大，显然莒国很害怕，就派使者到齐国求助。而齐桓公跟莒国是有渊源的，想当年他和鲍叔牙就是在莒国避难。所以莒国有危险，想出手相救是可以理解的。但是当齐桓公提出想去救援时，管仲却说：救不得！于是齐桓公很不解：为什么？

管仲不主张救援，难免惹人猜想：是管仲还在记恨莒国当年收留小白吗？是管仲不知道邻国被楚国攻打会唇亡齿寒吗？是管仲惧怕楚国势力强大吗？其实都不是。管仲是个非常理智的人。他说：因为莒国的国君是个小人啊！也就是说他认为，一个仁义的国家才值得救援，一个不讲仁义的国家，是不能帮助的，就算是邻居也不应该。可见管仲的思维是理性的，不会为感情而牺牲道义。

但是齐桓公很好奇，心说我去过莒国，你又没去过，怎么知道的？就凭你那些游士带回的消息？所以就问：你是怎么知道的？

像管仲这样的人，既然敢这样说，一定会有依据，于是他给齐桓公讲了一件事情。他说：这位莒国的使者，跟我见面，您猜怎么着？我接连多次羞辱他的国君，他都没有翻脸。

齐桓公心想，这个也正常嘛。现在是求人时期，自然要把身段放低。这个不算什么。

管仲接着说：但是，您想不到的是，我故意吩咐负责接待的官吏不要给足赠礼，看看他如何反应。于是咱们的人告诉他，对不起，这次只准备了这么多。结果呢？这回他却以死相争。说咱们太不给面子了，对他太不尊重了！

这说明什么呢？只能说明这位使者贪婪，因小利而忘大义。

在国家危难之际，派到其他国家请求援助的应该是什么人？当然是国君最信任、平日走的最近的人。而这个人在战时状态表现成这样，的确不是什么好人。但这样的人为什么会得到莒国国君的信任呢？有两种可能，一是这位使者在国君面前太会伪装了。第二个可能就是像管仲说的那样，莒国的国君本身也是个小人。像这样的小人，让他吃点苦头也应该。

管仲为了了解对方，采取了主动刺激的方法，从对方的反应当中获取信息，寻找到了有价值的线索。

到这里，管仲的思维模式已经逐步呈现了出来。虽然全面归纳总结还为时尚早，但是其中一部分特点，到现在已经看得很明白了，那就是他的思维当中的理性和系统性。

第一是他的理性。

管仲的决策都不是拍脑袋拍出来的。他非常重视调查研究，掌握信息。为了更多更准确地搜集信息，可以说不惜投入，不厌其烦，以确保每项决策的稳、准、狠。即便生在 2700 年之后的现代人，也没有多少人敢说自己能做到他那样认真、冷静、客观，强调理性。中国古代历来被认为是灵性思维和感性思维发达。比如老子灵性思维的特征很明显，孔子感性思维的特征也不少，都了不起。但是管子的特点是理性思维发达，而这一点同样也非常了不起，因为没有理性就没有科学。

第二，管仲的思维还有一个特征，就是系统性。他给齐桓公提出的称霸方案，就是一个系统方案。他招募人才，收集信息，这些事情只要到他手上，一定把方方面面都想全了，做足了。比如说招募人才，管仲自然就会想到已经发现的怎么用，还没发现的怎么找；国内人才怎么选拔，国外的人才怎么招募等等。比如他想遍知天下，一定会思考国内怎么统计，国际怎么撒网，并且他的网络还要有朝野两部分构成。所以是系统思考，全面展开。这种系统思维与他宰相的身份形成了完美匹配。这就跟诸子百家当中学者身份的各家有明显不同。学者往往专注一个领域，不专注不足以出高度。而宰相需要管的事情方方面面，所以必须广泛涉猎，开阔包容，不包容不足以成大业。

至此，管仲的工作正在有序展开，调整社会结构，抓民生、招人才、统信息等等，这些工作无疑都对壮大齐国，实现称霸目标都是重要的促进。但是管仲的系统方案太繁杂而又很难立见成效。于是就出现了一个问题，就是齐桓公有没有这份耐心？在管仲进行基础建设的同时，齐桓公整天琢磨什么呢？两个人之间会不会出现分歧呢？

【原文选摘】

《管子·山国轨》（节选）

桓公问管子曰："请问官国轨❶。"管子对曰："田有轨，人有轨，用有轨，乡有轨，人事有轨❷，币有轨，县有轨，国有轨。不通于轨数而欲为国❸，不可。"

【注释】

❶ 轨：统计。官国轨：管理国家统计工作。

❷ 人事：即民事，指常费。

❸ 轨数：数即术。轨术指统计之法。

　　桓公曰，"行轨数奈何？"对曰，"某乡田若干？人事之准若干❶？谷重若干？曰：某县之人若干？田若干？币若干而中用❷？谷重若干而中币？终岁度人食，其余若干？曰：某乡女胜事者终岁绩❸，其功业若干？以功业直时而之❹，终岁，人已衣被之后，余衣若干？别群轨❺，相壤宜❻。"

　　桓公曰："何谓别群轨，相壤宜？"管子对曰："有莞蒲之壤❼，有竹箭檀柘之壤❽，有氾下渐泽之壤❾，有水潦鱼鳖之壤❿。今四壤之数，君皆善官而守之，则籍于财物，不籍于人。亩十亩之壤⓫，君不以轨守，则民且守之。民有过移长力，不以本为得，此君失也⓬。"

【注释】

❶ 准：标准。

❷ 中：合，相当。

❸ 女胜事者：指有劳动力的女工。绩：纺织。

❹ 直时而：后世学者分析认为是指按照当时市价加以计算。

❺ 别群轨：与前述各种统计不同的另一种统计。

❻ 相壤宜：意指土壤对于民居及种植之物各有所宜，所以国家必先以调查统计之方法辨别而利用之。

❼ 莞蒲：两种水草，可用以织席，多生于沼泽。

❽ 箭：箭竹，竹之一种。

❾ 氾下渐泽：指低下潮湿多水。

❿ 水潦：积水。

⓫ 亩十亩：后世学者分析当为亩十鼓，即每地一亩可产谷十鼓。

⓬ 过：后世学者分析当为"通"。通移：货币的代名词。长：崇尚，重视。力：财力。百姓手中握有货币，势必以财力为"尚"，而不肯以本农为计之得，这就是人君失策了。"

桓公曰："轨意安出❶？"管子对曰："不阴据其轨，皆下制其上❷。"桓公曰："此若言何谓也？"管子对曰："某乡田若干，食者若干，某乡之女事若干，余衣若干。谨行州里❸，曰：'田若干，人若干，人众田不度食若干。'曰：'田若干，余食若干。'必得轨程❹，此调之泰轨也❺。然后调立环乘之币❻。田轨之有余于其人食者，谨置公币焉❼。大家众，小家寡。山田、间田❽，曰终岁其食不足于其人若干，则置公币焉，以满其准❾……

【注释】

❶ 轨意安出：统计的意义在哪里呢？

❷ 不阴：不能悄无声息地。管理国家的人如不能悄无声息跌掌握各种统计数据，便将为富商蓄贾所挟制。

❸ 行：巡视。

❹ 轨程：调查统计所得之标准数据。

❺ 调：后世学者分析当为"谓"。泰：重大。

❻ 环：周全。乘：计算。

❼ 置公币：国家给人民提供货币借贷。

❽ 山田、间田：当时将土地分为三等：高田为上，间田次之，山田为下。

❾ 满其准：指满足其最低生活标准。

《管子·小问》（节选）

楚伐莒，莒君使人求救于齐。桓公将救之，管仲曰："君勿救也。"公曰，"其故何也？"管仲对曰："臣与其使者言，三辱其君，颜色不变❶；臣使官无满其礼❷，三强其使者争之以死。莒君，小人也；君勿救。"桓公果不救而莒亡。

【注释】

❶ 三辱其君，颜色不变：多次羞辱其君而脸色不变。

❷ 无满其礼：应给使者的赠礼没有给足。

第七篇

转败为功的诚信力量

　　管仲与齐桓公毕竟还是一个新组合，所以需要一个磨合过程。而磨合期里，大大小小的分歧会有很多。但是面对这些分歧，齐桓公并没有理性对待，而是一意孤行，给国内民众造成压力并使齐国国际形象江河日下。到了公元前 680 年，管仲和齐桓公竟然为此遭遇了一场生死大劫。可以说齐国的霸业还没开始就走向了失败。这个时候，就是考验管仲智慧的关键时刻了。

　　那么管仲这个时候到底做了什么？他是如何使败局反转的呢？

　　现在就来复盘这个过程。

一、齐桓公心痒难当

　　其实，在祖庙对策的时候，管仲给齐桓公讲述了他的称霸方案。既然焦点是称霸，那就少不了要谈到军备建设的事情。当时管仲是怎么说的呢？

> 君若欲正卒伍，修甲兵，则大国亦将正卒伍，修甲兵。君有征战之
> 事，则小国诸侯之臣有守围之备矣。
>
> ——《管子·小匡》

就是说，如果国君您整顿军队，修治甲兵，其他大国也将整顿军队，修治甲兵；您有征战的举动，各小国诸侯的大臣就早有防御的准备。一旦诸侯国有了戒心，齐国再号召什么事情，就不会有人真心支持了，所以这种搞法就很难实现称霸的目标。

管仲身处春秋时期，首先得站在时代背景之下进行思考。虽然当时没有军备竞赛这个说法，但他已经看到这个问题对齐国的影响。显然，一旦开始军备竞赛，谁都别想轻松，管仲的所谓"富民"也就很难实现了。这与他称霸的目的相违背。

当时，齐桓公满口答应，支持了管仲的想法。但是没过几天齐桓公的态度就出现了变化，他要求管仲"小修兵革"，就是小小地搞点军备建设。"小修"一词虽然不强势，但他武力称霸的想法却流露了出来。

武力称霸的逻辑简单粗暴，很容易陷入孤立状态，管仲肯定是不支持的。所以管仲说：不能这样。为什么呢？

> 百姓病，公先与百姓而藏其兵。与其厚于兵，不如厚于人。齐国之
> 社稷未定，公未始于人而始于兵，外不亲于诸侯，内不亲于民。
>
> ——《管子·大匡》

百姓现在疲弱不堪，国君应该先照顾百姓，收敛军备。与其在军备上下功夫，不如为百姓多谋利益。如果国君您没有赢得民心就开始扩充军队，其结果就是诸侯国不喜欢，老百姓也不支持。显然这样是没有好处的。

当然，这个时候两个人刚刚开始搭班子，齐桓公也得给管仲面子，所以军备建设的事情就暂时不提了。

但是，到了第二年，也就是公元前的 684 年，齐桓公突然来劲了，执意要

出兵打仗，攻打鲁国。

为什么他会在这个时候提出出兵呢？可能有如下两个原因：

其一，他感觉身边有了管仲、鲍叔牙、高家、国家、隰朋、宁戚等等一大群人才的支持，并且内部改革拉开了序幕，老百姓纷纷点赞，贤能之士纷纷加盟，形势大好，所以有点飘飘然了，想在这个时候秀秀肌肉。

其二，他现在看清楚了。在祖庙对策的时候，齐桓公问怎样才能称霸，管仲说从爱民开始。但是现在只看到了爱民，没看到称霸，仿佛自己上当了，所以脾气就上来了。你爱民我支持，但你不能不强军啊。军队不强大，我怎样打击仇敌啊？连仇敌都打不服，其他诸侯谁会听我的啊？所以他开始跟管仲较劲了。

这个时候管仲当然少不了要劝说，但是很显然劝说已经很难起作用了。除了对称霸理解不同之外，齐桓公的性格也有很大影响。为什么呢？因为他的任性也是历史上出了名的。

在管仲拜相之后第三天，齐桓公曾经说了自己的三个毛病。分别是：好打猎，好喝酒，好美女。就比如其中第一项好打猎吧，他说：我常常趁着昏黑夜色来到禽兽出没之地，直到田地里彻底安静，再见不到猎物才返回。所以，大臣还有来使经常找不到我。典型的玩物丧志！对于肩负国家重任的国君而言，他的任性可见一斑了吧？

一个任性的国君迷信上了武力称霸，这场战争已经无法避免了。

那么，为什么齐桓公要攻打鲁国呢？

对于齐桓公而言，可以从两个层面去理解。

第一个层面，从私人角度考虑。因为去年秋天鲁国为了支持公子纠继位，跟齐桓公在齐国的乾时打了一仗。支持政敌是私仇，侵犯国土是公愤，当然该打。

第二个层面，从称霸的角度考虑。鲁国是周公的封国，虽然不如齐国，但仍为大国。如果齐国能一举降伏鲁国，就等于向天下展示了强大的实力。用今天的话说，就是秀肌肉。

其实站在现代人的角度看，西周时期周武王分封到华夏周边的诸侯，有藩屏王室的作用，也就是说当时他们最重要的作用是防止外夷入侵中原。中原是政治和经济中心。但是到了春秋时期，周边的诸侯开始把目光投向中原，于是都轮番对中原施加影响。而对齐国而言，中原处于他的西南地区。所以，降伏地处南方的鲁国是其实现霸业的第一步。从这一点看，齐桓公选择鲁国作为突破口并没错，但采取战争形式解决问题是否有利呢？这一点管仲另有判断。

二、曹刿并非神机妙算

对于齐桓公攻打鲁国的想法，管仲当然不支持。

可能很多人会想，他到鲁国避过难，当然不能回头打自己的故交。但管仲不是用个人利益衡量国家大事的人。他之所以不支持，是因为他了解鲁国人怎么想。

齐国是姜子牙的封地，而鲁国是周公旦的封地。这两位都是历史上德高望重的大人物，并且他们之间也曾相互尊重相互照应。这样的关系也就给后世两国的友好打下了一定的基础。但是在公元前694年，鲁国国君鲁桓公被齐国国君齐襄公杀掉了。齐襄公其实是鲁庄公夫人文姜的亲哥哥，他杀掉鲁桓公的原因也很奇葩，居然是为了跟自己的亲妹妹文姜私通。后来继位的鲁庄公是鲁桓公和文姜的亲生儿子，当时只有十二岁。家里发生这种难以启齿的事情，这位娃娃国君内心的巨大痛苦是不言而喻的。但是在后来的十多年里，齐国一直没有向鲁国做出真正的交代。鲁庄公虽然没有能力报仇雪恨，但是对齐国的态度不可能再友好了，所以后面也有一些干涉齐国的举动。当把这些历史原因考虑在内，很明显齐鲁矛盾主要责任在齐国，因此齐国出兵的正义性不充分。

但是齐桓公一心想做的事情，管仲怎么能拦得住呢？于是就在公元前684年，也就是齐桓公继任国君的第二年春天，在没有管仲同行的情况下，齐国大军浩浩荡荡地向鲁国进发了，接下来就有了著名的长勺之战。这一仗之所以著名，首先是鲁国以少胜多战胜了齐国；第二成就了一位鲁国谋士，曹刿；第三也给后世中国留下了一个成语，一鼓作气。

在中学的语文课本里有一篇课文《曹刿论战》，就是从鲁国的视角记录了这场战争的过程，并分析了胜败的原因。说当时鲁庄公正为保卫江山社稷伤脑筋呢。曹刿就前来求见国君，结果见面一个问题就把鲁庄公给问蒙了。这个问题就是：何以战？你凭什么跟齐国作战呢？《曹刿论战》是历史名篇，但是今天阅读应该理解到作者角度的局限性。仅从鲁国的角度看问题，是无法把握战争全貌，所以还应该兼看齐国。

那么，鲁庄公是如何回答的呢？鲁庄公心想，打仗嘛，得有人啊，我就说人！于是他说：我不抠门，衣服食物我都不独吞，都跟人分享。人缘好，行吧？于是鲁庄公有了一种美德，不抠门。曹刿说：你那是小恩小惠，也不可能人人有份，队伍拉不大，所以不行。

鲁庄公一听，说人不行，那就说神吧。我不说谎，每次祭祀用的祭品，牺牲玉帛，我都如实向神灵禀报，从不夸大数量。神是我后台，这个行吧？于是鲁庄公有了第二项美德，不说谎。曹刿说：那是小信用不值一提，本来在神灵面前就不能说谎，所以神灵不见得会因为这个保佑你。

到这儿鲁庄公已经被打击了两次，堂堂国君有点沮丧。他在想，人不支持我，神也不保佑我，难道我这个国君没用吗？我毕竟还干了不少事呢。于是他说：

大大小小的案件，虽然我水平不高，但我一定坚持按照实情进行判决。于是鲁庄公又有了第三种美德，不渎职。曹刿一看差不多了，就说：这一点嘛，算你忠于职守，凭这个可以号令百姓支持你了。

鲁庄公的这"三不"，不抠门、不说谎、不渎职，的确算是春秋时期的君主美德。但齐桓公在这三方面，却更占优势。齐桓公手头宽裕，所以更加大方，齐国赠送礼品从来都比对方价值更高；齐国国力雄厚，在祭品多少的问题上，齐桓公根本没有必要说谎；在管仲担任宰相以后，齐国设立了大司理和大谏官，司法监察水平更高，判案更公平。所以齐桓公赢得的民众应该更多，支持率显然应该更高。也就是说，鲁庄公的优点可以号令民众，但作为胜算显然是不充分的。

但是这场战争齐桓公的确打输了。那么齐国到底输在哪里呢？

第一，从历史看，齐国攻打鲁国的正义性不充分；从现实看，这次战争本身又带有侵略性质。尤其是侵略战争，双方的斗志会有天壤之别。管仲曾经说过：

故国父母坟墓之所在，固也；田宅爵禄，尊也；妻子，质也。

——《管子·小问》

也就说，一个人的祖坟如果在这里，田宅爵禄在这里，老婆孩子都在这里，他不拼死保卫才怪呢？而这场战争当中，鲁国人民是保卫家园！祖坟被刨，田宅被占，老婆孩子被人奴役，谁愿意？所以鲁国人民斗志旺盛。

第二，当时齐桓公和管仲有分歧，领导集体意见不统一。公认的智囊管仲不来指挥，将领军士们难免有疑心，所以信心不足，战斗力自然受影响。

第三，打仗的时候是春天，一年之计在于春！齐国的将士想的都是赶紧打完，回家种地，所以无心恋战。而鲁国人呢？正想种地，你来找碴，不跟你死拼才怪。管仲一贯主张无夺民时，打仗消耗粮食，同时又耽误生产粮食，两件事一叠加，损失肯定是巨大的。

第四，齐国劳师远征风餐露宿，鲁国酒足饭饱以逸待劳。这仗怎么打？

以上四点加起来，齐国哪有什么胜算？

接下来，《曹刿论战》当中的描述非常生动。说齐鲁两方一见面也没客套，直接开撕。但撕的方式是齐军连续进攻了三次，所谓三鼓。而鲁军依曹刿之计一直坚守不攻。而当齐军第三次冲击无效向后退去时，鲁军突然鼓声大作，将士如洪水一样倾泻而出。可以想象，被对方打了三次，只守不攻，鲁国人实在太窝火了。而齐军进攻了三次都没效果，体力上疲劳，心理上懈怠，再加上退回修整，队形混乱，这种情况下鲁军发起冲锋，齐军只有大败而归了。于是，就有了一个成语"一鼓作气"，就是说最初的斗志是最旺盛的。

这回好，齐桓公不听管仲的话，遭遇了挫折，那么他回去是否就能认真考虑管仲的意见，收敛一下狂放之心呢？

三、鲁庄公想做关内侯

齐桓公打了败仗之后也要进行总结。他说：之所以战败是因为兵力太少，如果数倍于敌，看他还能不能阻挡我！这句话一说，问题更大了。齐桓公恼羞成怒，显然要变本加厉了。所以管仲的处境会变得更加艰难。

接下来管仲进行了多次劝阻。

比如，国内的事情还没做好，这个时候对外用兵是很难有好结果的。

再比如，一边给老百姓增加负担，一边鼓励好勇斗狠，很容易产生混乱。得罪各国诸侯，自己人心存怨恨，仁义之士都不来齐国，这样齐国就危险啦。

又比如，长勺之战出兵前夕管仲还在规劝，说：一国之君，不能勤于战争，不能计较小辱，不能重复过错。不然国家会有危险的。这三点指向非常清楚。勤于战争，齐桓公迷信武力称霸；计较小辱，鲁国支持公子纠；重复错误，齐鲁关系恶化是齐国错误在先啊。

看到管仲的话齐桓公听不进去，鲍叔牙也着急了，他也出来劝说：国君您一定采纳管仲的意见啊。但是齐桓公不但不听，还进一步命令各个封地全部加强军备。增加了关税和市场税，用来奖励军功。

鲍叔牙这时也很无奈，他心怀歉意地找到管仲，问道：当时国君曾同意称霸设想，但现在国家越来越混乱，你打算怎么办呢？这段话积极地理解是看能不能想到好办法，保证齐国不出问题；消极一点就是想试探一下管仲还有没有兴趣继续当这个宰相。

这个时候管仲说：咱们的国君总体上说是个头脑警醒的人，所以他会反思，姑且等他自己觉悟吧。

鲍叔牙问：等他自己觉悟，国家不就受损失了吗？

管仲说：目前不会。国家政事，我还在暗中打理着，混乱一些还有时间挽救。其他诸侯的大臣，现在看还没有赶得上你我二人的，所以应该无人敢来侵犯。

事情到了这里，管仲的一种可贵的品格也就凸显了出来。他首先一直站在国家和天下的高度思考问题，同时又非常冷静理性，绝不情绪化。所以尽管齐桓公一意孤行，甚至会给管仲脸色，但两人一直没有撕破脸。这种品格，打个比方，就如一座大山，高耸、稳定。想想，谁跟山来磨合，消耗的只能是自己。但是，仁者乐山，智者乐水，管仲在品格如山的同时，非常可贵的是还有水一样智慧，那就是善于把握时机，因势利导。

鲍叔牙的担心是有道理的，齐桓公确实一时醒悟不了。接下来，齐桓公又发动了几场战争，并灭掉了齐国西南的两个小国，谭国和遂国。于是齐桓公在华夏诸国当中的形象开始变得面目狰狞了。齐国军队疯狂扩张，历史文献上描述为"同甲十万，兵车五千乘"。于是齐桓公对管仲说：看见没？咱们千军万马，将士勇猛无畏，这回要打败鲁国喽！

管仲听罢，深深叹息：您不在德政上下功夫，而是把功夫下在甲兵上，齐国真的危险了。这天下能搞出十万军队的可不只咱一家。把天下都得罪了，就相当于用小股兵力对抗天下大军啊。国内脱离民众，国外又被诸侯戒备，我们自己也只好使用不光彩的招数。想这样保障国家安全，我也办不到了！

这些话说得已经够重了，但是齐桓公听不进去，还是决定攻打鲁国，于是齐国大军碾压了过去。如此庞大的阵势，鲁国当然无力招架，退到离国都五十里处设关防守。请求以关内侯的身份服从齐国，只是恳求齐国不再侵略鲁国。当然，齐桓公虽然痛恨鲁国，但并不敢灭掉鲁国。因为鲁国是周公的封国，在华夏的地位很高。所以齐桓公多次对鲁战争，除了报私仇，就是为了秀肌肉，想通过征服鲁国震慑其他诸侯。

到这里，需要简单说明一下春秋时期称霸的概念。

今天看到霸字，就会联想到蛮横无理、横行霸道，但是在古代含义是不同的。在春秋时期，这个"霸"字也通"伯"，就是老大，一个有威信的人物。而当时所谓霸主，还对应着一个现实身份，盟主，盟会活动主要由这个人主持，安排。在管仲的设计里，这些活动包括了平息各国内乱，协调贸易关系，共同出兵打击外夷侵略，保卫盟国的安全等等。所以，为什么管仲能够毫不掩饰地说出称霸的主张，那是因为在当时"霸主"根本不是个负面词汇。

但是实现霸业显然也有两套逻辑。

第一套，齐桓公的武力征服。我胳膊粗、力气大、兄弟多，我来收你的保护费。服不服？不服，就打残了你。不客气地说是流氓地痞的逻辑。

第二套，管仲的道义感召。我爱和平、讲道义、重交流，我来把各国诸侯凝聚在一起，大家一起维护稳定，发展经济，共同对抗外夷，大家是利益共同体啊。而这事儿为什么要由齐国主持呢？因为齐国目前最有实力，要钱有钱、要人有人、要科技有科技，我们有能力承担这个使命。显然管仲的逻辑才是真正的天下思维。

现在回到故事当中。

齐桓公听鲁国说想成为关内侯，明显这是服了，也就停止了进攻。

这时候鲁国又说：那咱们也举行一次会盟呗。

会盟？多好的提议！齐桓公一听就高兴了。征服了鲁国，得搞个仪式让天下人都知道嘛。于是他说：没问题！

但是没想到，一贯主张走和平路线的管仲这时候却提出了异议。管仲说：不能这样啊！现在各国诸侯对您都很忌惮甚至忌恨。如果您借会盟削弱鲁国，诸侯们就会认为您很贪婪。那样的话，小国愈加顽抗，大国也组织防备，对齐国都不利。也就是说，齐国会越来越孤立，离称霸会越来越远。

但这个时候齐桓公为自己通过武力征服了鲁国而扬扬得意呢，哪里还能听得进去劝告？但是，越是得意，越容易落入圈套。

四、管仲相信诚信的力量

接下来鲁国就说到了重点：鲁是小国，会盟的时候当然不带兵器。若带兵器开会，人家就会说咱们没和好，还是对立状态，那就不如不会盟了。所以我们请求贵方也不带兵器，如何？

管仲一听就有了警觉，对方很可能有圈套，所以立即阻拦说：会盟可以，但这种时候不能太相信鲁国。曹刿是什么人？长勺之战您应该感受很深吧？强硬、狠毒，不见得能按约定办事。一定要小心！

这时的齐桓公正得意着，根本不愿意接受危险警示。那么多军队摆在那里，鲁国不堪一击，怎么可能在会盟之际做文章？所以齐桓公到了柯地，也就是今天的东阿，与鲁庄公相会。这次会盟，历史上叫作柯之盟，或者柯地会盟。

但是不得不佩服管仲的智慧，他的预见非常准确。尽管双方约定为衣裳之会，但鲁庄公和曹刿还是各带了一把剑到场。登坛之后刚想歃血，鲁庄公突然说：鲁国边境，离国都只有五十里了，我现在生不如死。于是左手举剑对着齐桓公、右手比着自己说：干脆咱们同归于尽吧！史料上描述当时鲁庄公左手执剑，右手指自己，这个动作做起来有点别扭，也许鲁庄公是左撇子。

于是，出大事了，齐桓公被人劫持了！

可能会有人说，活该！让你不听话。但这是气话，身为宰相的管仲这个时候当然不能袖手旁观，他赶紧跑向齐桓公。曹刿这时抽剑挡住管仲，一脸杀气地说：两位国君将改变原来计划，谁也不可靠前。

把刀架在脖子上了，再牛的人也没主意了。慌忙之间，齐桓公喊：仲父，怎么办？怎么办？怎么办？管仲没法靠前，只好隔着鲁庄公和曹刿向齐桓公喊话：答应他，答应他，答应他！于是齐桓公别无选择，只得当场同意以汶水为界退还此前侵占的土地。这样，鲁庄公和曹刿才收了剑。这个跟头，齐桓公栽大了！

按正常理解，受人胁迫答应的事情可以不兑现，所以齐桓公下来就后悔了，第一不想退还土地，第二想要杀掉曹刿。这个想法，当然会得到齐国大夫们的强烈支持。敢这样耍我们？灭了他！

但是，管仲却力排众议：在要挟之下答应的事情，当然可以不遵守，也可以杀了劫盟之人，但这只是个人痛快了，小痛快而已。这样做，使得天下诸侯不再信任，等于失去了各国支持，那损失就大了，所以不能这样做！

而历史就是这样神奇，偏偏这句话，齐桓公听进去了。在齐桓公退还了土地之后，华夏各国都大吃了一惊，继而强烈反应，纷纷对齐桓公表达认同。各国都在想，那种情况下答应的事情都能兑现，齐国的话还有什么不能相信的呢？这一相信不得了，齐桓公的形象彻底反转。齐桓公、管仲当时离生死一步之遥，但接下来齐国的霸业也变得只有一步之遥了。

其实到了这里，已经完全能够感受出来，管仲转败为功，像水一样因势利导，在这套动作中间实际上蕴含着一种强大的力量，就是诚信的力量！

在中国，诚信已经成为现代社会的一种重要价值观。而第一次把诚和信两个字组合在一起的是管仲。管仲说：

诚信者，天下之结也！

——《管子·枢言》

诚信，是结交天下的，是凝聚天下的。那么管仲为什么会那么强调诚信呢？

一般来说，商业社会因为是契约关系，更需要诚信。齐国工商比重比较高，所以诚信是社会普遍需要。因此管仲在整个社会推行诚信。他说：

非诚贾不得食于贾，非诚工不得食于工，非诚农不得食于农，非信士不得立于朝。

——《管子·乘马》

也就是在管仲眼里，不诚信，商人、工匠、农民，以及官员这碗饭都不要吃了。这几碗饭都不能吃，显然是没有出路了。所以，以他身为宰相的推动力度，齐国古代就形成了诚信的风气。今天的山东人，仍然公认性格相对耿直，很可能与此有关。文化就像空气，你可能看不见它，但你随时都在呼吸。

尤其是国际关系，诚信就显得尤为重要。诸侯国平等，只有盟约关系，诚信必不可少。一国在做，多国在看。如果言而无信，失去天下的信任，那还提什么称霸啊？

其实在现实生活当中，有一个经验，就是面对复杂的事情，采取诚信的态度，往往效果更好。为什么呢？那就是诚信具有一种力量。因为每个人都希望交往对象是诚信的，所以更相信诚信的举动以及诚信的人。在明知吃亏的情况下，还敢于把诚信进行到底的人，最终更可能获得广泛的支持。2700 年前，管仲为我们树立了这样一个样板！刚刚经过死亡的威胁，仍然对敌方坚守诚信，这一点有多少人能够做到？而做到了，效益到底多大呢？各国诸侯都开始相信齐国，齐桓公的形象彻底翻转。于是，齐国的霸业终于在江河日下的趋势当中迎来了历史拐点，开始进入上升通道。

【原文选摘】

《史记·鲁周公世家》（节选）

十八年春，公将有行❶，遂与夫人如齐。申繻❷谏止，公不听，遂如齐。齐襄公通桓公夫人。公怒夫人，夫人以告齐侯。夏四月丙子，齐襄公飨公❸，公醉，使公子彭生抱鲁桓公，因命彭生摺其胁，公死于车。鲁人告于齐曰："寡君畏君之威，不敢宁居，来脩好礼。礼成而不反，无所归咎，请得彭生除丑于诸侯。"齐人杀彭生以说鲁。立太子同，是为庄公。庄公母夫人因留齐，不敢归鲁。

【注释】

❶ 公将有行：国君将要出行。
❷ 申繻：鲁国大夫。"
❸ 飨公：为鲁公设享谯之礼。

《左传·庄公十年》（节选）

十年春，齐师伐我。公将战，曹刿请见。其乡人曰："肉食者❶谋之，又何间焉？"刿曰："肉食者鄙❷，未能远谋。"乃入见。

问："何以战？"公曰："衣食所安，弗敢专也，必以分人❸。"对曰："小惠未偏❹，民弗从也。"公曰："牺牲玉帛，弗敢加也，必以信❺。"对曰："小信未孚，神弗福也❻。"公曰："小大之狱，虽不能察，必以情❼。"对曰："忠之属也❽，可以一战，战则请从。"公与之乘❾。战于长勺❿。

公将鼓之⓫。刿曰；"未可。"齐人三鼓，刿曰："可矣。"齐师败绩⓬。公将驰之⓭。刿曰："未可。"下视其辙，登轼⓮而望之，曰："可矣。"遂逐齐师。

既克，公问其故。对曰："夫战，勇气也。一鼓作气⑮，再而衰，三而竭。彼竭我盈，故克之。夫大国难测也，惧有伏焉⑯。吾视其辙乱，望其旗靡⑰，故逐之。"

【注释】

❶ 肉食者：即食肉者，指做大官的人。间：参与。

❷ 鄙：鄙陋，浅陋，目光短浅。

❸ 衣食所安：用来安生的衣食等。专：专有，独占。必以分人：一定拿来分享。

❹ 小惠：小恩小惠。未徧：无法普遍。

❺ 牺牲玉帛：祭祀用的牲畜、宝玉和丝绸。加：夸大，虚报。信：守信，诚实。

❻ 未孚：未被信任。弗福：不保佑。

❼ 狱：诉讼案件。必以情：一定要处理得合乎情理。

❽ 忠之属也：尽心做好分内之事。

❾ 公与之乘：鲁庄公和曹刿同坐在一辆兵车里。

❿ 长勺：鲁国地名。

⓫ 鼓之：击鼓进军。

⓬ 败绩：大败，即溃阵败退。

⓭ 驰之：驱车追击敌人。

⓮ 轼：车前供乘者扶手的横木

⓯ 作气：鼓足勇气。

⓰ 伏：伏兵。

⓱ 旗靡：旗帜倒了下去。

《管子·大匡》（节选）

四年，修兵，同甲十万❶，车五千乘，谓管仲曰："吾士既练，吾兵既多，寡人欲服鲁。"管仲喟然叹曰："齐国危矣！君不竞于德而竞于兵。天下之国带甲十万者不鲜矣，吾欲发小兵以服大兵，内失吾众，诸侯设备，吾人设诈，国欲无危得已乎？"公不听，果伐鲁。鲁不敢战，去国五十里，而为之关❷。鲁请比于关内，以从于齐，齐亦毋复侵鲁。桓公许诺。鲁人请盟曰："鲁小国也，固不带剑，今而带剑，是交兵闻于诸侯，君不如已❸。请去兵。"桓公曰："诺。"

乃令从者毋以兵。管仲曰："不可。诸侯加忌于君，君如是以退可。君果弱鲁君，诸侯又加贪于君，后有事，小国弥坚，大国设备，非齐国之利也。"桓公不听。管仲又谏曰："君必不去，鲁胡不用兵。曹刿之为人也，坚强以忌❹，不可以约取也。"桓公不听，果与之遇。庄公自怀剑，曹刿亦怀剑。践坛，庄公抽剑其怀曰："鲁之境去国五十里，亦无不死而已。"左摏❺桓公右自承曰："均之死也❻，戮死于君前！"管仲走君，曹刿抽剑当两阶之间，曰："二君将改图，无有进者！"管仲曰："君与地，以汶为竟❼。"桓公许诺，以汶为竟而归。桓公归而修于政，不修于兵革，自围、辟人、以过、弭师❽。

【注释】

❶ 同甲：整齐的兵甲。
❷ 为之关：作为国界，设立关口。
❸ 已：停止。不如已：不如不会盟。
❹ 忌：同"惎"，狠毒。
❺ 摏：刺，此指准备刺。
❻ 均：同"样"。
❼ 汶：汶水。竟：同"境"。
❽ 自围：慎守边围也。辟人：发掘人才。以过：停止错误做法。弭师：停止用兵。

《史记·齐太公世家》（节选）

五年，伐鲁，鲁将师败。鲁庄公请献遂邑以平❶，桓公许，与鲁会柯❷而盟。鲁将盟，曹沫以匕首劫桓公于坛上❸，曰："反鲁之侵地！"桓公许之。已而曹沫去匕首，北面就臣位。桓公后悔，欲无与鲁地而杀曹沫。管仲曰："夫劫许之而倍信杀之❹，愈一小快耳，而弃信于诸侯，失天下之援，不可。"于是遂与曹沫三败所亡地于鲁。诸侯闻之，皆信齐而欲附焉。七年，诸侯会桓公于甄❺，而桓公于是始霸焉。

【注释】

❶ 遂邑：古地名。

❷ 柯：古地名。

❸ 曹沫：《管子》当中记载为曹刿。

❹ 倍信：背信。

❺ 甄：古地名。

第八篇

齐国霸业的艰难开局

管仲一直反对武力称霸，因此与齐桓公产生了分歧，以至于磨合很长时间。最后结果是齐桓公向管仲让步，退还了侵占鲁国的土地。但是令人想不到的是，就在退地之后第二年，也就是公元前 678 年，管仲竟一反常态，提议出兵攻打宋国。这个时候齐鲁刚刚开始修好，齐桓公穷兵黩武的形象也刚刚开始反转。这种情况攻打曾经的盟友宋国，管仲到底为什么这样做呢？

一、管仲军事的巧设计

管仲一贯反对军事称霸，绝不是性格窝囊，而是因为他在努力追求不战。当国家之间发生了矛盾冲突，如果可打可不打呢？当然要慎战，能不打尽量不打。但是也有一些矛盾必须靠打才能解决，这个时候当然就要善战。善战才能真正促成不战。

那么问题来了，管仲到底善不善战呢？也就

是他懂不懂军事呢?

答案,当然懂,并且非常懂!这一点只要读一下《管子》这本书,就知道管仲军事思想同样非常深邃,与《孙子兵法》相比可以说各有特色。管仲在军事上更强调体系建设,而孙子相比之下则更偏重于谋略。这一点从管仲的军事部署上可见一斑。

就在祖庙对策的时候,管仲提出了自己的主张,要用恰当的形式在恰当的时机发展壮大军事力量。所谓恰当时机,就是内圣外王,在百姓富裕国力强大以后,再投入军备,参与国际事务。军事只有与政治经济科技统筹发展,才能健康。不然就是畸形儿,很难长久。所谓恰当形式,就是寄军于政。寄军于政是管仲的创举,是在战争规模不断扩大而经济能力有限的情况下所制定的解决方案。

	行政机构	每家一人	军队建制	军事长官
5 家	1 轨	5 人	1 伍	轨长
10 轨	1 里	50 人	1 小戎	里司
4 里	1 连	200 人	1 连	连长
10 连	1 乡	2000 人	1 旅	乡良人
5 乡		10000 人	1 军	帅

寄军于政,简单地说就是用民兵。管仲上任之初就建立了一个塔形的行政体系。在这个体系上,只需要采用点兵制,也就是每家出一个人,就能立即组成一支建制完整的军队。

从这个图表当中可以看到,管仲的设计有几个现代人非常熟悉的建制名称,比如连、旅、军等等。这些建制现代军队仍然在使用,只是人数有所不同而已。当时管仲设定的一个军是一万人。于是整个齐国由齐桓公直辖的十一乡出一万人,另外高和国两家分别直辖的五乡也各出一万人,三万人就构成了齐国的三军。管仲认为这三军三万人虽然都是民兵,但足以应对各种战争!

这个措施好不好呢?有好处,就是国家平时可以不养军队。但是也有问题,比如齐桓公就问了:民兵的战斗力能赶上正规军吗?

这个疑问现代人也会有。其实这个问题管仲早就想好了，他说：军队一个伍中的五个人，他们原来是邻居，甚至是亲戚。他们从小一起长大，朝夕相处，所以感情深厚，配合默契。比如白天在战场上，就像篮球队里那五个小伙子一样默契，眼神一对就明白战友的意图，一起把他干了。而晚上，听见一声叫喊，就知道不好，我兄弟遇到危险了，赶紧过去救人。如果其中一位被敌人打死打残了，其他那四个人的头发就"唰"地立起来了，他们要给兄弟报仇。军队有了感情基础，战斗力定会大增。

但是第一个问题解决了，第二个问题又来了。这些人的作战能力行吗？

当时是冷兵器时代，用的是大刀长矛，所以打仗不像今天必须用专业军人。而齐国更为先进的是，从姜子牙时代开始就建立起了"平战一体"的思维。举个好玩的例子，干农活的动作，比如锄大地，简单这么一锄，就是干活；但如果先能假想前面出现一个敌人，锄头在空中做个杀敌的动作再锄下来，就成了练武。类似这些办法的普及，提升了齐国的单兵作战能力。而每年春秋两季的农忙之后，管仲要搞两次军事演习，训练阵法和号令，于是齐国民兵就有了集团作战的能力。

接下来还有一个问题，打仗还需要武器装备啊，这些东西怎么来呢？

当时，管仲采用了赎刑的方式解决部分军费。罪犯想获得减刑，就要根据所犯罪行的大小，向国家缴纳一定规格的军备物资。可能有人会怀疑这样的做法会做造成社会治安状况恶化。这种担心当然是有道理的，但是也有另外一种可能，因为犯罪成本提高了，社会风气反而变得更好了。

当然，管仲在军事领域的建树还远远不止这些。

二、盟友遭遇重大变故

现在回到最初的问题，管仲为什么要在这个时候出兵打宋国呢？

要弄清这个问题，就得先了解宋国这段时间内发生了什么事情。

在长勺之战打败了齐桓公之后，鲁国突然侵犯了十年没有过冲突的宋国。

为什么呢？现在看来更像是鲁国想借着刚打了胜仗的气势，向西南扩充地盘。但是鲁国没有想到，刚刚打了败仗的齐桓公正好抓住了这个机会，与宋国结成了同盟关系。所谓同仇敌忾。

宋在鲁国的南边，齐国在北边，于是对鲁国形成了夹攻态势。齐桓公的这一手，就是后来常见的"远交近攻"策略，很实用，所以管仲并不反对。但是，齐桓公只凭借武力攻打鲁国，这一点却是管仲反对的。

由于当时交通和通信条件有限，很难协调指挥两线作战，所以齐宋必须把军队调动到一处，从一个方向发动攻势。而当时的宋国，不得了，爵位是公爵，高于侯爵齐桓公；并且宋国有一位勇猛无比的大将军南宫长万，所以相比起刚刚吃了败仗的齐军，当然难免骄横懈怠了。

《管子》一书当中说过：

> 解惰简慢，以之事主则不忠，以之事父母则不孝，以之起事则不成。
>   ——《管子·形势解》

也就是说，做事懈怠懒惰傲慢无礼，这样为君主做事就是不忠，为父母做事就是不孝，用这样的人做事就很难成功。所以宋国军队的这种作风，已经埋下了战败的种子。

宋军的状况被鲁国人看明白了。所以鲁国的方案是，在战略上先打宋军，而在战术上让人在马身上蒙了老虎皮进行冲击。结果宋军一看，一群老虎冲过来，立即吓得魂飞魄散，兵败如山倒。而齐军因为前不久刚刚败给鲁国，所以不敢单兵对敌，主动撤退了。

宋国被一群披着虎皮的马打败了，很没面子，于是第二年的春天又来攻打鲁国。但是，这场战争宋国不但没能打赢，大将南宫长万也被鲁国活捉了。

按说，南宫长万只是被活捉，相比起战死，对宋国是一件大好事。而不久南宫长万又回到宋国，相比起被长期扣押更是好上加好。但是，就是这样的大好事，却给宋国带来了一场浩劫。

管仲说：

暴傲生怨。

——《管子·内业》

就是残暴和傲慢会产生怨恨。在管仲的心里，这样的人不可深交，深交之后极可能产生矛盾。而这一点恰恰在南宫长万的身上得到了印证。

南宫长万回到了宋国，国君还是重新让他当了大夫。两人关系不错，就一起玩起赌博游戏。但是赌博这事很容易赌出情绪。据《公羊传》记载，当时宋闵公身边站着一群美女。估计当时是宋闵公想要赖，所以南宫长万说了一句没大没小的话：人家鲁君特善良，品格那叫一个美好。天底下恐怕只有他才配做国君。

这种话，如果跟国君关系铁，在私下开个玩笑也许还行，但当着美女说，就太不给国君面子了。所以宋闵公回头看了看美女们，然后说：你们知道吗，他是个俘虏。然后又对南宫长万说：之前嘛，我的确很尊重你，但是你做了俘虏，还怎么让我尊重啊？就凭你，有什么资格评价鲁侯的品德美不美呢？

身为猛士，被人俘虏，当然是一块巨大的心病。所以宋闵公等于往伤口上撒盐。于是南宫长万暴怒！大力士出手，宋闵公就死于非命了。

管仲说得没错吧？南宫长万残暴，而宋闵公傲慢，一个残暴一个傲慢，最终制造了一次重大灾难！于是宋国陷入了大混乱当中。经过了一番波折，宋桓公登上了君位。

宋国乱了。齐国当然不愿意放弃这个盟友，所以想赶紧出力帮着稳定政局。齐桓公的办法是召开一次诸侯国盟会，号召诸侯们支持新任的国君宋桓公。如果帮助他稳定住局面，岂不是一个巨大的人情？于是公元前的 681 年，齐国召集了宋国、陈国、蔡国、邾国等四个国家，在北杏，也就是今天的山东东阿，开了一次盟会。这次会议，史称北杏之盟。

这是管仲为相之后的第一次盟会。

虽然会盟是管仲称霸路线图当中的一部分，但这次盟会却很可能不是管仲的意图。因为眼前所读到的各种史料，比如《左传》《公羊传》《谷梁传》《管子》《史记》等等文献，在讲这件事的时候没有出现过一句与管仲态度和行为相关的文字。于是，历史留给了后人一个巨大的想象空间，没有态度也许本身就是一种态度，什么态度？不支持。

为什么管仲对第一次会盟的态度是不支持呢？

按照今天所掌握的资料分析，管仲当时心理上处于矛盾状态。

三、强势难免制造问题

管仲当然也想帮助盟国稳定政局，但这个时候会盟，他认为时机还不成熟。

第一，齐国当时并没得到周王的支持。

齐国当然希望得到周王支持，但距离遥远的周王更容易受身边郑、卫、秦、晋等大国钳制，所以不敢轻易启动诸侯主盟的模式。周王不傻，在齐国能力不足的时候，不能随便得罪身边的大国。在《谷梁传》中有一句话，表达了各诸侯国对齐桓公的怀疑。

桓非受命之伯也，将以事授之者也。　　　　　　——《春秋谷梁传》

说当时齐桓公想要召集会盟，但各国都心存疑虑。因为他不是受天子之封的方伯，但是却要把大事交给他决断。而这样的事情，无论是从礼制上说，还是从齐桓公个人威望上说，都难以接受。

第二，齐桓公当时的威信也不够。

　　其实，就算周王不支持，只要齐桓公威信足够，也能取得良好效果。但这个时候还是在齐国退地齐鲁和好的前一年。也就是说当时齐桓公因为一直使用武力，在诸侯心目中的形象还是狰狞丑陋的。这种情况下召集诸侯，到底能来几个人，实在说不清楚。如果大国来的太少，所谓力挺宋桓公的会盟就起不到作用。而管仲担心的局面果然出现了，只有齐、宋、陈、蔡、邾五个诸侯国参加了会议。而其中陈、蔡和邾一个比一个小。鲁国、郑国、卫国等大国都没到场。所以宋桓公的地位还是无法得到公认，国内各方势力还是摆不平。费了这么大力气，盟友并不能真正受益，显然是赔本的买卖。

　　第三，齐国开这个会风险很大。

　　什么风险？万一有人跟齐国争夺盟主的位置，怎么办？春秋时期所谓的称霸，其实就是被公推为盟主。但如果其他四国不推举齐国，齐国就会白忙一场。而管仲最清楚，一旦出现这种不利局面，以齐桓公的任性、张扬、强势，很可能采取高压姿态来威逼他国投赞成票。再不行，齐桓公就有可能撕破脸甚至动武。如果发生这种事情，以后谁还敢来会盟呢？

　　综合以上三点，管仲心里的矛盾就可想而知了。

　　那么，会盟的最终结果如何呢？答案是：宋国背盟了。为什么？

　　这件事儿有了民间和正史的两种说法。

　　看看民间说法，就是小说《东周列国志》上的解释。

　　这部小说非常著名，很多人读过。小说当中说管仲在这次盟会之前，已经请求周王授权支持。

　　说这一年三月朔，也就是三月一号，五国诸侯到了，在坛下聚集。见面，行礼，寒暄之后，齐桓公该说正题了。于是他提出需要推举一人作为盟主的事情。

　　问题一抛出，诸侯纷纷议论。陈、蔡、邾是小国不必考虑，而齐、宋是大国，齐桓公和宋桓公必推选一人。如果推选齐桓公，人家宋桓公是公爵，而齐桓公只是侯爵，尊卑有序，不合适。但是如果推荐宋桓公呢？显然不是齐桓公开会的目的。并且宋桓公刚刚当上国君，还需要齐国支持来稳定局面，即当上盟主，也只能是齐桓公的傀儡。

　　接下来，小说写到有人替齐桓公说话，于是大家纷纷附和，最后由齐桓公率众登坛，相互交拜，畅叙兄弟之情。看起来热气腾腾的，但危机也就此产生了。

等诸侯们互相敬酒之后，管仲登阶而上，朗声说道：鲁、卫、郑、曹，故意违背王命，不来赴会，不可不讨。

齐桓公举手向四国国君说：我家的兵车不足，希望大家一起出手哈。

说实话，这个场面太像给诸侯们下套了。用今天的话说，你俩挺会玩啊。

这个时候，陈、蔡、邾三君齐声应和，而最应该支持的宋桓公却默然不语。显然，在这个盟当中只有齐宋是大国，而宋国本身又处在不稳定状态，所以这个联盟的力量很小。实力单薄的联盟要挑战那么多大国，宋国当然畏惧。

到了晚上，宋桓公回到驿馆，对随行大夫说：这个齐侯啊，妄自尊大，不守次序。他想调遣各国军队，如果听他的，我们将来就得疲于奔命了。于是，五更天就登车而去，不再理齐桓公的所谓盟约。

以上是小说里的故事，也是民间的认识。

但是，这件事在正史《左传》是这样讲的。

在这次会盟的时候，齐国和鲁国还是对立状态。但是到了同年冬天，就发生了齐国打到鲁国国都五十里的地方，鲁国表面屈服而请求在柯地会盟，于是齐桓公和管仲被鲁庄公和曹刿劫持，最后管仲劝齐桓公兑现承诺退还鲁国土地，从而齐鲁两国开始修好。这个时候，宋国背盟了。这是为什么呢？

在《左传》上这一年的描述只有寥寥几笔。并且没有说明宋国背盟的原因。但依照分析，更大的可能是宋国恼恨盟友齐国与仇敌鲁国交好。之后，南宫长万弑君，宋国陷入混乱，都与鲁国有直接关系。所以齐鲁两国和好，宋桓公从感情上很难接受。这种表现首先说明宋桓公缺乏政治家的胸怀和风度，同时也说明了前一次会盟的权威性明显不足。如果是周王授权的盟，背盟就等于背叛周王，宋桓公就会失去执政的合法性，他不可能这样傻。

以上两个版本，《左传》是正史当然更加靠谱。但小说《东周列国志》的演绎，也符合齐桓公的性格，又具有一定的参考意义。

宋桓公背盟了，齐国要动武。但是这次动武，极有可能是管仲建议的。

四、管仲在下一盘大棋

首先，这次出兵显然是管仲提议的。为什么这样说？

在宋国背盟之前一年，齐桓公被鲁庄公和曹刿劫持，最后退了侵占鲁国的土地。回来之后，他仿佛变了一个人——

桓公归而修于政，不修于兵革，自圉、辟人、以过、弭师。

——《管子·大匡》

受挫之后，齐桓公开始努力整顿政治而不增加军备，自守边境，不参与别国是非，停止过激行动并息兵罢战了。从一个极端走向了另一个极端，那个张扬强势、迷信武力的齐桓公不见了。

显然在这种情况下，也只有管仲提议才可能出兵了。

到这里可能就会有人感到迷惑，管仲反对齐桓公用兵，为什么他自己还要用兵呢？简单地说管仲和齐桓公用兵的意义是大不相同的。

齐桓公是报私仇，而管仲是平天下；齐桓公用兵面目狰狞会让霸业变得更艰难，而管仲用兵扫除障碍会让霸业来得更迅速；齐桓公频繁用兵是好战，而管仲关键时刻用兵，是战略需要；齐桓公用兵打鲁国，鲁国是周公封国，会伤周王的心，而管仲用兵，实为稳定宋国局面，所以周王支持。

可见两者都是用兵，但意义明显不同。

现在还原一下当时的局面。

管仲所设计的霸业，强调的是"诛无道，以定周室"。定周室就是树立周王的地位。周王有地位，华夏才有秩序，天下才会太平，政局才会稳定，经济才能发展，百姓才能幸福，进而才有能力打击外来侵略。所以管仲做的是平天下的大事。但是这件大事做好的条件是齐国能够深刻地影响中原。宋国是大国，并且就在中原腹地，如果政局不稳，周边各国就会受到牵连，华夏难以安定。本来这时齐鲁两国已经和好，再加上盟友宋国，可以说由齐到鲁到宋，已经打通了影响中原的通道。但这个时候宋国却跟齐国闹掰了，这对齐国而言等于化解了一个仇敌又失去了一个朋友。更麻烦的是，虽然宋、鲁暂时对立，但万一某天宋鲁重新修好，鲁国倒向宋国一面，齐国所有的努力就都付之东流了，也就意味着影响中原的战略彻底失败，所以此时到了齐国霸业关键一步。这一步如果软弱退缩，平天下，那就要等到猴年马月了。

慎战、慎战、慎战！慎到了关键时刻怎么办？如果没有其他办法，为了华夏大局，只有战！所以管仲认为出兵的时候到了。

第二，尽管来势汹汹，但管仲做的仍然是不战的打算。

在出兵之前，管仲做了两件事情，以营造不战的可能。

第一件事情是联合陈国和曹国共同讨伐宋国。陈、曹虽然都是小国，但分处宋国的南北，构成了夹击态势。再加上鲁国与宋国交恶，所以宋国相当于三面受敌，形势危急。这种情况下，宋国选择战的可能性不大。

第二件事情，最重要的是，管仲争取到了周天子出面支持。那么为什么这个时候周王不怕周围大国不满敢于支持齐国呢？这是因为齐国经过管仲的治理，已经民富国强，军事实力无人匹敌。并且因退还鲁国等国土地赢得了诸侯们的信任，所以周王也有了底气，于是派大夫单伯带兵前来助战。单伯的身份很特殊，他是鲁国人，但又在为周王做事。所以他的到来具有两重意义，主要表达周天子的态度，支持齐国；其次是暗里表达鲁国的态度，也支持齐国。

于是，管仲主张的这次讨伐，政治上正当，力量上优势。而宋国再牛，在春秋时期也不敢公然对抗周王，更不敢跟这么多国家动武。所以管仲的意图在于逼和宋国，因为和，对宋桓公最为有利。

而宋国那边，面对如此局面，必然是民众恐慌，反对派高兴，内外交困。为什么不接受齐国的有力支持呢？为什么不顺服周王取得执政的合法性呢？所以宋桓公很快做了最优选择，单伯一到，就请和了。

但是，逼和宋国不是管仲的真正目标。

接下来管仲趁热打铁。在同年冬天，齐国再一次召集盟会。这次参会的都是中原大国，比如宋国、卫国和郑国，以及代表周王也代表鲁国态度的单伯。这次会议应该是筹备会议，紧接着下一年，也就是公元前 679 年开春，齐、宋、陈、卫、郑在鄄地再次召开盟会。在这次盟会上，另外四国公推齐国作为盟主。《左传》对这次会议的记载是：

> 齐，始霸也！　　　　　　　　　　　　　　——《左传·庄公十五年》

进而，管仲于公元前 678 年冬天，再请齐桓公召集盟会，这一次参加盟会的共有十个国家，齐、鲁、宋、陈、卫、郑、许、曹、滑、滕等，再加上之前曾经入盟的蔡国和邾国，华夏中原结成了由十二个诸侯国组成的大联盟。而这个大联盟在齐国的倡导下达成了一个基本共识，那就是"尊周"。于是管仲展开了他的霸业宏图，齐国开始扮演新的角色，匡王室、御外侮、抚百姓！

现在回头来看，从管仲走上相位到齐国始霸，已经过去了六年有余。这六年时间，管仲似乎一直在下一盘大棋，而现在已经成功开局。经过复盘，不难发现管仲和齐桓公的下法截然不同。

管仲的下法，当头炮把马跳，拱卒飞象支士，他尽量让这些棋子呼应起来，形成一个能攻能守的体系。然后等待时机，一举奠定优势。而齐桓公任性，他的下法简单粗暴，仿佛只用一个车，横冲直撞，连续砍杀，最后落入险境，遭遇一场生死大劫。所以，这个开局管仲下得非常艰难。

但是，管仲不愧是高手。这期间的表现非常值得品味。

第一，他的棋有很强的容错能力。即便是齐桓公连出臭招，也没能彻底破坏掉管仲的基础布局。齐国在经济、文化、人才、法治、科技方面还在不断发展，国力依然不断增强。

第二，在局势危急之时，比如被鲁国劫盟，桓管二人遭遇生死大劫的时候，管仲仍然能够因势利导，转败为功。转败为功是司马迁老人家对他的评价，要比化险为夷更为高明。做到这一点，则需要深谙人性，懂得天下诸侯的深层渴望。

第三，到了宋国背盟这个关键时刻，管仲又能果断行动，刚健有力，一举奠定优势，成功地开辟了齐国霸业。由此可见，管仲具有超强的大局意识。只有心怀大局的人，才知道孰重孰轻。管仲目标清晰，战略清晰，当然能看得清楚大局，看得清楚哪里该拱卒，哪一步该将军了。一个志在华夏和平、百姓幸福的历史伟人，如果在关键时刻犹豫那么一下，就可能坐失良机。而管仲坐失良机会怎么样呢？孔子说，那样的话中国人就不再有文明生活了。

到这里，齐桓公虽然正式成为霸主，但是霸业还处在初始状态。所以还需要管仲进一步努力，还需要让每个棋子都发挥效力，才能把齐国霸业推动到巅峰状态。接下来的路还很长很长。

【原文选摘】

《国语·齐语》（节选）

管子于是制国：五家为轨，轨为之长❶；十轨为里，里有司❷；四里为连，连为之长；十连为乡，乡有良人焉❸。以为军令：五家为轨，故五人为伍，轨长帅之；十轨为里，故五十人为小戎，里有司帅之；四里为连，故二百人为卒，连长帅之；十连为乡，故二千人为旅，乡良人帅之；五乡一帅，故万人为一军，五乡之帅帅之❺。三军，故有中军之鼓，有国子之鼓，有高子之鼓。春以蒐振旅，秋以狝治兵❻。是故卒伍整于里，军旅整于郊。内教既成，令勿使迁徙❼。伍之人祭祀同福，死丧同恤❽，祸灾共之。人与人相畴，家与家相畴❾，世同居，少同游。故夜战声相闻足以不乖，昼战目相视足以相识。其欢欣足以相死⑩。居同乐，行同和，死同哀。是故守则同固，战则同强。君有此士也三万人，以方行于天下⑪，以诛无道，以屏周室⑫，天下大国之君莫之能御也⑬。

【注释】

❶ 轨：由五户人家构成的行政单位。

❷ 有司：一种官职。

❸ 良人：一种官职。

❹ 以为军令：让其为军掌令。

❺ 五乡一帅：五乡组成一师。

❻ 蒐振旅：春天以狩猎方式整顿兵众。狝治兵：秋天以狩猎方式训练整治军队。

❼ 迁徙：改换更替。

❽ 恤：担忧。

❾ 畴：对口合作照应。

❿ 相死：致死以相救。

⓫ 方：横。

⓬ 屏：藩，遮挡。

⓭ 御：防守。

《春秋公羊传·庄公十二年》（节选）

万尝与庄公战，获乎庄公❶。庄公归，散舍诸宫中❷；数月，然后归之。归反为大夫于宋❸。与闵公博❹，妇人皆在侧。万曰："甚矣，鲁侯之淑❺，鲁侯之美也！天下诸侯宜为君者，唯鲁侯尔！"闵公矜此妇人❻，妒其言，顾曰❼："此虏也❽！尔虏焉故❾，鲁侯之美恶乎至？"万怒，搏闵公❿，绝其脰⓫。仇牧闻君弑，趋而至⓬，遇之于门，手剑而叱之⓭。万臂摋仇牧⓮，碎其首，齿著乎门阖⓯。仇牧可谓不畏强御矣。

【注释】

❶ 获乎庄公：被庄公俘获。

❷ 散：放。舍：休息。诸：之于。

❸ 反：复。本为大夫，归而复其位。

❹ 博：古代的博戏。又名六博。

❺ 淑：品德善良。

❻ 矜：自以为贤能。

❼ 顾：回头。

❽ 虏：俘虏。

❾ 尔：你。

❿ 搏：搏斗。

⓫ 绝：折断。脰：颈，脖子。

⓬ 趋：快跑。

⓭ 手剑：手持剑。

⓮ 臂搦：以手臂击杀。搦，侧手击。

⓯ 著：附着。门阖：门扇。

第九篇

一捧食盐的无穷奥妙

齐桓公当上盟主，是齐国的一件喜事。但取得盟主地位，以及发挥盟主作用，这些事情都需要巨大开支，所以齐国的钱也难免感觉吃紧。

有一天，齐桓公找到管仲，说：现在开支这么大，我想增加一些税种。

缺钱就收税，齐桓公的想法简单直接，古代帝王大多是这么想的。但是管仲却不能这样简单操作，他需要协调的是百姓生活与国家实力两者的关系。

一、"官山海"的温柔面孔

这个时候管仲就问了：那么您想增加什么税呢？

齐桓公说：我想收点人头税。

国君抛出想法，当然需要宰相表态。但是管仲可不是喜欢阿谀奉承的宰相，他所谈的当然都是真实想法。他的说法是：不可，是隐情也。

什么是隐情？如果只看字面，大多数人会理解成隐瞒情况，也就是生了孩子不报告。但管仲可不是这个意思。他的意思是说，您不能收这个税，一收这个税，老百姓夫妻就不恩爱了，夜生活就不幸福了。

管仲提倡以人为本。以人为本，当然首先要尊重人性，满足人性当中的合理需求。所以一项经济政策如果跟基本人性发生冲突，就会面临各种抵制。而这一点孔子的态度也是相同的，他说"食色性也"，生存和繁衍是人类的本性。违背本性的成本会很高很高。

其实这次谈话，除了人头税之外，齐桓公还提了林木税、牲畜税和建筑税等等税种，但是也都被管仲一一否决了。

国君着急用钱，找宰相商量对策，结果自己的想法被一一否决，齐桓公当然很窝火，于是——

桓公曰：然则吾何以为国？管子对曰：唯官山海为可耳。

——《管子·海王》

齐桓公这时明显带着情绪了，意思说这也不行，那也不行，那你让我怎样维持这个国家啊？是啊，国君的想法都不对，那就只有等你放个大招了。

放就放，大招来了。

其实这个问题管仲早已经过深思熟虑，所以他的回答非常之肯定，那只有采取"官山海"的策略才行。所谓"官山海"就是国家专营铁器和食盐。

为什么这样做？接下来就该管仲讲述自己的方案了。

他的方案是什么呢？食盐由民间生产，国家统购统销，禁止私盐买卖，建立《正盐荚》，按家庭人口配给食盐。这样百姓既不会少买，也不可多买。他说我做过一个统计，一个月时间，成年男子吃盐近五升半，那个升要比现在小得多，成年女子近三升半，小孩近二升半。如果实行新盐政，国家专营食盐，每升只需适当加价，全国上下算起来，国家财政就能收入一个可观数字。

在管仲相齐之初，就建立了一个塔形的行政结构。有了这个结构，统计工作，尤其是人口统计就变得非常方便。而有了人口统计之后，新盐政的实施就立即变得简单易行了。

但是管仲在盐上加价，老百姓愿意接受吗？

想要弄清这个问题，需要了解当时的背景。在管仲之前，各国食盐都由民间生产，私人买卖。这种方式很显然存在质量不一，价格不稳的问题。按照《管子》一书的描述，当时物价经常会有百倍的波动。可想而知，那个时代老百姓的生活就像大海中的一个小舢板一样，起伏不定。但是管仲的新盐政，质量符合国标，价格稳定适中。生活必需品供应有了保障，老百姓心里踏实，新盐政当然受欢迎。

同时，管仲说，如果国君宣布征收人头税，就必然会弄得大呼小叫，民怨沸腾。但实行新盐政，财政收入隐含在盐价当中，从心理上更容易接受。

搞政治也好，搞经济也好，搞哪一样都需要懂人心。

按照同样的思路，管仲也讲了铁器专营。他说：女人纺织缝纫要有针和剪刀；男人耕地要有犁和锄头；工匠干活要有锯和斧头。现在我们分析，之前铁器也是私人制造和贩卖，质量不一价格不稳，所以国家专营也有相应的好处，老百姓也会支持。

管仲的"官山海"，抓住了两个非常重要的东西。食盐是人类生活的必需品，至今也没有其他替代品。而铁是国防安全和生产力水平的必需品，至今仍然广泛需要。掌握这两种必需品，国家安全社会稳定就得到了有力保障。尤其是盐政思想，在管仲身后被不断效仿，食盐也成了很多朝代的经济支柱。

2700 年前，管仲的这套设计已经足够出色了，但是以上的说明却只道出了冰山一角，精彩之处还需要慢慢展开。

二、中原市场的巨大刚需

那么，管仲的目光是否仅仅局限在齐国国内呢？当然不是。

开门七件事，柴米油盐酱醋茶。齐国人要吃盐，其他诸侯国的人也要吃盐。但是老天爷没那么公平，并不是每个诸侯国都有食盐出产。所以，春秋时期，华夏大地上食盐产业的格局，就成了管仲关注的重点。

其实，当时的食盐产区主要有两个。

第一个产区，齐国。

东部的沿海诸国因为都有海盐资源，所以吃盐不成问题。齐国得天独厚，早早地形成了食盐产业。现代考古发现证明山东寿光的确存在商代大型古盐场。

在《说文解字》当中说：

古者宿沙初作煮海盐。   ——《说文解字》

就是说古代有宿沙氏靠煮海水取盐。这个宿沙，也常常写成夙沙。

现代专家根据史料进行综合分析，分析出在山东一带，商周之际曾有一位远近闻名、技术精湛的煮盐人——夙沙瞿子。所以古代山东盐业已经有所发展，齐国存在着食盐生产的基础。

在周朝建立之初，姜子牙被封到齐国。老神仙到封地一看，天哪！大面积的盐碱地，人烟稀少。不仅贫穷，还东临当时的外夷部族莱夷，经常受到侵扰。这样一个民不聊生的国家，治理起来当然会有很大难度。

但是这样的事情难不倒老神仙姜子牙。这里原来不是擅长煮盐吗？不是有夙沙瞿子吗？把这个技术优势发挥出来，还愁换不回来饭吃？于是，他"通商工之业，便渔盐之利"，盐业迅速发展，齐国开始通过外贸赚其他诸侯国的钱。按照司马迁的描述，周边各国的钱就像车轮的辐条一样，四面八方向轴心聚集，齐国很快就富裕了起来。崛起的齐国自然会成为榜样，于是各路诸侯衣冠整齐，态度谦恭地跑到齐国朝拜和学习。所以，管仲后来把盐作为思考焦点之一，是有历史渊源的。

第二个产区，晋国。

其实，除了海盐之外，内地还存在池盐、井盐和岩盐等等。

先秦时期在西部地区，比如青藏高原、古代的甘肃等等地区都发现了食盐。其中晋国境内有一个"安邑盐池"，也叫"河东盐池"，是当时非常重要的一处盐产地。而关于安邑盐池，还有一个历史传说。

蚩尤被打败之后，黄帝命令给蚩尤带上枷锁将其处死。蚩尤的尸体被肢解后，血液流入了水池变成了黑色，成了含盐的卤水，于是就有了安邑盐池。盐也因此被称为"蚩尤血"。

这个安邑盐池就在今天的山西运城。运城就是因盐运而得名。

现在清楚了，春秋时期，华夏大地上主要有东西两大产盐区。而中原各国却没有食盐出产。但食盐没有替代品，于是中原的巨大刚需就摆在了面前。现代人一看就明白，谁能占领食盐市场，谁就能更有效地与中原各国互动，谁说话就会更有分量。可以说在世界历史上，管仲最先把这个道理想明白了。

于是，一套关于食盐贸易的宏大构思，在管仲的头脑当中酝酿成形。把盐紧紧地抓在手上，把中原市场抓在手上，齐国的霸业除了政治和军事两大逻辑之外，又多了一条市场逻辑。而市场逻辑显然更为基础，也更为稳定。

现在，根据史料再来梳理一下管仲的盐政，就明白他都准备了什么。

第一，管仲的盐政，虽然是民间生产，但由国家组织。

管仲对齐桓公说。咱们下个号令吧。

齐桓公问：什么号令啊？

管仲说：组织产盐区的民众从十月开始煮盐，一直煮到第二年正月。

为什么要国家组织呢？这样做可以控制产量，既要满足供应，又不能生产过剩。满足不了供应会丢掉市场，生产过剩会造成价格下跌。

为什么要限定在这个时间呢？这个时间好处很多，一可以躲开农忙，避免耽误农时造成粮食短缺；二是秋冬季节柴草会自然干燥，生产成本较低。

第二，管仲的盐政规定，私人不得买卖食盐，并且对国民实行配给制，于是百姓家里也没有多余的食盐。管仲为什么要这样做呢？做过生意的人都懂，这样做有利于保证渠道的唯一性，从而使质量和价格得到控制。无论是哪国商人，在齐国都只能买国家专营的，而且质量达标的食盐。这样做，齐国食盐的品牌就会变得越来越响亮。

第三，齐国生意做得越来越好，自产的食盐逐渐满足不了中原市场。怎么办？管仲这时想到齐国东北方向的莱国。这个国家因为靠海，所以也有煮盐能力。但是之前莱国的盐是卖不出的，因为它就在山东半岛的尖上，相邻都是有盐的国家。所以当齐国向它采购的时候，也就没二话了。于是齐国那时就做起了"两头在外"的生意，也就是生产在外，市场在外的转手贸易。

可见在管仲的手上，食盐更大的作用变成通过外贸积累财富。

但是到这里还有问题没有解决，就是在齐国具备了供应能力之后，怎样才能把食盐卖到中原各国千家万户的饭桌上呢？

接下来管仲又做了更为精彩的设计。

三、一个坐商的热诚姿态

很早很早以前，中国商人就有了行商和坐商之分。

所谓行商，就是货郎挑着担子，走街串巷，游动贩卖。

所谓坐商，就是有固定的店铺，摆满商品，待客上门。

那么，春秋齐国的商人是怎么做的呢？

首先，齐国是有行商的。

在《管子》一书当中，以及《齐语》当中，都有关于行商的记录：

> 负任担荷，服牛辂马，以周四方。　　　　——《管子·小匡》

就是背着包袱，挑着担子，用老牛驮着，用马车拉着，游走四方，进行贸易。这种生意很辛苦，也不安全。比如路上突然蹿出一个人：此路是我开，此树是我栽……，也就血本无归了。并且像食盐这种商品，死沉死沉的，全靠齐国自己的商人贩运到中原各国，肯定会力不从心。所以必须发展坐商，吸引各国商人到齐国自行采购，自己运输。

于是，管仲重点把功夫下在了当一个坐商上面。

因为管仲早年曾经做过生意，所以他对市场有很深入的思考。比如他说：

> 市者，货之准也。　　　　——《管子·乘马》

市场是货物流通能力的决定机制，所有的货物都会围着市场这个指挥棒转。所以市场具有激励功能，产品畅销，相关的产业自然兴旺。

这些市场原理，现代人早已经耳熟能详了。

但是，身为宰相不能只讲理论，还得搞一个能够进去逛的实体市场。

于是，管仲在国都设立了六个商工之乡，总和起来是 12000 户。古代人都是平面居住，占地面积很大。其中商人按照管仲的要求，就市而居。于是一个核心大市场形成了。除此之外，管仲还按距离原则设立小市场，构成了遍布齐国的商业网点。

接下来，管仲做了一件开创先河的大事情！

在公元前 679 年，齐桓公当上盟主。从那时候开始，齐桓公召集了多次会盟。后人称为"九合诸侯"。但是，这么多次会盟都干了什么呢？

在《管子》当中有一篇名为"幼官"，讲到了齐桓公以盟主身份在九次会盟所发布的号令。这里介绍一下前三次。

第一次盟会，齐桓公号令：以后没有玄帝的命令，谁也不许兴兵打仗。树立周王威信，倡导华夏和平，这主意无疑是管仲出的。

第二次盟会，齐桓公号令：各国诸侯要对老弱病残等弱势群体给予抚恤。管仲爱民，一上任就在齐国推行"九惠之教"，盟会上的主意当然也是管仲出的。

第三次会盟，齐桓公号令：从现在开始，各盟国要把农业税、市场税、关税等等，按照统一标准同步下调，并要求各国诸侯节省开支。这个主意自然还是懂经济懂市场的管仲出的。而这次的号令当中，有一项最有创意，最有远见，毫不夸张地说是开创了历史先河。什么呢？就是：

关赋百取一。   ——《管子·幼官》

也就是说，各盟国之间统一关税为百分之一。

那么，这样短短的一句话，五个字意味着什么呢？它意味着春秋时期，在华夏大地上，曾经出现过一个盟国之间的关贸协定。虽然税率是一刀切的，但它所反映出的商业思想，却从春秋穿越到了今天。国际社会建立关贸总协定的时间是在 1947 年。看到这个时间跨度，就知道管仲有多超前了。

并且，事情到这里并没有完。经过一段时间运转之后，管仲拿出最为彻底的决心和姿态，单边将关税下调为零。关税为零是什么概念？就是最早的"自由贸易区"！于是各国商人受到吸引，逐渐汇集到齐国进行商品交易。

所以，在管仲的运作之下，齐国变成了一个大市场。

但是各国商人蜂拥而至，齐国的服务能跟得上吗？

别着急！现代人能想到的，管仲当时都能想到。于是他找来了三个人。

第一位是负责交通的大臣，对他说：你负责每三十里建一个驿站。对政要和商人要车接车送，提供食宿，并派人帮他们养马。那人听完行个礼，执行去了。

第二位是负责基建的大臣，对他说：你负责建设一家客舍，专门接待外来客商。这个客舍，相当于最早的"外贸宾馆""友谊饭店"。那人听完行个礼，执行去了。

第三位是负责商业的大臣，对他说：你来负责外商的服务。凡是运一车货来齐国的商家，免费吃饭；运三车货来的，不但免费吃饭，马也免费喂养；运五车货来的呢？除了吃饭养马以外，还要配备五个人帮着服务。那人听完行个礼，没问题！也执行去了。

所以，齐国当时对待外商，姿态是欢迎的，服务是走心的。

但是管仲的做法也可能引起新的担忧，就是各国商品卖到齐国，会不会给齐国本土工商业造成冲击呢？这种担忧可以理解，不过放在春秋时期，结论是不会。为什么？

第一，古代的交通和通信远远不如今天发达。他国商人到齐国把货卖掉以后，当然不会空车回去。那样相当于出两趟路费只做一单生意，太不划算了。所以商人们一定会满载而归，这样齐国就能赚钱了。

第二，齐国除了盐之外，还有很多商品也会让人心动。比如丝绸、兵器、车辆、陶器、皮草等等，都非常精良。齐国当时科技发达，各国商人带来的商品往往是资源性的，而带出去的呢，用今天的话说相当部分是高附加值的科技型商品。

第三，商人到了齐国，要住店、吃饭、坐车、游山玩水、还要买礼品看望亲戚朋友，这些生意同样也能赚钱。

这几笔账一算，齐国当然不会吃亏了。

现在看来，管仲算是把一捧盐玩活了。但是仅仅到这里，仍然没有完整把握把管仲的思路，而完整的思路还差着一环。

四、造福于民才是初心

食盐是生活的必需品，自然就像现代的石油一样备受关注。在世界历史上，很多国家都曾在食盐上下过功夫，而管仲的"官山海"，是全球的首创。

"官山海"是一套经典策略，影响中国两千多年。封建王朝的盐政收入有时会占国家财政收入的一半还多。管仲的盐政虽然得到了后人的效仿，但是仔细研究，就会发现他们往往只学了个样子而已，并没有学到"官山海"的精髓。为什么这么说呢？这里就以汉桑弘羊为例进行说明。

西汉中期，汉朝与匈奴的矛盾日益激化，因此汉武帝决心进行征讨。但是跟齐桓公一样，征讨是需要花钱的，于是在理财家桑弘羊的力主下推行了"盐铁专营"等一揽子措施。这些措施的总体效果是汉武帝有了雄厚的财力后盾，取得了重大胜利。同时也并没有增加普通百姓的其他税赋。

按理说桑弘羊的业绩应该得到称颂。但是在汉武帝去世之后，朝廷却组织了一次盐铁会议，由来自全国的 60 位贤良文学，也就是当时的名人和学者对桑弘羊一人展开了长达四个多月的尖锐批评。不客气地说，就是开了一次比马拉松还长的批斗会。

当然，桑弘羊传说是个神童，十三岁就到朝廷当官了，所以脑子很快，舌战群雄。因此这次盐铁会议实际上谁也没有批倒谁，没有明确的结论。但是，站在今天回望历史，就会发现桑弘羊并没有学到管仲"官山海"的本质，所以他遭到那么强烈的质疑，的确是有原因的。那么，他到底哪里学得不像呢？

简单地说主要有三个方面。

第一个方面：

管仲时期，齐国把盐卖到中原，相当于做外贸。而到了桑弘羊，中国统一了，原来食盐外贸全部变成了内贸。并且西域并不缺盐，就算打通了丝绸之路，也不可能发展食盐外贸，所以盐就演变成了单纯的收税工具。

第二个方面：

管仲推行盐铁专卖，用治理体系作为保证。管仲提倡以百姓为天。在官风、民风、人才培养、制度规范、监督检查等等方面下功夫，确保新盐政得到正确执行。而在这些方面，桑弘羊由于权力和能力所限，当然就做不到管仲的水平了。

第三个方面：

这个方面就太重要了！就是能否把通过盐政在百姓身上赚到的钱，再用到百姓身上呢？看起来这是在追求理论上的圆满，逻辑上的自洽。而实际操作当中，管仲的确做到了。所以他的设计最终环节变成造福于民。

那么，管仲到底是怎样造福于民的呢？

造福于民当然不是简单地按人头退款。最优的做法是国家统筹安排和调剂，既要讲普惠，又要讲针对。为此管仲除了前面讲到的减免税赋之外，至少还做了三件事。

第一件：在《管子》当中有一项记载，就是管仲提出要跟参加挖矿炼铁的老百姓分利。盈利部分，三七开，国家占三，老百姓占七。虽然史料上只提到铁政采取分利方式，但以此推测，同为国家专营的盐，也应该采取了同样的办法。

第二件：建立社会福利保障体系。管仲推行的"九惠之教"，老老慈幼、恤孤养疾等等，当然也是由国家开支。

第三件：就是投资水利、交通等等基础建设。这种大工程，显然普通百姓一家一户的力量无法支撑，只有靠国家投资。国家投资，百姓受益！

这几件事重叠在一起，管仲当然更受老百姓欢迎了。

所以，管仲的"官山海"是一座历史高峰，能够达到或超越的人太少了。

到这里，一定会有人发现管仲的商业思维令人惊奇！一环扣一环，有来又有往，百姓、国家、天下多赢。这样的商业模式，即便是商贸发达的今天也不容易看懂，更别说在2700年前的初始状态下把它想完整了。

那么，管仲为什么能够出设计这样一套严丝合缝的商贸模式呢？

这个问题可以从表层和深层两个层面进行理解。

先来说说表层原因。

首先，管仲年轻的时候做过生意。所以他懂市场，懂商业，懂经济。所以这活儿他可以干。

然后，多年底层生活，吃过太多的亏。管仲吃亏，当然长心。由此他养成了把事想完整的习惯。所以他的思考环环相扣，逻辑完整自洽。所以这活儿他很会干。

再有，经历了穷困潦倒的生活，他非常同情民众的疾苦，也懂得百姓的好恶。因此他把造福于民作为目的，又采用隐形征收公开惠民方式。因为这样，他的活儿才能干得好！

再说说深层原因。深层原因，就是他的哲学思考。

管仲曾说过：

知予之为取者，政之宝也。 ——《管子·牧民》

懂得给予是为了获取，先给予后获取，这是执政的法宝。予是手段，取是目的。管仲上任之后，立即推出了一系列惠民措施，都是这一思想的体现。

但是从逻辑完整角度看，从予到取，实际上只说通了一半。而另一半，取了之后怎么办呢？是把财富藏起来，还是挥霍掉呢？这一半的也需要给个说法。

于是管仲又说：

以天下之财，利天下之人。 ——《管子·霸言》

于是逻辑反转，变成了由取到予。取体现的是能力，予则体现的是情怀。深度了解管仲之后会发现，管仲所做的一切，都有一个终极指向，就是造福于民，建设一个和平幸福的华夏。这是他的不老情怀。

到这里可以总结一下，从予到取再从取到予，是一个逻辑循环。当这种循环多次重复，就像鸡生蛋蛋生鸡一样无始无终，进入且予且取、且取且予的圆融状态。而在圆融状态下酝酿出的商业模式，当然也会是通达的。

【原文选摘】

《管子·海王》（节选）

桓公问于管子曰："吾欲藉于台雉❶，何如？"管子对曰："此毁成也❷。""吾欲藉于树木？"管子对曰："此伐生也。""吾欲藉于六畜❸？"管子对曰："此杀生也。""吾欲藉于人❹，何如？"管子对曰："此隐情也❺。"桓公曰："然则吾何以为国？"管子对曰："唯官山海为可耳❻。"

【注释】

❶ 藉：藉谓税，这里指征税。台雉：泛指房屋。

❷ 毁成：毁坏已建成的房屋。

❸ 六畜：指牛、马、羊、豕、鸡、犬。

❹ 藉于人：征收人头税。

❺ 隐情：收闭情欲，不育儿女。

❻ 官山海：由国家设计里专门机构，管理山和海的出产。

桓公曰："何谓官山海？"管子对曰："海王之国，谨正盐策❶。"桓公曰："何谓正盐策？"管子对曰："十口之家，十人食盐；百口之家，百人食盐。终月，大男食盐五升少半，大女食盐三升少半，吾子食盐二升少半❷，此其大历也❸。盐百升而釜❹。令盐之重❺，升加分强❻，釜五十也；升加一强，釜百也；升加二强，釜二百也；钟二千，十钟二万，百钟二十万，千钟二百万。万乘之国，人数开口千万也，禺策之❼，商日二百万❽，十日二千万，一月六千万。万乘之国，正九百万也。月人三十钱之藉，为钱三千万。今吾非藉之诸君吾子，而有二国之藉者六千万。使君施令曰'吾将藉于诸君吾子'，则必嚣号❾，今夫给之盐策，则百倍归于上，人无以避此者，数也❿。"

【注释】

❶ 正盐策：征收盐税之策。指由国家经营盐的生产，将盐税加入盐价，实行专卖。

❷ 大男：成年男子。大女：成年女子。吾子：儿童。少半：少于一半。五升少半相当于五升多一些，但不到五升半。

❸ 大历：大略，大致数字。

❹ 百升而釜：古代的量器，一釜为百升。

❺ 重：加价。

❻ 升加分强：谓每升加价半钱。

❼ 禺策：尝试着计算。

❽ 商：后世学者分析当为"商"。商，古代适字。

❾ 嚣号：喧嚣号叫，指强烈不满。

❿ 数：术，方法。

"今铁官之数曰：一女必有一针、一刀，若其事立❶；耕者必有一耒、一耜、一铫❷，若其事立；行服连、辂、辇者❸，必有一斤、一锯、一锥、一凿，若其事立。不尔而成事者，天下无有。令针之重加一也，三十针一人之藉❹；刀之重加六，五六三十，五刀一人之藉也；耜铁之重加七❺，三耜铁一人之藉也。其余轻重皆准此而行❻。然则举臂胜事❼，无不服藉者。"

【注释】

❶ 若：然后。

❷ 耒：犁。耜：铧。铫：即大锄。三者都是古代翻土农具。

❸ 连：指用人推挽的车。辂：指轻便的小马车。辇：指运货的大马车。三者都是古代的运输工具。行服：从事，制作。

❹ 言每一针加价一钱而征之，则三十针而得三十钱，相当于一人一月应缴的税赋。

❺ 加七：后世学者分析当为加十。

❻ 轻重：加价多少。

❼ 胜事：胜任工作。

桓公曰："然则国无山海不王乎？"管子曰："因人之山海假之❶。名有海之国雠盐于吾国❷，釜十五，吾受而官出之以百。我未与其本事也❸，受人之事❹，以重相推❺。此人用之数也❻。"

【注释】

❶ 假：借助，利用。

❷ 雠：同"售"。

❸ 本事：指盐的生产。

❹ 受人之事：指买进别国之盐。

❺ 以重相推：用加价对外推销。

❻ 人用：用人。

《管子·幼官》（节选）

　　一会诸侯，令曰：非玄帝之命❶，毋有一日之师役❶。再会诸侯令曰：养孤老，食常疾，收孤寡❷。三会诸侯令曰：田租百取五，市赋百取二，关赋百取一，毋乏耕织之器。四会诸侯令曰：修道路，偕度量，一称数❸。薮泽以时禁发之。五会诸侯令曰：修春秋冬夏之常祭，食天壤山川之故祀❹，必以时。六会诸侯令曰：以尔壤生物共玄官❺，请四辅❻，将以礼上帝。七会诸侯令曰：官处四体而无礼者❼，流之焉莠命❽。八会诸侯令曰：立四义而毋议者，尚之于玄官❾，听于三公。九会诸侯令曰：以尔封内之财物，国之所有为币❿。

【注释】

❶ 玄帝：北方之帝。

❷ 孤寡：后世学者分析当为鳏寡。

❸ 一：统一。

❹ 食：修。

❺ 玄官：玄宫。

❻ 四辅：四位辅臣。

❼ 四体：指视言貌听之官，所谓"非礼勿视，非礼勿听，非礼勿言，非礼勿动"。

❽ 莠命：秽乱教命。

❾ 尚：赏。

❿ 币：古时称进贡的礼物。

《管子·轻重乙》

　　桓公曰："皮、干、筋、角、竹箭、羽毛、齿、革不足，为此有道乎？"
管子曰："惟曲衡之数为可耳❶。"桓公曰，"行事奈何？"管子对曰："请
以令为诸侯之商贾立客舍，一乘者有食，三乘者有刍菽❷，五乘者有伍养❸。
天下之商贾归齐若流水。"

【注释】

❶　曲衡之数：予取之策。

❷　刍菽：喂牲口的饲料。

❸　养：指供役使之人。

第十篇

大国金融的轻重之术

齐国经济快速发展，金融问题自然会不断出现。

有这么一天，齐桓公找到管仲，忧心忡忡地说了一段话。他说：我要办的事情这么多，所以得向百姓征税。而有些人家为了能够交得起税，就借了高利贷投入生产。这个状态我很担忧，有没有办法改变呢？

发展经济没钱不行，金融是经济的血液。尤其是齐国，人口多、经济体量大，一旦金融出了问题，不但会牵扯到国内民众，还会波及其他诸侯国。那样的话，齐桓公也好，管仲也好，谁也别想消停。所以，管仲必须认真对待。

一、齐国出现了高利贷

无论古代还是现代，一个人一旦借了高利贷，就仿佛是背上了一座大山，很难翻身。所以去借高利贷的人，多数都是山穷水尽、拼死一搏的人，能够按期还钱的可能性不大，于是追债者往往采用非常手段。这就是高利贷经常引发恶性事件的原因。虽然史料上没有记载齐国当时发生了什么状况，但可以推测，应该是出现了一些债务纠纷，甚至已经发生过恶性事件。

这件事儿，按史料分析应该发生在齐桓公穷兵黩武的那几年。当时管仲的想法，齐桓公是听不进去的。但是在提高税赋，造成了高利贷泛滥之后，齐桓公自己搞不定，又只能把球踢给了管仲。

那么管仲该怎么办呢？当然得先理一下思路。

首先，这些人为什么穷到去借高利贷呢？管仲思考的结论是这样的：

第一，岁有四时。也就是一年之内有春夏秋冬。春天粮食贵，秋天粮食便宜。普通农民没有粮食储备能力，所以几乎都是在春天买粮，秋天卖粮。这样一折腾，钱变少了，就好比口袋漏了。

第二，年有丰歉。总有收成不好的年景。而歉收年粮食贵，丰收年粮食便宜。普通农民又几乎只能在歉收年买，丰收年卖。这样一折腾，钱又少了，就好比口袋瘪了。

第三，令有急缓。齐桓公一声令下，老百姓就得交钱。如果政令下得急，普通百姓手里没有现金，就得变卖财产。所以令急的时候物价便宜，令缓的时候物价贵。而普通百姓还是几乎只能在令急的时候卖，事情过去了再买。这样一折腾，钱就没了，口袋就空了。

以上三点，足以使很多人变穷。

那么，这些穷人的钱去了哪里呢？管仲分析：

第一，富商巨贾。这些人手上有钱，所以可以在物价便宜的时候收购，而等到物价暴涨的时候进行倾销。一进一出，自然赚了个盆满钵满。

第二，金融大户。他们要比富商巨贾更厉害，可以说连买进卖出等等啰唆事都懒得干了。直接给富商巨贾贷款，或者向贫苦百姓放高利贷，这个办法赚钱显然更快更轻松。

于是，穷人更穷，富人更富，两极分化形成，高利贷自然出现。

那么，两极分化有什么坏处呢？管仲说：

甚富不可使，甚贫不知耻。

——《管子·侈靡》

人太富了，就可能跟国家对抗，社会不安定；太穷了，会不顾道德，杀人越货什么都敢干，社会还是不安定。

问题想清楚以后，就需要管仲思考相应对策了。

首先，按照常规思路，需要先摸摸底。于是他请齐桓公派四位大臣，分别到齐国的东西南北四个方向了解情况。大致情况如下：

其中宁戚被派到齐国东部做调研。调研的内容包括自然环境，生活方式，借贷规模和利息。东部的情况是借债的贫民有八、九百家，年利息为百分之五十。这个利息够离谱了吧？但是还有更离谱的。

鲍叔牙到齐国西部调研。鲍叔牙的墓，就在今天的济南，他跟那片土地有渊源。他回来报告的结果是：那里借了高利贷的贫民将近千家，年利息为百分之百。这么高的利息，不到山穷水尽，谁会去借？

其他两位大臣当然也带回了相似的信息。综合起来，借了高利贷的贫民将近4000家，这个数字接近于当时半个县的规模，将近占了农村人口的百分之一，可见涉及面之广。并且一家人要借高利贷之前，往往是把亲戚朋友借过一圈，实在借不着了，才咬着牙去借高利贷。一旦这家人出了事，很容易产生连锁反应，把两边的父母、兄弟姐妹、七大姑八大姨都坑了。显然，这种局面控制不好，齐国就会发生巨大的金融危机。

听完四位大臣的报告，管仲说：

您想不到吧？您的百姓同属一国，却相当于承担了五个国君的征敛啊。如此还想国家富裕，还想壮大军队，怎么可能呢？至于为什么相当于承担五位国君的征敛，管仲是有他的计算方法的。很显然齐桓公想通过加重百姓负担来发展军事，结果却让高利贷钻了空子。百姓穷了，国家也没富，钱都被金融大户赚走，这样搞下去恐怕连这个国家都要废了。

事情进行到这里的时候，齐桓公是真慌了，问了多次：有没有办法？具体怎么做？能解决吗？

管仲是齐国的宰相，遇见问题当然不能看齐桓公的笑话，他必须顾全大局。

并且高利贷伤害的是齐国百姓，而爱民是管仲一生未变的情怀。

那么，管仲会采取什么办法呢？

二、一箭三雕的好办法

这个时候管仲说：

唯反之以号令为可耳。　　　　　　　　　　　——《管子·轻重丁》

意思说，只有通过号召或指令来解决问题。

管仲是一个善于系统思考的人，所以面对如此重大的问题，他不会简单粗暴地进行处理。这样的问题要从两个思路进行解决：一个思路是解决特例问题，就是这一次的高利贷危机怎么化解；另一个思路是解决通例问题，就是如何避免以后再发生这样的事情。

现在先看如何解决特例问题，也就是如何化解这一次金融危机。

接下来，管仲对外发出一条号召，用今天的话说，发了一条朋友圈。什么内容呢？就是以后到齐桓公面前朝拜的人，无论是其他诸侯国的客人，还是齐国的贵族名士，如果想带着礼物来拜见，那就不用带别的了，统一都带齐桓公最喜欢的织锦——镽枝兰鼓。相当于"今年齐桓公不收礼，收礼只收镽枝兰鼓"。

齐国的丝绸业从姜子牙时代开始就非常发达，所出产的织锦也特别名贵，常言说寸锦寸金。那么什么是镽枝兰鼓呢？就是织锦上的花纹。鼓镽为乐器，枝兰为兵器。古代打仗往往吹吹打打，鼓角相闻，看来这是个战争题材，跟齐桓公好战的性格倒是很搭。

国君的喜好当然会影响到民众消费，再加上国内外朝贺者的采购，市场需求量就明显增加了。于是镽枝兰鼓的价格涨到了十倍之高。本来齐桓公仓库里有一定的储藏，再加上不断有人送礼，数量与日俱增，一小段时间过后盘点一下库存，就已经价值连城了，于是管仲的心里有底了。这时候他请齐桓公把放高利贷的大户都召集到一起，请他们吃饭喝酒。

接下来的一连串行动，按照管仲的安排顺利进行。这次聚会的重头戏是吃饭，酒过三巡、菜过五味，齐桓公提衣站起，环视一周，然后说：我因为有很多事情要做，只好派官员到各地去收税。我听说了，你们都曾经把钱粮借贷给贫困户，让他们能够运转，能够按照要求完成纳税。想到这些，我的心里真是非常感激啊。但是，现在出了一些问题，就是有些贫困户还不起债了，因此日子变得越来越苦，社会也不安定。怎么办呢？想来想去，我想起一个办法。我家库房里收藏了很多镂枝兰鼓，每匹价值上万，所以我想用它替借债人还本付息，为他们免除债务负担。请大家支持哈！

说到这里的时候，那些放贷大户连忙俯首下拜说：这可使不得，使不得啊。国君如此关怀百姓疾苦，我等怎能无动于衷？不用您破费，镂枝兰鼓您自己留着，我等把债券拿出来交给国君您处置就是。无条件放弃债权！放贷人的这种态度说明什么？当然说明他们对齐桓公的支持，但是背后也隐含着一种信息，那就是这些放贷大户手上的财富太多了，就算是把所有的借条全部撕掉，也不会对经济实力造成多大影响。

但是，齐桓公这个时候能不能接受放贷大户们的提议呢？当然不能。管仲是个头脑极度清醒的人，他绝不会给齐桓公出馊主意。如果这次齐桓公贪小便宜，对高利贷者没有做补偿，就相当于欠了他们一个巨大的人情。巨大的人情就很可能带来巨大困扰。比如说国家要想制定某种政策，当需要触碰这些人的利益的时候，就会变得顾虑重重；再比如这些人当中有人触犯了法律，也会因为这份人情而难以公平处置。

所以齐桓公说：哎呀，这可不行。诸位的心意我领了。但是，由于你们的付出，保证了平民百姓春天能够耕种，夏天能够除草，贡献已经很大了，我是真心感谢你们，应该奖励你们才是。但我现在确实也没有其他能力，就这点美锦聊表心意。你们不收，我内心何安啊？所以请各位一定不要推辞了。

齐桓公这段话说得非常诚恳，而放贷大户本来就是贪财的。所以他们说：您都这么说了，那我们就只能再拜接受了。

这件事管仲做得漂亮吧？至少是一箭三雕！

首先，这件事上，齐桓公并没有花多少钱。那么多镂枝兰鼓实际上大部分是收礼收进来的；

第二，也没欠这些金融大户的人情。一个政府最怕的是受制于财团，那样的话，政府的天平必然向这些财团倾斜，也就不可能真正主持公道了；

第三，更为关键的是让齐国老百姓感受到了国君的爱护。当他们知道国君是用自己心爱的宝贝帮助偿还了债务，心里满满的都是感动啊。正如《管子》当中描述的那样：四方百姓听到之后，父亲对儿子说，兄长对弟弟说，国君这样体恤我们，而耕田除草这些国君最关心的事情，咱们还能不放在心上吗？因此，农业生产发展了。

但是，经济问题是复杂的。如果不留神，就会在填上一个旧坑的同时，又给自己挖了一个新坑。就比如，经过这件事，镂枝兰鼓必然会名满天下，用今天的说法就是成了国际大牌。齐国自身以及其他诸侯国的消费热情被带动起来，市场需求得到放大，价格就会居高不下，纺织户织锦的利润丰厚，革新技术扩大产能的需求就会旺盛，于是对资金的渴望就会集中爆发。如果国家没有应对措施，高利贷就可能卷土重来。所以，管仲在解决特例的同时，还必须考虑解决通例问题，就是建设一个良好的金融体系，从机制上避免高利贷再次抬头，避免掉到更多更大的坑里。

那么，管仲是如何解决通例问题的呢？

三、金融体系才是保障

这一年春天，乡官被派去走访民户，进了家门就问了：你家口粮还有吗？种子买了吗？耕地和纺织用的工具都备齐了吗？

春天虽然是个好季节，但除了富户，大部分人家都即将面临青黄不接的问题。严重的不但没有种子和工具，甚至连口粮都快吃光了。正不知道向谁张口借钱借粮呢。

等把情况了解清楚了，乡官就说话了。咱们国君和宰相，今年颁布了一项新政策，可以为贫困户提供低息贷款，用于购买粮食、种子，还有用来耕地和纺织的工具。这样就免得大伙去借高利贷了。等你们打出了粮食，织出了布，就可以用粮食或者布匹来偿还贷款和上交税赋了。这个办法怎么样？民户们当然是欢欣鼓舞了。

用今天的眼光看，管仲相当于用国家名义设立了一项"耕织基金"。国家提供低息贷款，高利贷也就没有存在的空间了。

这个办法好吗？确实很好。但是真的实行就需要一项重要的保障，什么呢？

铸币权。

春秋时期的齐国，货币的种类有很多。史料上我们看到有贝壳、珠玉、黄金、兽皮等。此外还有一种非常著名的货币，刀币。并且刀币也有多种。这么多种类的货币在民间流通，而类似于贝壳、兽皮这样的东西作为货币，来源很难控制。比如渔民多下一次海，猎户多打几次猎，社会上的货币就变多了。这样的状况，必然造成国家经济统筹上的困难。

所以管仲主张——

> 人君铸钱立币。　　　　　　　　　　　　　　　　——《管子·国蓄》

就是把铸币权收回到国家手里。显然，如果铸币权不在国家手上，相当于民间可以自由印钞票，很容易造成通货膨胀。这一点现代人很容易理解，但古代真的走到这一步，还是需要一个漫长的过程。在管仲身后 400 多年的西汉，建立之初搞的是民间铸币，直到汉武帝时才因桑弘羊力主收回了铸币权。

那么，齐国会铸造什么样的货币呢？管仲说：

> 黄金刀币，民之通施也。　　　　　　　　　　　　——《管子·国蓄》

黄金和刀币，是老百姓之间用来交易流通的工具。这是管仲给货币下的定义，也是中国最早的货币定义。其中，刀币是齐国广为流通的货币。

目前考古发现的齐国刀币有不同类型。有专家（中国人民大学原校长，中国人民银行副行长陈雨露）认为，管仲时期所造的是六字刀币。上面的六个字是"齐造邦长法化"。也有人把"造邦"二字认定为"建邦"或者"返邦"。

　　齐国的刀币一般长在18—19厘米之间，宽在3厘米左右。六枚刀币首位相接，可以构成一个圆。而这样的刀币，如果真开了刃，的确可以作为刀子使用。所以最初它应该就是刀子，但在以物易物过程中，人们发现了它作为货币的适用性。铸造刀币，第一得有铜矿资源；第二得有冶炼技术；第三得懂铸造工艺。这三条，普通百姓肯定不具备，所以货币的来源和数量就能得到控制。国家金融就不容易受到冲击。

　　但是国家有了铸币权之后，又如何进行管理呢？

　　司马迁在《史记·货殖列传》当中讲到管仲设立轻重九府，实际上就是设立了九种管理金融的机构，大府、王府、内府、外府、泉府、天府、职内、职金、职币。现代人比较熟悉的，比如基金、债券、银行、贷款、汇率、造币厂等，当时都曾经涉及。由此可见管仲金融体系的强大。

　　接下来货币发行和管理。

　　第一，国家要发行多少货币呢？现代人说到货币总量，往往联想到金本位银本位等等，而从《管子》一书看，管仲曾经采用过土地本位。他说：

故币乘马者，布币于国，币为一国陆地之数。

——《管子·山至数》

　　意思是说，对货币发行的筹划，要与国家土地总量相适应。虽然土地本位未必那么科学，但也是古人的一种思考，并且也有实用价值。

　　第二，按照目前的考古发现，齐国刀币既没有随葬现象，也没有流到其他诸侯国。如何解释这种现象呢？也许将来会发现，这个说不准。但站在今天没有发现这个时间点上理解，应该是轻重九府金融管理的原因。随葬也好，带出齐国也好，等于私自减少了齐国货币的总量，会带来物价波动，经济运行就会受影响。就像今天私人销毁货币违法一样。

　　这些朴素的金融思想和体系设计，出现在2700年前，那个时代能想这么多，做这么好，管仲已经足够伟大、足够精彩了。但是，金融体系还只是一个坚硬的框架，相当于硬件。仅仅靠这个体系，还不能调剂社会财富，推动经济发展，扩大对外贸易。于是，管仲又以这个体系为基础，提出了一套驱动策略，相当于安装了软件。

在司马迁的《管晏列传》当中，太史公写到管仲：

贵轻重，慎权衡。   ——《史记·管晏列传》

这里的轻重，就是管仲金融策略的核心。那么，到底轻重是怎么回事呢？

四、传说中的轻重之术

什么是轻重？

在《管子》一书当中，轻重更主要的是一个经济学词汇，可以理解为货币价格策略。

有一回，齐桓公问管仲：历史上都是怎样筹划经济的呢？

管仲回答说：自从燧人氏以来，都是用轻重之术治理天下的。什么是轻重之术呢？管仲谈到了共工、黄帝、尧舜等。比如尧舜：当时他们想保障百姓安全，需要大规模猎杀驱赶野兽，于是提出一个要求，各邦子弟到中央朝廷做官，都必须穿两张虎皮做的皮裘。上大夫的皮裘要用豹皮做袖子，中大夫的皮裘要用豹皮做衣襟。于是贵族大夫们开始卖粮卖东西去买虎皮豹皮，山林里的百姓捕杀猛兽就特别卖力。原文中的说法很有趣，说老百姓面对猛兽就仿佛面对父母的仇人一样。这样一来，帝王虽然只是冠冕堂皇地坐在朝廷，但是外面的事情都搞定了。大夫们散财了，百姓得利了，猛兽也不见了。也相当于一箭三雕。

这个故事与前面高利贷的故事，具有很大的相似性。都是找到了一个东西，一个是皮裘，一个是织锦，赋予它价值，吸引社会力量关注并跟进，顺势解决其他问题。管仲的轻重之术，就是在学习先人经验之后提炼出来的。运用轻重原理的故事，在《管子》轻重篇当中记载还有很多。

以上所说的都是管仲在国内金融领域做过的事情。但是齐国是个贸易大国，所以不可回避地会遇到一个问题，就是诸侯国之间的物价差别问题，基本上相当于今天的汇率问题。而管仲对于这个问题，也有通透的思考。

管仲说：

乘马之准，与天下齐准。彼物轻则见泄，重则见射。

——《管子·乘马数》

对于物价需要进行筹算，应该跟各诸侯国的标准保持一致。价格偏低商品就会大量流出，浪费资源和劳动力；价格偏高则别国的东西就会大量流入，自己的厂矿就得倒闭。所以保持稳定的汇率，盟国之间才好做生意。齐国的外贸做得好，同样少不了这一点。

当然任何事情都有两面性。管仲明白，金融一方面可以促进贸易，另一方面也可以用来调节诸侯国关系，甚至作为战争工具。

在《管子》当中记载了这样一个故事，可以作为一项参考。

有一天齐桓公提出一个要求，希望能够教训一下莱国。

为什么齐桓公会突然提出这样一个问题呢？莱国位置在齐国东方，和它临近的夷国一起被合称为莱夷，跟齐国长期敌对。

那么，管仲会出什么样的主意呢？他说：莱国的山上盛产薪材。薪材，就是那个时代的重要燃料。所以您就征一些新兵，让他们在靠近莱国边境的山上采铜铸币，这样就需要大量购买薪材，您就能顺理成章地提高薪材价格。

其实，管仲做法相当于改变了汇率。改变汇率必然带来连锁反应。

果不其然，莱国国君听说之后，对左右近臣说：钱，谁都喜欢。薪材是我国的特产，先用特产耗尽齐国的钱，然后就可以吞并齐国了。于是，莱国随即放弃农业而专事打柴。

两年之后，管仲请齐桓公把士兵撤回来种地，并停止向莱国购买薪材。结果是莱国的粮价涨到了齐国的三十七倍之高，于是莱国百分之七十的百姓投降了齐国。两年之后，莱国的国君也都请降了。

前面曾经提到，管仲为满足外贸需求从莱国采购食盐，转手卖到中原各诸侯国，应该发生在这件事之后。

类似的故事还有很多。如果说货币战争，管仲才是世界鼻祖。

其实，管仲的轻重思想蕴含着一种智慧，可以说它是通于阴阳，又细于阴阳。

首先，轻重到底是什么关系？中国人最熟悉的一个古老哲学概念就是阴阳，比如天地、男女、利害、生死等，都可以概括为阴阳。所以，也会有人把轻重归类为阴阳，比如重为阳，轻为阴。管仲对金融手段的运用，也有这样两个方向，既可以用来促进贸易，又可以用来制裁对手。所以管仲的轻重是通于阴阳的。

但是，经济是一个复杂问题，比如农和商。中国历史上一直强调农业，但是政策上往往只是重农轻商，最多到重农抑商，而不是提倡奖农罚商，保农杀商。所以，管仲选择了"轻重"一词，就进入了更为细腻的层面。

举个例子。假如有两个人从一个原点出发，一位向东走，一位向西走，方向不同，是阴阳。但是，如果两人都向东走，一个走五十里，一个走一百里，这是程度不同，是轻重。

经济波动是难免的，波动的幅度与民众生活的关系，是必须考量的指标。阴阳转换，是质变，难免巨浪滔天；而轻重挪移，是量变，则会流水不腐。因此，在一个政治稳定、国防安全的社会里，"轻重"的提法会更为贴切。

在《管子》一书当中，涉及大量的经济理论，管仲本人在世的时间要比亚当·斯密的《国富论》早 2400 年。两者讨论了很多共同问题，并且水平上看，《管子》在很多问题上的见解也非常深刻和独到。《管子》一书，或为管仲直接论述，或为历史记载，或为后人研究补写。但现代学者普遍认为，无论构成如何，其所反映的都是管仲的思想和作为。亚当·斯密被誉为古典经济学之父。那么，管仲应该被称为什么呢？

中国古代有这样一位伟大祖先，令人骄傲；

管仲在历史上遭遇了长期漠视，令人遗憾。

【原文选摘】

《管子·轻重丁》（节选）

桓公曰："寡人多务，令衡籍吾国之富商蓄贾、称贷家❶，以利吾贫萌农夫❷，不失其本事。反此有道乎❸？"管子对曰："唯反之以号令为可耳。"桓公说："行事奈何？"管子对曰："请使宾胥无驰而南，隰朋驰而北，宁戚驰而东，鲍叔驰而西。四子之行定，夷吾请号令谓四子曰：'子皆为我君视四方称贷之间❹，其受息之氓几何千家❺，以报吾。'"鲍叔驰而西，反报曰："西方之氓者，带济负河❻，菹泽之萌也。渔猎取薪蒸而为食。其称贷之家多者千钟，少者六七百钟。其出之，钟也一钟❼。其受息之萌九百余家。"宾胥无驰而南。反报曰："南方之萌者，山居谷处，登降之萌也❽。上斫轮轴，下采杼栗❾，田猎而为食。其称贷之家多者千万，少者六七百万。其出之，中伯伍也❿。其受息之萌八百余家。"宁戚驰而东，反报曰："东方之萌，带山负海，若处，上断福⓫，渔猎之萌也。治葛缕而为食⓬。其称贷之家丁惠、高国⓭，多者五千钟，少者三十钟⓮。其出之，中钟五釜也。其受息之萌八九百家。"隰朋驰而北。反报曰："北方之萌者，衍处负海⓯，煮沸为盐，梁济取鱼之萌也⓰。薪食。其称贷之家多者千万，少者六七百万。其出之，中伯二十也。受息之氓九百余家。"凡称贷之家出泉参千万，出粟参数千万钟，受子息民参万家⓱。四子已报，管子曰："不弃我君之有萌中一国而五君之正也⓲，然欲国之无贫，兵之无弱，安可得哉？"桓公曰："为此有道乎？"管子曰："惟反之以号令为可。请以令贺献者皆以镂枝兰鼓⓳，则必坐长什倍其本矣，君之栈台之职亦坐长什倍⓴。请以令召称贷之家，君因酳之酒，太宰行觞。桓公举衣而问曰㉑：'寡人多务，令衡籍吾国。闻子之假贷吾贫萌，使有以终其上令㉒。寡人有镂枝兰鼓，其贾中纯万泉也㉓。愿以为吾贫萌决其子息之数，使无券契之责。'称贷之家皆齐首而稽颡曰㉔：'君之忧萌至于此！请再拜以献堂下。'桓公曰：'不可。子使吾萌春有以倳耜，夏有以决芸。寡人之德子无所宠㉕，若此而不受，寡人不得于心。’故称贷之家曰皆㉖：‘再拜受。’所出栈台之职未能参千纯也，而决四方子息之数，使无券契之责。四方之萌闻之，父教其子，兄教其弟曰：‘夫垦田发务㉗，上之所急，可以无庶乎㉘? 君之忧我至于此！’此之谓反准㉙。”

【注释】

❶ 称贷家：以放高利贷为业者。

❷ 萌：同"氓"，民。

❸ 反此：改变。

❹ 视：视察，调查。间者，所处之地的情况。

❺ 受息之氓：指借债者。

❻ 带济负河：依托济水、背靠黄河。

❼ 钟也一钟：贷一钟，息也为一钟。

❽ 登降之萌：山谷里生活的人。

❾ 上斫轮轴：山砍伐树木用来制造车轮及车轴。杼栗：小栗。

❿ 中伯伍：贷一百而利息五十。

⓫ 若处：后世学者分析当为苦处，就是土地碱卤，不生五谷。

⓬ 葛缕：以葛藤纤维为线，所织衣履，贫民所服。

⓭ 丁惠、高国：皆指功臣世家。

⓮ 十：后世学者分析当为千。

⓯ 衍：泽。衍处：卑湿之地。

⓰ 梁济取鱼：筑梁捕鱼。

⓱ 参：叁。参万家：后世学者分析当为叁千家。

⓲ 弃：后世学者分析当为意。不弃：想不到。

⓳ 鎌枝兰鼓：一种美锦的名称。

⓴ 职：后世学者分析此处含有藏的意思。

㉑ 举衣而问：摄衣起立而问，所以示尊敬宾客之意。

㉒ 终：完成。

㉓ 纯：丝绵布帛等匹端之名。

㉔ 齐首：首与地齐。颡：额头。稽颡，以额叩地。

㉕ 德子：赞赏你们。宠：荣宠。此句意为我赞赏你们但有没有给你们荣宠。

㉖ 曰皆：后世学者分析当为皆曰。

㉗ 务：荔。发荔：除草。

㉘ 庶：后世学者分析当度。

㉙ 反准：返回平准。

《管子·轻重戊》（节选）

桓公问于管子曰："莱、莒与柴田相并❶，为之奈何？"管子对曰："莱、莒之山生柴，君其率白徒之卒铸庄山之金以为币❷，重莱之柴贾。"莱君闻之，告左右曰："金币者，人之所重也。柴者，吾国之奇出也❸。以吾国之奇出，尽齐之重宝，则齐可并也。"莱即释其耕农而治柴。管子即令隰朋反农❹。二年，桓公止柴❺。莱、莒之粜三百七十，齐粜十钱，莱、莒之民降齐者十分之七。二十八月，莱、莒之君请服。

【注释】

❶ 莱、莒与柴田相并：莱多薪，莒多田，以柴田之利相合以防齐。
❷ 白徒之卒：未经训练的士兵。
❸ 奇：余。奇出：副产。
❹ 反：同"返"。
❺ 止柴：指停止从莱购柴。

第十一篇

老马识途的那场战争

齐国建立的诸侯国联盟，齐桓公被公推为盟主。很显然，大家推举盟主的目的之一，是希望这个人能够承担起更多抗击外敌的重任。而这种事情的难度，不用说就知道是巨大的。

权力和责任相对应，这一点齐桓公也好，管仲也好，都是心知肚明的。所以公元前 664 年，当燕国遭到侵略的时候，齐国毫不犹豫地冲到前线，打响了北伐山戎的战争。就是在这场战争当中发生了那个脍炙人口的故事，留下了一个成语——老马识途。

一、鲁国放了齐国的鸽子

对于当时的华夏来说，外敌有很多，其中有一支是北方的山戎，也叫北戎。按照《左传》记载，在管仲当上宰相的很多年前，齐国曾经遭到山戎的大规模侵犯。当时的齐国还不强大，所以派人到郑国求援。郑太子忽带兵大败山戎，俘虏了主帅，并砍了带甲戎军三百人的脑袋，献给齐国。

在管仲当上宰相以后，山戎与华夏的冲突也经常发生，其中最为著名的就是公元前664年山戎侵犯燕国。当时燕国弱小，很快不敌，于是燕庄公向齐国求援。

那么齐国是什么态度呢？

首先，燕国的地理位置非常重要，相当于华夏的东北门户，不可不保。其次，当时燕国还没有加入联盟，所以此刻也是齐国争取燕国的大好时机。最后，齐国既然是盟主，当然要负责组织力量抗击外敌。所以管仲开始谋划救助燕国。

于是在这一年冬天，按照管仲的计划，齐桓公首先跟鲁庄公在济水边上见了一面，商量北伐山戎的事情。但是两边谈的如何，从《春秋公羊传》里可以看出，两边的意见是不一致的。这本书当中提到——

齐人伐山戎。　　　　　　　　——《春秋公羊传·庄公三十年》

书中解释为什么不说齐桓公而说齐人啊？那是因为看不起他。为什么看不起呢？那是觉得齐国太着急了。相当于说：多大个事啊？至于吗？小题大做！

接下来《公羊传》又说，这次为什么说是伐而不是交战呢？嗨，交战嘛，总得双方力量相当啊。而齐国那么大，山戎那么小，不过就是驱赶罢了。是杀鸡在用牛刀嘛！

但是《春秋公羊传》这个说法，小题大做还有杀鸡用牛刀，实际上是嘴不对心的。为什么呢？因为鲁国那边根本不是这样想的。

这件事在另外一本史料《说苑》当中有一个细节说明。说齐国准备讨伐山戎，出发前让人前去请求鲁国同行相助。

出不出兵呢？鲁庄公拿不定主意。

燕国国君也姓姬，跟鲁庄公是同姓。并且燕国开国国君燕召公还曾在大是大非问题上支持过鲁庄公的祖上周公。尽管过去了几百年，但毕竟还是亲戚。亲戚有难不去救援，有些说不过去啊。

既然这样就出兵呗？不行。因为鲁庄公还必须考虑现实问题。大臣们说了：

大军走那么远，进入荒蛮之地，肯定回不来。所以，咱们不能出兵！

可见《春秋公羊传》里所谓小题大做、杀鸡用牛刀等，都是嘴不对心的说辞。实际上是鲁国怕自己的军队遭受重大损失。

但是真的不派兵，齐国这边又怎么交代呢？

鲁国的办法是，先口头答应，但不动真格的。所以，燕国那边正遭受侵略，十万火急，如大旱之望云霓。而齐国那边，也是左等右等，望眼欲穿。齐国当时非常纠结，如果不等就会失信于鲁国，如果等下去燕国那边又水深火热。

最后，齐桓公管仲等到花都快谢了，实在没耐心了，一商量，缺了谁地球都会转，没有鲁国，齐国照样能把山戎降伏，所以不等了，出兵！

这里，需要说明一下古代中原农耕民族和北方游牧民族冲突的必然性。

按照现代看法，从中国的东北到西南，以400毫米降水量为准可以大致画一条斜线。这条线下的下方，适合农耕生活，而上方只适合游牧生活。于是我们的祖先就被分成了两部分人，农耕民族和游牧民族。

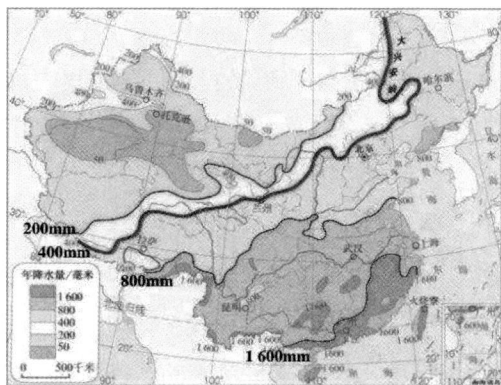

此外还有一件事，受太阳黑子活动的影响，地球上会出现小冰河期，直接结果是全球温度会降低。而温度降低，北方游牧民族生活就会变艰难，只有向南压进，从而导致南北方发生冲突。所以古代南北冲突，也是研究历史的一条重要线索。而在春秋时期，政治、经济、文化、科技都还没发达到一定程度，所以这种冲突往往需要通过战争进行解决。

因此，古代南北冲突一直存在，身为盟主的齐国必须面对这种状况。尽管被鲁国放了鸽子，齐国也不能纠缠于小节而贻误战机。所以，这次出兵几乎是齐国孤军奋战。在决定不等鲁国那一刻，齐桓公也好，管仲也好，心里肯定很不是滋味。但是讨伐山戎是天下大事，如果燕国不保，华夏东北就会门户大开，中原各国都会受到威胁。

所以，这一仗必须打，而且必须赢！

二、老马识途的那一仗

这一仗的结果，正如众人所期待的那样，齐国完胜而归。

但是关于这一仗的细节，正史上描述很少。具体是怎么打的，现在看不到完整的过程。不过还好，目前留下了几个历史片段，很精彩也很有嚼头。

第一个片段。

这个故事出自《韩非子》。

管仲随齐桓公讨伐山戎，一直打到孤竹。返回的过程中，走到一处荒芜地带，迷谷，大军迷路了。虽然大军有粮草，不至于很快饿死，但荒芜地带没水，还是需要尽快走出去才行。但是应该怎么办呢？

管仲说，找几匹从齐国来的马。干什么？先别管。找过来再说。

打了很长时间的仗，出发时的很多马匹已经战死或者累死，所以大部分马匹都是后来新添的。但将士们还是按他的要求，淘出了几匹老马。

接下来，可以想象一下当时的情景。管仲走过去给那几匹马喂了点粮食，然后抚摸了几下。对身边的人说，这些老马认识路。解开缰绳，咱们跟着它们走。

这样也行？将士们将信将疑。

但是，奇迹就是这样发生了。那几匹老马边走边吃草，溜溜达达，就把大军带出了迷谷。于是就有了后世非常熟悉的一句成语，老马识途。

但是，成语虽然熟悉，有两个问题还是有人禁不住要问：

第一个问题，老马为什么能够识途呢？

这一点就不做解释了。很多动物都有在远处找回家的本领，只是各有各的机理。因此重点是下一个问题。

第二个问题，为什么管仲能想起用这一招呢？

管仲是养过马的人，自然熟悉马的习性。但是养过马甚至熟悉马性的人多了，为什么偏偏只有他在关键时刻想起这样一招呢？这个其实就是管仲的智慧。如果研读过《管子》这本书，就能发现他是一个善于悟道又喜欢行道的人，也就是理论和实际并重，这一点使他在诸子百家中独具特色。悟道的目的在于行道。所以他养了一回马，能养出一句老马识途的成语；他修建了一回马栏，也能悟出选拔人才的道理。这样的事情发生在他的身上，并不奇怪。

韩非子在这段文字的最后说，连管仲这样的精明通达之人，遇见困难的事情，都要放下身段向老马学习，而其他人呢？

不知以其愚心而师圣人之智，不亦过乎？

——《韩非子·说林上》

不承认自己愚昧、不知道学习和吸取圣人的智慧，这岂不是一种过失啊？

第二个片段。

齐国帮助燕国打败了山戎，燕庄公当然无限感激。但是这个时候遇到了一个难题，就是齐国在燕国北部开辟的大片疆土怎么办？

这件事情，小说《东周列国志》里面有一段描述，虽然不是正史，但写得还是比较靠谱的。

齐桓公说：本来就是为了救急，侥幸战胜而归。这次所开辟的五百里疆土，我们也没有办法跨越贵国派人治理，所以就补充到您封地之内吧。

燕庄公一听连忙说：我这是借助您的神威才得以保全宗庙社稷，哪里还敢指望扩充土地？还是真心希望您派人去治理啊。

接下来的这段话，显然是管仲的主意。

齐桓公说：华夏北部相对偏僻边远，如果还是拥立外族人治理，时间久了必然会再次反叛，所以您就别推辞了。最为重要的是您要重修召公之政，向周王进贡，并发挥好北方屏障的作用。如果真能如此，也算咱们一起为天下做了一件好事啊。说到这里的时候，燕庄公就不再推辞了。

所以，司马迁在《史记·管晏列传》当中说道：

> 桓公实北征山戎，而管仲因而令燕修召公之政。
>
> ——《史记·管晏列传》

燕召公是燕国开国君主。他当年支持周成王和周公，稳定了华夏社会，并且善于治理，很受广大民众的拥戴。他曾经在一颗棠梨树下断案，处理政务，所以《诗经》当中就有一首《甘棠》诗，就是颂扬燕召公的。

> 蔽芾甘棠，勿翦勿伐，召伯所茇。
> 蔽芾甘棠，勿翦勿败，召伯所憩。
> 蔽芾甘棠，勿翦勿拜，召伯所说。
>
> ——《诗经·召南》

显然，如果燕庄公真能重修召公之政，对天下以及对燕国都是大有好处的。可以说管仲的主张极大地改善了齐国和燕国的关系。当北部有了坚定的盟友，齐国就可以腾出手来，处理其他问题了。

第三个片段。

齐国做到这份上，已经仁至义尽，非常到位了。但是接下来齐桓公做的一件事就有些让人看不懂了。

燕庄公这时还想什么呢？满满的都是感激了。于是按照史料的记载，说燕庄公依依不舍地送别齐桓公，结果一不小心，走进了齐国境内，小说上写的是50里，比十八相送走得还远。这件事儿今天看起来很简单，无外乎是两位相对而立，说一声：送君千里，终有一别。咱们青山不改，绿水长流。后会有期。然后就各回各家了。

但是在周王朝就不同了，这件事有礼制管着呢。那个时候诸侯国之间的国君相送，不出境外。而一不小心出境了又怎么办呢？齐桓公提出把这 50 里土地割让给燕国。燕庄公实在过意不去，这种情况下还让人家割地，太不仗义了。但经不住齐桓公一再坚持，燕庄公实在拗不过只能接受了。这样一来，燕国向北扩充一大片，向东南扩充一片，面积一下子大了很多，这就为燕国成为战国七雄奠定了基础。

但是，这个事情非常蹊跷。燕庄公怎么可能进入齐国 50 里呢？

三、两个国君都在后悔

按说五十里的路程并不短。当时已不是战争状态，车辆也不会走得那么急。车兵一起走，起码要走两个小时。所以这事正常情况下是不可能发生的。这里至少有两点疑问。

第一点疑问：

国君出行应该走大路，从边关通过。到了边关，守关的人没有看见？看见了没人提醒？这样的守关的人也太不负责了吧？他们在国家大事上敢这样玩忽职守吗？

第二点疑问：

就算是边关的人不敢说话，那么管仲干吗去了？以管仲的冷静和理性，他不可能也被胜利搞晕了，也喝醉了，既不知道已经到了边关，甚至也不知道周朝有这条礼制吧。

所以，发生这样的事情，最为可能的解释是，齐桓公和燕庄公没走大路到边关，并且管仲也不在现场。那么，这样的情况怎么会发生呢？

接下来完全是以现代人角度所做的一种分析，仅供参考。

之所以发生这样的事情，很可能因为齐桓公的爱好，就是打猎。齐桓公讨伐山戎得胜，正在春风得意的时候，离开燕国的路上经过一些草木茂盛之地，可能看见了猎物的踪影。于是齐桓公豪兴大发，想要显示一下自己的威风。而燕庄公当然不好扫他的兴致，所以也一起在野地驱车狩猎。野地没有关卡，车速又快，在忘乎所以的兴奋情绪当中，两个人根本没注意跑到何处了。管仲此刻正在组织大军通过边关，所以根本不知道齐桓公那边发生了什么。而当管仲知道的时候生米已经做成了熟饭了，所以没有劝阻的机会。并且这时候也没法再让齐桓公反悔，说话不算数，首先会失信于燕国。

但就算是前面所有的偶然都凑巧发生了，可不可以让燕庄公来齐国访问，回去的时候齐桓公也送出国界五十里，也就是再反向操作一次呢？反向操作一看就是表演，这样做就会更加失信于天下。信誉无价，所以齐桓公和管仲只能打掉了牙往肚子里咽，可见任性也是有成本的，而且有时候成本会非常高昂。

但毕竟那是齐国的国土，是祖先留下来的基业，并且面积还很大。齐桓公现场需要撑面子，但冷静下来以后呢？难道不会心疼？按照管仲所说齐桓公是一个喜欢反思的人，后悔也是必然的。后悔导致心情郁闷，齐桓公自然会想发泄一下，于是他提出回来的路上要趁机打一下鲁国。因为鲁庄公不守约定，借口是现成的。于是又到了考验管仲智慧的时候了。

难道管仲不窝火吗？大好河山就这样一句话，像儿戏一样割出去了？当然也窝火。上次鲁国劫盟的时候，管仲力排众议主张把土地退还给鲁国，因为那是齐国侵占的，不退相反是违背大义的。而这次，就是因为国君任性，让国家蒙受如此重大损失，说难听点就是败家，心情怎么能够好起来呢？

但是管仲毕竟还是管仲，他知道这是一个关键时刻。

他说：不可这样。现在诸侯跟咱们的关系还没有那么友好，远征回来就把邻国关系搞僵，不是霸王之道。那么应该怎么办呢？咱们讨伐山戎所得的财宝，很多是华夏诸侯没见过的，不如就去祭祀周公，献到他的庙上。而周公的庙在哪里呢？当然最近的是鲁国。鲁国就是周公的封国。于是，按照《左传》记载，齐国到鲁国进献了很多财宝。

这件事在鲁国人那边引发出两种态度。

第一种态度。就在第二年，齐国又约鲁国起兵伐莒。鲁庄公则下令所有男人全部上阵，于是连五尺孩童都到了。可见鲁国人的态度发生了巨大转变。关于这件事，《说苑》这本书做了评价，孔子所说——

> 圣人转祸为福，报怨以德。此之谓也。　　　　——《说苑·权谋》

意思是说管仲的做法，就是孔子所讲的圣人境界。是啊，管仲在明知吃亏的情况下，仍然能保持冷静，顾全大局，说是圣人也不为过。

第二种态度。在《左传》当中说鲁庄公三十一年的时候，齐桓公讨伐山戎回来，到鲁国进献战利品，这个是不合礼制的。为什么呢？诸侯对外夷作战有所获，应该献给周王，由周王借以警示四夷。送到鲁国算怎么回事？

把这两种态度综合在一起，可以说明一件事情，就是鲁庄公此时很后悔。早知道这一仗能取胜，为什么不派兵出战帮亲戚一把呢？为什么要给人留下话柄，让人议论自己不仗义，没信誉呢？而一个人后悔的时候，内心就会很敏感。面对齐桓公那报复的心态和张扬的性格，以及齐国大军耀武扬威、大张旗鼓，鲁庄公感觉很难受，就可以理解了。《左传》是鲁国人写的，自然会维护自己国君的颜面。

但是，后悔药是没有地方买的。

对齐桓公而言，这次任性肯定会遭很多议论和嘲笑，也难免落下心病。其结果就是从这儿以后，对帮助他国抗击外敌的事情根本提不起兴趣。于是齐桓公的盟主就当得没那么认真了，管仲的工作也就遇到了困难。

四、做大事就要有担当

从公元前 662 年开始，北方的另外一支外族力量——狄，先后入侵了华夏北部的邢国和卫国。按理说，齐国是盟主，应该召集诸侯前去救援。但是老马识途的那一仗还在影响着齐桓公的心情。割让给燕国的土地，齐桓公还在心疼着。

《管子》当中记载，这个时候齐桓公光着膀子，用布把胸缠起来，打扮成一个伤兵的模样。然后召见管仲说：我呀，虽然有千年的衣食，却没有百年的寿命，现在又得了病，还是趁早行乐一番吧！

管仲怎么说？没办法，只能先顺着齐桓公，就说：那好吧。于是下命令悬起钟磬，让人鼓瑟吹笙，载歌载舞。并且每天杀几十头牛，大摆筵席，连续搞了几十天。

这时候大臣们也着急啊，但就是看不懂这二人在玩什么名堂。于是也都来进谏说：现在邢、卫遭遇入侵，国君您不可不出兵援救。很显然，如果齐国现在不承担起盟主的责任，用不了多久，联盟就会四分五裂，霸业也就付之东流了。

但齐桓公的说法基本上还是那套：我呀，虽然拥有千年的衣食，却没有百年的寿命，现在又得了病，趁早行乐一番吧。只是这次齐桓公多加了一句话：人家并没有进攻我的国家，不过是征伐邻国，你们也都平安无事的。言外之意，咱们管那闲事干吗？

面对继续任性的国君，管仲还能怎么办呢？只能等待时机再行规劝了。

恰好有这么一天，齐桓公盘桓在钟磬之间。管仲跟着他，走在大钟的西侧，桓公面南，管仲面北相对而立。大钟响起，声音悠扬悦耳。齐桓公看着管仲说：怎么样，仲父？够不够快乐？

管仲很无奈，也很真诚地回答说：我说这是悲哀，不是快乐。古代那些英明的君王，虽然也在钟磬间寻求快乐，但他们所面对的不是您现在的情况。虽然游于钟磬之间，但他们的命令畅行无阻，天下也没有兵革的忧患。而您现在的情况恰好相反，您身在钟磬之间，发布的命令还有人不听，并且邻国狼烟四起。这就是我的所谓悲哀，而不是快乐呵。

在《左传》当中，还记载着管仲这样一段话：

戎狄豺狼，不可厌也。诸夏亲昵，不可弃也。宴安鸩毒，不可怀也。
——《左传·闵公元年》

意思是说戎狄好像豺狼，是不会满足的；中原各国如手足之亲，是不能抛弃的。安逸等于毒药，是不能贪恋的。

当然，那段时间段里，农耕和游牧民族之间冲突很多。所以管仲自然也会把戎狄视为异类。随着生产力的发展，社会进步，民族融合越来越充分。过去的很多问题都已经解决。所以，这些说法只代表古人那个时代的看法，肯定是有历史局限的。但是管仲的责任感，那是溢于言表的。

估计齐桓公也进行过反思了，于是同意着手救援。

但是拖这么久，邢国和卫国都已经沦陷了。邢国本来就小，所以禁不住外来打击。而卫国虽然是大国，却也禁不住自己人胡搞。卫懿公，当时的国君。这个人喜欢鹤，他的鹤待遇极高，出入都是坐着车子的。所以需要打仗的时候，人们就说了：让您的鹤去吧，它们才真正享有官禄和爵位啊，我们哪里能打仗！所以，卫国也很快战败了。

两国都这样了，怎么办呢？管仲只能主张先把两国安顿下来。于是由齐国主导，一是把邢国迁到了夷仪；二是帮助卫国在楚丘建立了城郭。并且每一家，都给配备了一定数量的士卒和车辆。

接下来，管仲的用心开始收到成果了，也就是鲁国人最终理解了齐桓公和管仲的诚意。

我们知道一句成语叫"庆父不死，鲁难未已"，这场鲁难就发生在存邢救卫的同时期。齐国为了帮助鲁国尽快稳定政局，大义灭亲，把造成这场灾难的主要人物之一哀姜杀掉了。哀姜是已故国君鲁庄公的夫人，同时也是齐桓公的亲属。并且在鲁国发生混乱的那两年内，齐国没有任何不利的举动。

按照齐桓公刚当国君的那种对鲁国的敌意，再想想鲁庄公做过的不守约定的事情，齐国还能帮助鲁国，够大度吧？这种大度当然离不开管仲的努力了。

所以，《春秋公羊传》当中讲到，在鲁国没有国君的这段时间里，齐国主要致力于帮鲁国拨乱反正。就是——

设以齐取鲁，曾不兴师，徒以言而已矣！
——《春秋公羊传·闵公二年》

所以如果齐国想取鲁国，连军队都不需要动用，只需一句话而已。所以鲁国人的内心充满了感激。

到这里可以看到，管仲身上的一种可贵的精神，那就是担当！

现代社会非常推崇担当，已经有太多的文字去解读担当。但是担当总归不能停留于口号，而是要变成具体的行动。

在承担国际义务这个问题上，管仲的担当可以从如下两个方面去理解。

第一，要担当就必须把内外分得清楚。戎狄属于华夏外部，而燕鲁和邢卫，都属于内部。打击外来侵略，保卫华夏和平，是大局。为了大局，即便是孤军奋战，也敢于亮剑。这种担当是阳刚的。这就是管仲的一种担当！第二，要担当就必须把长短看得清楚。鲁庄公爽约是个短期问题，而华夏和平才是长期利益。而要取得长期利益，最需要的是忍耐、包容和坚持，也就是宏大的气度。这种担当是阴柔的。而这也是管仲的一种担当。

在一家兄弟姐妹当中，最有担当的往往是大哥大姐；而在一个联盟当中，最应该担当的，自然就是盟主。担当于内，功成于外；担当于近，功成于远。由于齐国的担当，赢得了中原各国的信任和支持，接下来联盟的力量就变得实实在在了。这个时候，管仲就有能力去解决另一个大难题了。

那么这个大难题是什么呢？就是华夏联盟与楚国的关系问题。

【原文选摘】

《春秋公羊传·庄公三十年》（节选）

冬，公及齐侯遇于鲁济❶。

齐人伐山戎❷。

此齐侯也，其称人何？贬。曷为贬？子司马子曰❸："盖以操之为已蹙矣❹。"此盖战也，何以不言战？《春秋》敌者言战❺；桓公之与戎狄，驱之尔❻。

【注释】

❶ 鲁济：鲁国地名。济水流经齐、鲁国界，在齐界为齐济，在鲁界为鲁济。

❷ 山戎：又称北戎，分布在今河北北部。

❸ 子：敬词，老师。司马子：公羊高以后，治《公羊传》的经师之一。

❹ 以：因。已：太，过。蹙：急促。操之为已蹙：操之过急。
❺ 敌者：双方实力相当。
❻ 驱：驱逐。

《韩非子·说林上》（节选）

　　管仲、隰朋从桓公伐孤竹❶，春往冬反，迷惑失道。管仲曰："老马之智可用也。"乃放老马而随之，遂得道。行山中无水，隰朋曰："蚁冬居山之阳，夏居山之阴。蚁壤一寸而仞有水❷。"乃掘地，遂得水。以管仲之圣而隰朋之智❸，至其所不知，不难师于老马与蚁。今人不知以其愚心而师圣人之智❹，不亦过乎？

【注释】
❶ 孤竹：古代国名。在今河北卢龙到辽宁朝阳一带。
❷ 蚁壤一寸而仞有水：意为蚂蚁洞周围防雨水的浮土高出地面一寸，其下一仞处有水。
❸ 圣：精明通达。
❹ 难：不为……感到为难。

《管子·霸形》（节选）

　　此其后，宋伐杞，狄伐邢、卫，桓公不救，裸体纫胸称疾❶。召管仲，曰："寡人有千岁之食，而无百岁之寿，今有疾病，姑乐乎！"管子曰："诺。"于是令之县钟磬之榱❷，陈歌舞竽瑟之乐，日杀数十牛者数旬。群臣进谏曰："宋伐杞，狄伐邢、卫，君不可不救。"桓公曰："寡人有千岁之食，而无百岁之寿，今又疾病，姑乐乎！且彼非伐寡人之国也，伐邻国也，子无事焉。"宋已取杞，狄已拔邢、卫矣。桓公起，行筍虡之间❸，管子从，至大钟之西，桓公南面而立，管仲北乡对之。大钟鸣，桓公视管仲曰："乐夫，仲父？"管子对曰："此臣之所谓哀，非乐也。臣闻之，古者之言乐于钟磬之间者不如此。言脱于口，而令行乎天下；游钟磬之间，而无四面兵革之忧。今君之事，言脱于口，令不得行于天下；在钟磬之间，而有四面兵革之忧。此臣之所谓哀，非乐也。"桓公曰："善。"于是伐钟磬之县❹，并歌舞之乐❺，宫中虚无人。桓公曰："寡人以伐钟磬之县，并歌舞之乐矣，请问所始于国将为何行？"管子对曰："宋伐杞，狄伐邢、卫，而君之不救也❻，臣请以庆。臣闻之，诸侯争于强者，勿与分于强❼。今君何不定三君之处哉❽？"于是桓公曰："诺。"因命以车百乘、卒千人以缘陵封杞，车百乘、卒千人以夷仪封邢，车五百乘、卒五千人以楚丘封卫。

【注释】

❶ 纫胸：用布帛将胸部扎起来。

❷ 县：悬。楥：环。古者钟磬皆有环，悬于钩上。

❸ 笋虡：悬挂钟磬的木架。

❹ 伐：砍断。

❺ 并：屏除。

❻ 君之不救：后世学者分析当作君不之救，即没有出兵相救之意。

❼ 分于强：参与争强。

❽ 三君之处：后世学者分析认为在之字后漏掉了"居"字，当为三君之居处。

第十二篇

齐楚争锋的意外结局

公元前 656 年的某一天，齐桓公带着楚国大夫屈完检阅军队。

这支军队由齐国召集，来自八个国家，并由齐桓公统一指挥。站在车上一看，那阵容——规模空前，旌旗蔽日，威风凛凛。

这时候齐桓公说话了：我用这样的军队来作战，谁能够抵挡他们？用这样的军队来攻城，哪个城不能攻破呢？显然齐桓公的话有恐吓威胁之意。

其实这是管仲一手策划的齐楚两国的第一次正面交锋，也是春秋历史上华夏世界第一次南北大冲突。由于齐国是盟主，所以当时的大国绝大多数参与其中。毫无疑问，这场冲突必将造成巨大影响，因此也必将载入史册。

所以屈完的回答很重要，而管仲对局面的把握更加重要。

一、不可低估的楚国

齐国在救助燕国以及存邢救卫过程中表现出了担当姿态，赢得了中原诸侯的信任和支持，因此联盟越来越团结。在北方的威胁明显减少之后，管仲腾出手来，开始致力于解决楚国这个非常棘手的问题。

那么楚国到底有什么问题呢？

楚国本来也是接受了周王册封的诸侯国，爵位为子爵。但是由于各种原因，楚国总感到自己不受周王待见，所以常常怀有敌对情绪。历史上周昭王曾经讨伐过楚国，但最后死在了汉水之滨。到了公元前704年，楚武王僭越，自称为王，要与周王平起平坐。

那么楚国为什么这么牛，敢冒天下之大不韪呢？

这里仅做一点说明。在《管子》一书中记载，管仲曾对齐桓公说过，天下最得地利的国家当中，除了齐国还有楚国。楚国出黄金。一个国家出黄金，不得了，各国物产自然也会向它聚集。原来它是这样的楚国。

一个僭越的国家，又有很强的经济实力，显然是一件令人恐惧的事情。并且当时诸侯们对楚国有一个共同看法，说：遇到圣人继位，楚国一定最后一个归附；而当天子势弱，楚国一定是第一个反叛。所以在春秋时期，楚国就被华夏诸侯视为蛮夷。僭越当然是蛮夷的表现之一。

按说楚国僭越，周王应该召集各路诸侯前去讨伐。但是到了春秋时期，周王的威风早已经不再，这种费力又危险的事情，没有哪个诸侯愿意上前。于是，楚国问题一直悬而未决。

那么，管仲对楚国的态度会是怎样的呢？

第一，管仲祖上是周穆王，尽管后来家道中落，管仲这一支沦为了贫寒之士，但是对祖先的崇敬是骨子里的。所以很可能他从小就有一种捍卫祖先基业的抱负。

第二，管仲是在公元前723年出生的，到楚武王僭越的公元前704年，已经20岁了，具备了独立判断能力。管仲关心天下大事和治理国家，他对楚王当然也有自己的看法，简而言之就是不认同。

其实，管仲的老家，安徽省颍上县，古代叫慎邑，早期属于蔡国，后来属于楚国。按理说慎邑距离楚国要比齐国近得多。而管仲舍近求远去齐国，很可能与管仲的志向有关。什么志向呢？管仲很清楚，中原各诸侯国一盘散沙，楚国日益强大，此消彼长，不可避免地会给华夏带来连年战争，其结果就是老百姓受苦受难。所以，他需要找到另外一个具有潜力的大国，助其成就霸业，从而树立周王权威，以达到制压楚国的目的。这样才能维护华夏和平及安全，造福天下苍生。

那么为什么说齐国具有称霸的潜力呢？

这个问题说来话长。在此只看两个重点：

第一点：齐国在姜子牙老人家开国之后，周王赋予了齐国一项特权，征伐权。华夏东北地区其他诸侯如果做事不地道，齐国可以代表周王进行征伐。这种特权，当然也是齐国逐渐发展为大国的重要因素之一。

第二点：同样还是姜子牙老人家，他针对国情制定了"通商工之业，便渔盐之利"的发展方针，因此，齐国开国伊始就是一个工商发达的国家。商业是一个国家积累财富的文明而又快速的方式。所以齐国想在一群农业国家当中崛起，机会很大。

有了以上两点，齐国的潜力就能看得见、摸得着了。虽然齐襄公，也就是齐桓公的哥哥在位十二年，一路折腾，留下了一个烂摊子，但在一个大国重整旗鼓还是要比在一个小国无中生有容易得多。

所以管仲选择齐国，从这个角度看，具有很大的合理性。

于是，管仲怀揣理想来到齐国。励精图治，终于在齐国足够富强，在华夏圈里有足够权威之后，把解决楚国问题提上了日程。

但是楚国毕竟是强国，对付楚国必定需要足够的智慧。

二、楚国的花样玩法

楚王当然不傻。原本一盘散沙的华夏诸侯，经过管仲的努力团结了起来。

团结就是力量，一旦联盟壮大，僭越为王的楚国肯定会挨收拾。所以，楚国不能坐视不管，必须出手搅局。

那么，楚国会怎样搅局呢？尽管在史料上的记载会有当时所处情境的解释，但是必须看到齐楚的对抗是春秋历史的一条重要线索。抓住这条线索，就可以理解当时很多事情。

楚国最初的做法：

公元前681年齐桓公第一次召集会盟，共有五个诸侯国参与，齐、宋、陈、蔡、邾。虽然第一次会盟不是管仲所倡导的，并且也不成功，但是华夏各国开始抱团的苗头还是引起了楚国的警觉。警觉了又怎么样呢？这一年楚国入侵了蔡国。

尽管《左传》当中对楚国打蔡国的原因做了交代，是因为一位美女。但是站在今天回望历史，把楚国的动机解释为针对齐国则更符合逻辑，而美女只是一个幌子。因为在第一次会盟的五国当中，蔡国距离楚国最近。蔡国加入齐国联盟，显然对楚国最为不利。所以楚国要出手教训蔡国，迫使蔡国退出联盟，并且也给那些相邻的小国提出警告，以后不许跟齐国套近乎。

本来盟友受了欺负，齐国应该为盟友撑腰啊。但是当时联盟实力太小，管仲的意见也不受重视，所以齐桓公任凭楚国占领蔡国，并没有援助。

所以这一次楚国教训蔡国，算得手了。

又过了两年，因为管仲尊王的主张，齐国得到了周王的支持，联盟也有鲁、宋、卫、郑等大国加入。这个时候，楚国按捺不住了，开始攻打郑国。

同样，楚国攻打郑国的理由，也有故意找碴的嫌疑。所以还是用楚国针对齐联盟来解释比较符合逻辑。

第一，郑国紧挨着晋国的安邑，就是今天的运城，而安邑也是食盐的出产地。所以管仲无法靠盐来影响郑国。因此，相比起中原的其他诸侯国，郑国对齐国的态度一直是摇摆的，这就是郑国经常背盟的原因。显然，楚国想，把摇摆不定的郑国捏在手里会相对容易一些。

第二，郑国紧挨着洛邑，而洛邑就是周王所在地。所以郑国对周王很重要。用好了，可以保护周王；用不好，就会钳制周王。历史上的郑庄公的确钳制过周王。所以楚国如果能把郑国捏在手里，借助郑国钳制周王，随你管仲怎样折腾，想要树立周王威信，就是一句空话了。

而管仲，的确为郑国费了不少心思，目的也在于把它留在齐国联盟当中。

接下来楚文王去世了，楚国开启了楚成王和子文时代。可以说，这是当时唯一一对可以跟齐桓公管仲过招的对手。

按照史料记载，楚成王上任做了两件事情。这两件事，既符合管仲尊周王的主张，又得周王和诸侯的欢迎，但实际上楚王是另有计较的。

第一件，就是派人去向周天子进贡。

进贡就意味着臣服，周王当然有理由高兴，但是他的做法却有些欠考虑了。他除了对来人进行了赏赐之外，还吩咐了一句：

> 镇尔南方夷越之乱，无侵中国。　　　　　　　——《史记·楚世家》

南方那些外夷小国归你们镇抚，不要向中原扩张。这句话听起来也是好意，但留下了一个漏洞，也现代人所说的 bug，楚国因此有了南方的征伐权。于是就像齐国当年一样，在有了征伐权之后，楚国的疆域也就越来越大了。

第二件，楚国派人访问了鲁国。

这件事给楚国带来了很大的好处。在《春秋公羊传》和《春秋谷梁传》上都记载了这件事情。并且，能够看出鲁国当时很高兴，因为记载的文字是：

> 荆人来聘。　　　　　　　　　——《春秋谷梁传·庄公二十三年》

就是楚国人来访问了。在那个时代，称楚国人为人，就算是一种抬举，升级了。《谷梁传》里特地说了。做了好事就应该提升地位，楚国已经有表示了，所以不需要再等什么，现在就给他们升级！

到这里必须先声明一点。看待楚国历史，一定要把楚王和楚国人民区分开。人民是勤劳善良的，做事出格的只是楚王。其实那个年代，不仅仅楚王，中原诸侯里面胡作非为的君王也有很多。

楚国的这个转变客观上说也给管仲一个时间窗口，可以壮大联盟发展经济。

但这个做法也给了楚国一个喘息之机。本来因为连年战争导致国力衰退的楚国得到了修整，一方面国土面积扩大，另一方面经济也得到了发展。接下来就可以再次出来刷一刷存在感了。说实话，今天分析起来，楚成王的用心还是会让人不寒而栗的。

你看——

第一，楚成王对周王和诸侯都抛出了橄榄枝，结果是什么呢？楚国取得了征伐权，但是并没有取消楚王的称呼，等于把周王忽悠了一次。

第二，楚成王为什么要派人到鲁国访问？积极地看是想改善国际关系；而消极地看，是想借助鲁国给齐国设置障碍。鲁国虽然也加入了齐国联盟，但与齐国之间一直心存芥蒂。并且，从地理位置上看，鲁国恰好拦在齐国南下的路途当中。

但是真面目总是掩不住的，楚成王总归是要刷他的存在感的。因此，在继位的第六年，他开始跟中原诸侯翻脸了。

三、以彼之道还施彼身

按照史料记载，从楚成王六年开始，他多次攻打郑国。这期间，齐国也曾组织过救援。但是，随着战争的升级，楚国下手越来越重了。

《管子·霸形》当中说道：楚国火烧郑国的城郭，造成房屋大量损毁，老百姓妻离子散，住的地方就像鸟窝鼠洞一样简陋肮脏；并且楚国还堵塞河流，使得宋国的土地得不到灌溉，郑国那边却水深没墙，四百里以外才能耕种。

但是，楚成王和子文的确很精明。他们知道这种做法会震惊齐国。所以楚成王发了一道命令，来表达自己的心愿：天下明君，人间贤臣，莫如齐国的这对君相。这样的明君和贤臣，我很愿意侍奉他们。谁能够替我交好齐国，我会重重地赏赐！受到楚成王的鼓励，很多楚国人都拿着重宝来到齐国。齐桓公身边的人，几乎全部接受过楚国的礼物。

于是，齐桓公的态度发生了转变。他对管仲说：人们总说，对人好人家也会对他好。现在楚王对我太好了，我如果还不跟他修好，怕是不合情理。咱们何不就同楚国交好呢？齐桓公的心已经偏向了楚国一边。

那么，管仲的头脑还能保持清醒吗？

尽管楚成王和子文都是厉害人物，但他们的打法在管仲眼里是透明的。管仲说：不可。他们这是想用文的办法对付齐国，用武的方式攻取郑国，甚至宋国。如果我们跟楚国交好，怎样跟两个盟友交代？言外之意，这还叫什么盟主？

所以，必须采取措施！

但是，怎样做才能取得效果呢？

管仲首先找到了楚国两个相邻的小国，江国和黄国，劝说他们加入了联盟。然后，又动员联盟的力量，救援郑国。虽然齐楚两国没有直接发生军事冲突，但彼此心里都清楚，齐楚大战即将来临。而大战的来临，需要一个契机。果然，这个契机很快就来了。

齐桓公的夫人蔡姬，是蔡国人。在第一次会盟之后楚国打了蔡国，所以蔡国很恐惧。按照《史记》的说法，蔡穆侯想找一座靠山，所以攀了齐桓公这门亲戚。

公元前的 657 年，齐桓公带着蔡姬到水上游玩。从故事情节看，应该不是大船，很有可能是两个人划着一条小船。让我们荡起双桨，那个时代也有现代人的浪漫。

突然蔡姬做了个动作，船身一摇晃，齐桓公脸色就变了，连忙叫喊：别摇！结果蔡姬就惊奇地发现了老公的一根软肋，哦？怕水！也许这位蔡姬本来任性，也许是平时在齐桓公面前太压抑了，总之这个时候她没听话，而是更加用力地摇船。齐桓公吓得魂飞魄散，紧紧抓住船帮，连声制止，但是蔡姬就是不停。那一刻，蔡姬肯定开心得要命，而齐桓公那里，所有的浪漫都转变成了愤怒！

把她给我送回去！

按现代观念理解，别人的家事，外人没必要操心。但是古代君王的婚姻，往往牵扯到国家利益，所以管仲肯定是劝了又劝。因为蔡国的问题非常复杂，首先在第一次会盟的时候支持了齐国；其次蔡国的地理位置很特殊，距离楚国较近，所以楚国一直盯在眼里。

　　但是齐桓公任性啊，他较起劲来，谁能拦得住呢？于是，蔡姬真的就被送了回去。但有意思的是，任性的不只是齐桓公，也不只是蔡姬，人家蔡穆侯也同样任性。在没问清楚齐桓公是否休妻的情况下，居然一转身就把蔡姬另嫁他国了。

　　这一下齐桓公脸上挂不住了：什么意思？我老婆啊！我没说休了她，你凭什么嫁给别人！齐桓公曾经说过自己好色，娶了好几位夫人。而从怕水还能陪蔡姬划船，说明他真的非常喜欢这位夫人。于是第二年，也就是公元前656年，齐桓公纠集起八个诸侯国的部队，一起出兵讨伐蔡国。

　　到这里，可能会有人感觉奇怪。为了一个女人出兵打仗，已经小题大做了。还要纠集八国部队，就更加夸张了。而另外七家还真愿参与，就更觉荒唐了。那么，这是怎么回事呢？

　　其实，这就是管仲的策划。

　　这次行动打蔡国，只是表面文章。如果只是打蔡国，根本不需要这么多人。这次出兵除了齐国之外，还有鲁、宋、陈、卫、郑、许、曹。可以说，其中任何一个大国就足以把蔡国打败。所以这场战争的本意就是要以攻打蔡国为名，把大量的部队调动到楚国附近，然后在楚国没有充分准备的情况下对其实施打击。这样显然更容易获胜。而这一点其他七国心知肚明。

　　司马迁在《史记·管晏列传》当中说：

　　桓公实怒少姬，南袭蔡，管仲因而伐楚。

　　　　　　　　　　　　　　　　　　　——《史记·管晏列传》

　　意思就是说齐桓公生自己媳妇的气，所以出兵去打她娘家。而管仲借此机会对楚国进行了讨伐。也许会有人觉得管仲这样的打法不够君子，但是战争自有战争的逻辑。面对可以堵塞河流的凶狠对手，不讲一点策略能行吗？

　　现在想来，管仲的策划很有趣。楚国为了女人打仗，齐国也为女人打仗；楚国看齐国不顺眼打蔡国，齐国也看楚国不顺眼打蔡国。好一个以彼之道还施彼身！其实原因当然是因为蔡国恰好处于两大势力圈的交接之处。

在那段时间，齐国和楚国是当时最强大的国家，并且中原大国全部参战。这样的战争如果打起来，就是那个年代的世界大战，极有可能鱼死网破、玉石俱焚、生灵涂炭、哀鸿遍野，生产力必然遭到极大破坏，中华民族不知道要倒退多少年。所以，走到这里，华夏社会就到了悬崖的边缘。任何一方不冷静，就会跌入万丈深渊！

四、那个时代的最好结局

战争按照管仲的设计有序推进。

第一阶段，蔡国是个小国，哪里扛得住这么多国家的打击？军队瞬间溃败，蔡穆侯被活捉了。接下来，迅速进入第二阶段。旗号一换，就杀向了楚国。

楚国听说因为女人的事情，齐桓公大动干戈，带着八国部队热热闹闹地攻打蔡国，奇怪之余也感觉到了威胁。但是中原国家讲究礼义，这件事的确可以上纲上线，讨伐蔡国也不是一点道理没有，所以摸不准齐国的真实意图。那么到底备不备战呢？备战需要调动军队，开支巨大；不备战，万一八国部队打过来又无力抵抗。正在犹豫之间，管仲突然旌麾南指，楚国在仓促之间自然想到了求和。

于是，楚王派人到中原大军来沟通，就问了：请问齐侯，你们住在北方，我住在南方，咱们是风马牛不相及啊！万万想不到您会不远千里来到我国国土之上，不请自来，这是什么缘故？

管仲回答说：以前周王曾授予我先君太公一项权力，五侯九伯，实得征之。为了辅助王室，我齐国是有征伐权的。由于你们不进贡包茅，周天子滤酒请神的材料都短缺了。你们影响了天子的工作，知道吗？所以我过来问罪。同时，还有一件事，当年周昭王到了楚国之后人就没有回去，所以我们是来管你们楚国要人的。

本来管仲的个性更接近于理工男，但突然说得这么幽默，甚至还有点跩，就感觉反常了。诸侯们打楚国，一是因为他僭越称王，二是因为他不断打郑国。

但是这两件事情，管仲一句都没有提到。到底在搞什么名堂呢？

接下来听听楚国使者怎么说。他说：

> 贡之不入，寡君之罪也，敢不共给？昭王之不复，君其问诸水滨。
>
> ——《左传·僖公四年》

没有进贡，的确是我君的罪过，今后岂敢不供给？但是昭王走丢了，问我没用，您还是问水边上的人吧！

注意，楚国使者称楚王为"寡君"，而不是"我王"，并且答应进贡，也就是在一句对话之间，已经对僭越进行了修正。

接下来，就到了本篇开头的那一幕，齐桓公带着楚大夫屈完检阅八国部队以炫耀武力。这一刻，阵容庞大自不必说了，将士们精神抖擞也是必须的，战鼓声和呐喊声也肯定是震天动地，令人胆寒的。

但是屈完毕竟是见过世面的大国之臣，面对齐桓公的威胁，并没有被吓丢了魂。他的回答可谓进退有度，大气沉着，赢得了后世无数人的赞赏。

屈完是怎样回复的呢？他说：您如果用德行来安抚诸侯，谁敢不服？但如果您用武力说话，我楚国则有方城山作为城墙，有汉水作为护城河，就算您的军队再多，也派不上多大用场。

屈完的话虽然也有提虚劲的成分，但楚国毕竟也是一个强国，如果真的众志成城，这一仗也就真的不知要打到何年何月，鹿死谁手，尚未可知。于是，接下来就到了真正考验管仲智慧的时候了。这种事不惹，问题解决不了；但惹大了，可能无法收场。所以如果打，也许可以建立盖世奇功留下千古英名，但也可能是江山易主生灵涂炭。但是不打呢，也一方面可能长了楚国的志气，也会被人指责临阵变卦坐失良机，没有彻底解决问题的意志。

千钧一发，打还是不打？

第一，管仲出发之前是想真打吗？以管仲的一贯作风，应该不是。

这一次跟之前管仲召集陈、曹两国攻打宋国一样，只是想借助浩大的声势和突袭的态势来震慑楚国，迫使其接受尊王的主张。而在那些管仲决心要厮杀的战争中，一般是不带或少带其他诸侯的。比如北伐山戎，也只约了鲁国一家而已。

第二，事到如今管仲打不打呢？当然也得看看八国部队有没有胜算。

中原诸侯，各有各的处境、利益、算计，所以很难真正齐心。并且，八个国家的军队，如何能够统一调度？语言、旗号、武器、阵法都有不同，想真正发挥战斗力，谈何容易？里面难免会出现猪队友、狐队友、狼队友。所以，打起来是缺乏胜算的。

到这里，其实很容易知道管仲会怎么办了。

接下来，按照管仲的主张，双方握手言和了。于是齐桓公率各路诸侯与楚国举行了会盟。这就是历史上著名的"召陵之盟"。这次行动的最后收获就是把楚国纳入了联盟当中。看热闹的不嫌事大，搞那么大动静最后居然和局，就像看了一次平局的足球赛，会感觉挺没劲。但是国际关系不能以情绪为导向，达成目标才是最重要的。楚国加入联盟之后，就必须遵守盟约，于是尊周王是最基本的，不打盟友也是自然的。所以，召陵之盟，总体上说还是成功的。

之前管仲在北伐山戎的战役当中，重点表现出了担当，而担当自然是指担当责任。而这一次，管仲又有可贵精神凸显出来，就是责任。

第一，管仲为人之子，为君之臣，为国之相，为天下之贤，这其中哪一个角色的责任，他都是尽心尽力地去承担和履行。但是责任和责任是不同的，在管仲这里最终指向了国和天下。常人显然达不到他这种以天下为己任的境界，但对这样的人，后人应该致敬。

第二，除了是天下之贤，他还可以被称为历史之范。齐楚对抗，他拿捏得非常精准。既对天下负责，解决了楚国问题；也没有辜负历史，没有把华夏推向深渊。很惊险，但更精彩。能够不逞一时之勇，在纷繁复杂的局面中保持超级理性，当个人的功名和天下乃至历史责任发生冲突时，果断选择后者，这样的人堪称民族脊梁。后人评价管仲为春秋第一相，华夏第一相，甚至是天下第一相，可以说当之无愧！

孔子说，没有管仲，我们今天都是野蛮人，中华文明就中断了，所言非虚啊！

【原文选摘】

《左传·庄公十四年》（节选）

蔡哀侯为莘故，绳息妫以语楚子❶。楚子如息，以食入享❷，遂灭息。以息妫归，生堵敖及成王焉❸，未言。楚子问之，对曰："吾一妇人而事二夫，纵弗能死，其又奚言❹？"楚子以蔡侯灭息❺，遂伐蔡。秋七月，楚入蔡。

【注释】

❶ 为莘故：由于莘地之战被俘的缘故。绳：赞誉，赞美。语楚子：告诉楚子。

❷ 如息：到息国。入享：设享礼。

❸ 以息妫归：把息妫归带回楚国。

❹ 奚：什么？怎么？

❺ 以蔡侯灭息：由于蔡侯的缘故灭亡了息国。

《管子·霸形》（节选）

此其后，楚人攻宋、郑。烧焫熯焚郑地❶，使城坏者不得复筑也，屋之烧者不得复葺也❷；令其人有丧雌雄，居室如鸟鼠处穴。要宋田，夹塞两川，使水不得东流❸，东山之西，水深灭垝❹，四百里而后可田也。楚欲吞宋、郑而畏齐，日思人众兵强能害己者，必齐也。于是乎楚王号令于国中曰："寡人之所明于人君者❺，莫如桓公；所贤于人臣者，莫如管仲。明其君而贤其臣，寡人愿事之。谁能为我交齐者，寡人不爱封侯之君焉❻。"于是楚国之贤士，皆抱其重宝币帛以事齐。桓公之左右，无不受重宝币帛者。于是桓公召管仲曰："寡人闻之，善人者人亦善之。今楚王之善寡人一甚矣，寡人不善，将拂于道❼。仲父何不遂交楚哉？"管子对曰："不可。楚人攻宋、郑，烧焫熯焚郑地，使城坏者不得复筑也，屋之烧者不得复葺也，令人有丧雌雄，居室如鸟鼠处穴。要宋田，夹塞两川，使水不得东流，东山之西，水深灭埌，四百里而后可田也。楚欲吞宋、郑，思人众兵强而能害己者必齐也。是欲以文克齐，而以武取宋、郑也，楚取宋、郑而不知禁，是失宋、郑也，禁之则是又不信于楚也。知失于内，兵困于外，非善举也。"桓公曰："善。然则若何？"管子对曰："请兴兵而南存宋、郑，而令曰'无攻楚'，言与楚王遇❽。至于遇上❾，而以郑城与宋水为请。楚若许，则是我以文令也；楚若不许，则遂以武令焉。"桓公曰："善。"于是遂兴兵而南存宋、郑，与楚王遇于召陵之上，而令于遇上曰："毋贮粟，毋曲堤，无擅废嫡子，无置妾以为妻。"因以郑城与宋水为请于楚。楚人不许，遂退七十里而舍。使军人城郑南之地，立百代城焉。曰：自此而北至于河者，郑自城之，而楚不敢隳也❿。东发宋田，夹两川，使水复东流，而楚不敢塞也。遂南伐及⓫，逾方城济于汝水，望汶山，南致楚越之君⓬；而西伐秦，北伐狄，东存晋公于南⓭；北伐孤竹，还存燕公。兵车之会六，乘车之会三，九合诸侯，反位已霸，修钟磬而复乐。管子曰："此臣之所谓乐也。"

【注释】

❶ 烧炳熯焚：都是烧的意思。

❷ 葺：修理房屋。

❸ 要：遮取。

❹ 埌：败墙。

❺ 明：尊重。

❻ 君：后世学者分析当作赏。

❼ 拂：违背。

❽ 遇：古时冬日会面叫遇。

❾ 遇上：相遇的地方。

❿ 隳：毁坏。

⓫ 及：后世学者分析当为楚。

⓬ 楚：后世学者分析当为吴。

⓭ 西伐秦，北伐狄，东存晋公于南：相对秦国而言，晋在东方。相对狄而言，晋在南边。所以讨伐秦、狄，可使晋国安顿与东南。

《左传·僖公四年》

四年春，齐侯以诸侯之师侵蔡❶。蔡溃。遂伐楚❷。楚子使与师言曰❸："君处北海，寡人处南海❹，唯是风马牛不相及也。不虞君之涉吾地也❺，何故？"管仲对曰："昔召康公命我先君大公曰❻：'五侯九伯❼，女实征之❽，以夹辅周室❾。'赐我先君履❿：东至于海，西至于河，南至于穆陵，北至于无棣⓫。尔贡包茅不入⓬，王祭不共⓭，无以缩酒⓮，寡人是征⓯；昭王南征而不复⓰，寡人是问⓱。"对曰："贡之不入，寡君之罪也，敢不共给？昭王之不复，君其问诸水滨⓲。"

师进，次于陉⓳。

夏，楚子使屈完如师⓴。师退，次于召陵。

齐侯陈诸侯之师，与屈完乘而观之㉑。齐侯曰："岂不谷是，先君之好是继㉒。与不谷同好，如何？"对曰："君惠徼福于敝邑之社稷㉓，辱收寡君，寡君之愿也㉔。"齐侯曰："以此众战㉕，谁能御之！以此攻城，何城不克！"对曰："君若以德绥诸侯㉖，谁敢不服？君若以力，楚国方城以为城，汉水以为池㉗，虽众，无所用之㉘！"

屈完及诸侯盟。

【注释】

❶ 四年：鲁僖公四年。
❷ 遂伐楚：顺势率领诸侯的军队征伐楚国。
❸ 楚子：即楚成王。楚是子爵国，故称其君为楚子。
❹ 处：居住。北海：泛指北方边远的地方。南海：泛指南方边远的地方。
❺ 不虞：不料。涉：进入，侵涉。
❻ 召康公：即召公奭，周成王时太保。大公：即齐国开国之君姜太公。
❼ 五侯：指公、侯、伯、子、男五等爵位的诸侯。九伯：指九州之长，即九州伯长。五侯九伯：此处泛指所有的诸侯。
❽ 女：你们。实征之：可以征伐他们。
❾ 夹辅：辅佐。
❿ 先君：姜太公。履：指足迹所至之处，即齐国可以征伐的范围。
⓫ 海：即渤海和黄海。穆陵：古地名，一说为今山东临朐县南的穆陵关；一说是今湖北麻城市

西北的穆陵山。无棣：齐邑，在今山东无棣县北三十里。

⑫ 尔：指楚成王。贡：指贡物。包茅：裹束的菁茅，即裹成捆用于滤酒的菁茅。

⑬ 王祭不共：周王的祭祀供应不上。

⑭ 无以缩酒：没有可用作滤酒的物资。

⑮ 是征：征索这种贡物。

⑯ 昭王：周昭王。南征：到南方巡狩。不复：死在外面，没有回来。

⑰ 是问：责问这件事。

⑱ 问诸水滨：到水边去问吧。意思是昭王溺水之死，楚国不能负责。

⑲ 次于陉：在陉地临时扎下了营。陉在今河南郾城县南，山名，是个险要的地方。

⑳ 如师：到驻扎在陉地的齐军去。

㉑ 陈：布阵。乘：乘兵车。

㉒ 不谷：我，是诸侯自称的谦词。好是继：是继先君之好。

㉓ 惠：恩惠，惠临。徼：求。徼福：求福。

㉔ 辱：屈辱，即蒙受耻辱。愿：指愿意的事。

㉕ 以此众战：领这些将士作战。

㉖ 以德绥：以仁德来安抚。

㉗ 方城：山名，在今河南叶县南。为池：当作护城河。

㉘ 无所用之：没有用处。

第十三篇

人在巅峰的正确姿态

管仲负责任、肯担当，这样的人做事很容易得到支持，所以齐国霸业也就开始走上巅峰，其标志就是公元前 651 年的葵丘之会。

但是，巅峰是一个最荣耀又最危险的地方。

巅峰的位置最高，向任何方向多走一步，就是下坡甚至是悬崖；巅峰的地位荣耀，但是会有四面八方风风雨雨以及雷电的轰击。

所以走上巅峰不容易，站在巅峰更危险。

因此，如何推动霸业走上巅峰，在巅峰之上又摆出正确的姿态，同样是摆在管仲面前的课题。

一、周王不是省油的灯

管仲设计的称霸，除了要强大齐国之外，还要平定天下。而平定天下，一是要维护华夏内部的和平；二是要组织力量对抗外敌；三，最重要的是匡扶王室。

那么，什么是匡扶呢？

所谓匡扶，一要匡，二要扶。匡就是纠正；扶就是支持。

匡扶王室，是管仲推动齐国霸业走向巅峰的主要动作。

在管仲担任宰相的 40 年当中，一共面对过四位周王。跟所谓"巅峰"有关的，是后面的两位，周惠王和他的儿子周襄王。

公元前的 676 年，周惠王继位。但是没人想到，这位周王却不是一盏省油的灯。他刚一登上天子的宝座，就干了一件让人不快的事情。什么呢？

周朝建立之初，周武王就把土地分封了出去。虽然理论上说，普天之下莫非王土，但是到周惠王的时候，土地控制权已经在诸侯们手里放了四百年之久。想拿回来，总得找个理由，最次也得给对方安个罪名吧？但是这位周惠王一点策略都没讲，硬生生地把别人的土地强占了。强占土地，如果用来干有益的事情，没准也有人帮着说话。但他却用来饲养猛兽，这就更加不得人心了。远古的尧帝时代是尽最大努力猎杀猛兽的，目的是为了保障老百姓安全。而现在周惠王饲养猛兽，建野生动物园，显然会发生伤人事件。所以相当于一上任就开始胡作非为，结果就是引发变乱，然后就被赶出了朝廷，去流亡了。后来在郑国的帮助下，才平息了变乱，重新回到朝廷。

那么遇到这样一位周王，管仲会怎么做呢？

周惠王毕竟是符合礼制的继任者，所以管仲别无选择，还是必须不断号召各国诸侯尊王。虽然管仲内心不可能认同周惠王的品行，但也必须从天下大局出发。很显然，周惠王一旦被废，就得支持没有资格继任的反对派，这样也就破坏了礼制。礼制就是规矩，如果大家做事都不讲规矩，天下就没有了秩序，也就不可能和平，更不可能团结起来对抗外敌了。

很显然，这样的周王是需要匡正的，而匡正周王管仲需要的是一个时机。到了公元前的 655 年，也就是周惠王继任之后的 22 年，时机来了。因为这个时候，周惠王又开始犯另外一个错误，一个更大的错误。

周朝采用的是家天下和世袭制。家天下自然需要周王多生儿子，以加强王室的掌控力。但是生了一大堆儿子，就会出现一个问题，那就是接班人定谁？于是就有了嫡长子继承制，这是世袭制的重点。也许这个设计看上去很美，但是却存在一个漏洞，那就是万一嫡长子残疾、低能、品行卑劣，怎么办？还必须赋予君王另一项权力，可以废立太子。就是因为这一条，历史上发生过无数次宫斗、流血冲突，甚至天下大乱。所以古代的逻辑，君王多娶媳妇不算荒淫无度，但是因为宠爱破坏礼制，才是色令智昏。管仲想维护周室稳定，当然不想看到这种事情发生。

那么，具体这位周惠王做了什么呢？

当时，周惠王已经有了太子，名为郑。但是他后来宠爱另外一位夫人，又生了一个小王子。周惠王不能免俗，所以流露出想要改立太子的迹象。于是，齐桓公也好，管仲也好，都不能坐视不管了。

按礼制继承王位的应该是太子郑。所以从天下大局考虑，齐国必须出手维护礼制。于是在公元前的 655 年，齐桓公管仲一商量，召集了八国诸侯开了一次盟会。这次盟会的目的就是大家一起盟誓，共同支持太子郑作为唯一合法的周王继承人。齐国的这一手，可以说既高调也刚猛。

那么，太子郑到底有没有继承王位呢？

二、走上巅峰的姿态

管仲的这个做法，难免会引起非议。这个未免有些霸道吧？干涉周王的家事，还发动朋友圈进行声援。看起来不像是尊王哦。

其实这件事，在《春秋公羊传》当中做了解释：

> 曷为殊会王世子？世子贵也！世子，犹世世子也。
>
> ——《春秋公羊传》

为什么这么多诸侯要专门去见王子郑呢？因为他是世子，世子就是太子，地位尊贵。所以，支持世子，就等于支持王位首先要由太子继承这项礼制，支持这项礼制一直能够延续下去。作为儒家经典的《春秋公羊传》做出这样的解释，从另一个侧面说明齐国的做法，具有那个时代的正义性。

管仲早年说过，死国而不死君。这个思路套到天下大事上，管仲当然也会首先维护王朝，而不是首先维护某一位周王。怎样维护王朝呢？当然是要维护王朝的礼制。礼制相当于宪法，是周王朝存在的基石，礼制大于王。一旦礼制被破坏了，天下也就乱套了。所以管仲要号召诸侯力挺符合礼制的太子。这件事情的结果，就是保证了几年之后太子郑顺利继位，于是就有了周襄王。

到这里，匡的事情做到了，但是扶呢？管仲的工作还得继续。

周襄王刚刚继位，自然是个新手，很稚嫩，所以还需要扶一把。于是在这个大背景下，公元前651年，管仲主张再次召集联盟各国举办一场声势浩大的盟会。这次盟会有两个目的，一是打造更加文明的联盟，二是稳定周襄王的地位。显然联盟发展得越好，周襄王越稳定；周襄王越稳定，对联盟越支持。这次会盟在葵丘举行，所以被称为葵丘会盟或者葵丘之会。后人认为这次盟会，齐国霸业走上了巅峰。

周襄王得到诸侯们力挺，当然也需要对联盟表示支持。于是他派宰孔代表自己参会，并带来了胙肉，进行赏赐。

宰孔，在《春秋公羊传》当中有说明，他是当时的宰周公，也就是周公之一。周朝实际上有很多代周公，但是由于周武王的四弟姬旦做周公实在太出色了，所以后来周公这两个字几乎与他画上了等号。

那么宰孔带来的胙肉是什么呢？胙肉，就是用来祭祀的肉。那个年代没有冰箱，能够千里迢迢地带过来，肯定是经过特殊处理的，现代有专家分析应该是一种烟熏肉。周天子能够赏赐这样一块肉，不得了，可谓巨大荣耀。

当然，宰孔除了带来胙肉，还捎来了周王的口信。这个口信主要是说明周王自己为什么不来。非常想来啊，但因为工作太忙，实在来不了。意思是请大家不要见怪，感谢各位支持，祝大会圆满成功，等等。

那么周襄王到底想不想来呢？当然想。但是这次之所以不来，是因为有三点不便。

首先，是刚刚继承王位，政局还没有完全稳定下来。这个时候离开，有发生变乱的可能。

其次，天子出行，在周朝是有礼制规定的。所以想来一场说走就走的旅行？

这事对他反而变得异常奢侈。

最后，天子一到场，整个葵丘大会就得以他为中心，就会压了齐桓公的风头。齐桓公什么性格，周襄王应该有所了解。毕竟还需要靠齐桓公撑腰，所以不能这么干。

但是，宰孔替周襄王把场面话说完之后，还带来了一句充满人情味的话。这句话就给管仲制造了一个麻烦，也为齐国霸业的衰落埋下了伏笔。什么话呢？天子说：舅舅年纪大了，又如此辛劳，所以在接受胙肉的时候，就不必下拜了。

天子说出这样的话有带头破坏礼制的嫌疑，但仍旧可以理解为客套一下。天子客套一下，齐桓公本不应该当真，但是周襄王可能没有想到齐桓公的虚荣心很强，万一他将错就错呢？

果然齐桓公非常兴奋，他回头看了看管仲，喜笑颜开地说：怎么样？天子还是知道是我给他撑腰吧？要不咱们就按他的话做得了？显然，这种在重大仪式不守礼制的想法，说明齐桓公已经忘乎所以了，此时他的头脑里可能只剩下自己的荣耀了。

巅峰是一个最荣耀又最危险的地方。到这里齐桓公已经头晕了。头晕，姿态就会出问题，姿态出问题，就可能摔下来。所以说管仲辛苦啊，无论齐桓公头晕到什么程度，他还必须保持清醒。

这个时候管仲说：不可啊。

为君不君，为臣不臣，乱之本也。　　　　　　——《管子·小匡》

做君王的不像君王，做臣子的不像臣子，祸乱就是这样来的。

周襄王为什么能够继位？就是因为符合周王朝的礼制。而现在天子带头破坏礼制，齐桓公又准备接招，王不像王，侯也不像侯，如果天下人都这么办，那就后患无穷了。所以管仲的态度才那么坚决。

齐桓公任性、张扬、好胜，这盏灯同样也不省油。这就是为什么齐桓公成就霸业，后人却把功劳主要归于管仲的原因。孔子说"桓公九合诸侯，不以兵车，管仲之力也。"也就是说没有管仲的努力，齐国是没有可能称霸的。其实在齐国称霸过程当中，桓管二人似乎一直在唱对手戏。齐桓公不断地制造麻烦，出难题，而管仲呢？只有不厌其烦地解决，只有不断地对他进行匡正。

管仲的道理，齐桓公当然也懂。但是个性使然，还是很不甘心，于是他说：

这么多年，我可是做了很多很多事情的。大方面说，九合诸侯，一匡天下。具体点说，我平定北方，征服了孤竹、山戎等地；我平定西方，征服了流沙、西虞等地；我平定南方，征服了吴、越、巴等地，就连荆楚都不敢违抗我的命令。但我做了这么多，并没有得到中原诸侯们的抬举嘛！我想问问，难道我的功绩赶不上夏、商、周三代的帝王吗？

三、天下共识才是重点

还别说，齐桓公的这个问题真的让管仲很难回答。

第一他不能说齐桓公做的事情不伟大；第二他不能说齐桓公的年纪不够大；第三他不能说齐桓公接受这样的礼遇是自我膨胀。这三条都不能说，那么还能说什么呢？再说一遍不符合礼制？当然也可以，但那样对话那样劝说，也太苍白、太乏味，太没智慧了。所以接下来，管仲就运用起了迂回的办法。

虽然齐桓公理直气壮，但上面提到的事情，有一些已经无从考证，有一些虽然有，但话说得太大了。比如楚国不敢违抗这一条，就有吹牛的成分。召陵之盟虽然起到抑制分裂的作用，但是并没有彻底终结楚国向北进犯的野心。虽然不再把矛头直接对准周室，但仍然不断发动战争，并没有齐桓公说得那么乐观。

但管仲是宰相，不能直接拆穿齐桓公。所以只能先把齐桓公说的事情接受下了，然后顺着他的思路往前跨一步。管仲说：

您看现在啊——

美丽的凤鸾看不见，又丑又凶的老鹰和鸱鸮却很多；

甘露及时雨盼不到，而飓风雷暴大洪水却不请自来；

粮食不丰收，家畜不兴旺，但是各种杂草却很繁茂。

古代接受天命的人，都会有龙龟来临，黄河出图，洛水出书，地现神马。

现在什么吉祥的征兆都没有，就算是被人抬举为王，您感觉踏实吗？不会觉得是搞错了吗？

管仲这些话，没有反驳齐桓公所列举的事情，就像太极拳一样柔柔地化解齐桓公的力道。神秘的东西，很容易让人疑惑。在春秋的文化背景下，管仲这种劝阻冒进的方法，往往会有奇效。所以齐桓公一听心里就没了底气。于是出来对各国诸侯说：哎呀，天子的威严即在颜面之前，未离咫尺，我小白虽奉天子之命而不必下堂拜受，但我仍然害怕颠倒礼节，让天子蒙羞。接下来，当然是按礼制完成了仪式。

齐桓公的这种姿态，赢得了诸侯们的好感。天子有不下拜的许可，而桓公偏不领受，看来还是一个遵守礼制的人啊。于是葵丘大会就有了一个良好的开端。

当然这样一次隆重的会议，不是为了把诸侯们约在一起，让大家夸一下动作很标准，然后热烈鼓掌把酒言欢。这次开会目的之一是打造一个更加文明的联盟。有了这样的联盟，华夏就会更稳定，百姓就会更幸福，然后就能达到第二个目的，周襄王日子好过。而更加文明的联盟，就是要达成更加文明的共识，也就是最后形成一个更加文明的盟约。

葵丘会议的盟约，孟子整理出了一个完整的版本。

孟子对管仲并不像孔子评价得那样高大，甚至还有很大的成见。正是因为他没有赞扬管仲的意图，反而使这份盟约变得更有参考价值。

孟子说，这次盟会，诸侯们只是捆绑牲畜，不再歃血为盟，而是采用文字盟约。不歃血，显然要比之前歃血来得更加文明。

盟约的具体条款如下：

初命曰：诛不孝，无易树子，无以妾为妻。
再命曰：尊贤育才，以彰有德。
三命曰：敬老慈幼，无忘宾旅。
四命曰：士无世官，官事无摄，取士必得，无专杀大夫。
五命曰：无曲防，无遏籴，无有封而不告。

——《孟子·告子下》

盟约共有五条：

第一条，说的是匡正王室。诛杀不孝，不轻易改变太子，不以妾为正妻。

第二条，说的用人。尊敬贤能，培育贤才，表彰有道德的人。

第三条，说的是社会风气。尊敬老人，爱护孩子，不能怠慢宾客商旅。

第四条，说的是政务。士一级的官职不再世袭，官员不能兼职，选拔人才要合乎要求，不可任意杀戮大夫。

第五条，说的是跨国关系。不可拦截河流，不可阻塞粮食的流通，有封赏大事一定要通告。

这组盟约显然都是管仲主张的。即便不是他亲自动笔，也主要是在表达他的想法。这五条盟约无疑都是指向更加文明方向的。

首先，这组盟约初看都是大概念，细看条条有所指。其中所列各种问题，比如改立太子、滥杀大臣、重用庸才、拦截河流等等，在春秋时期都是常见的。像拦截河流这样的事情，楚国就干过。所以每一条盟约得到遵守，都会取得立竿见影的实效。

第二，这组盟约可以说是以德为核心的。管仲对于德的重视应该对后来儒家的形成有所影响。在原始简单但又具体的表达当中，其实已经蕴含着丰富的儒家思想。尊贤育才以彰有德无疑是倡导仁义，敬老慈幼无忘宾旅当然是讲究孝悌。

而五条盟约之后，还有一句话，非常重要。

> 凡我同盟之人，既盟之后，言归于好。　　　　——《孟子·告子》

这句话不用解释，一看就懂。主张的就和平啊。中华古风，和为贵！

有了这样的盟约，联盟就不再是狐朋狗友的饭局，霸业就有了进步的意义。所以能看得出来，管仲一心一意致力于华夏文明的升级。从这个意义上说，葵丘之会是管仲事业的一个重要里程碑，他想以此为新起点继续攀登。但是，很不幸的是，葵丘之会成为齐国霸业巅峰的同时，也成了一个向下的拐点。

四、欲望大危险也会大

葵丘大会成功了。但是齐桓公的虚荣心并没有得到彻底满足，炫耀的欲望依然不停涌动。所以在大会之后，他又想起一件事，问管仲：古代封禅是怎么搞的？这一问，管仲的麻烦又来了。

首先，什么是封禅？

封禅，是一种古老而庄重的仪式。封就是祭天，禅就是祭地。古人认为群山当中泰山最高，所以在泰山之上筑坛祭天，就是封；而在泰山下面的小山，比如梁父山和云云山等，在那里辟场祭地，就是禅。封禅是级别最高的大典，一般只有改朝换代，或者开创了太平盛世才会举行，向天地报告重整乾坤的伟大功业，同时表示接受天命而治理人寰。

齐桓公问到这个问题，显然说明他动了这个心思了。

管仲心里清楚，虽然齐桓公经过自己辅佐，取得了不小的功绩，但与三皇五帝商汤文武相比，还是差着一大截呢。并且诸侯封禅，天子怎么办？这是严重的僭越行为，是破坏礼制，必然会引发各国诸侯的强烈不满。

但是，国君只是打听一下，管仲不可不答；齐桓公又没说要去，所以管仲也不能一开口就进行劝阻。怎么办，先往下聊呗。于是他说：

古代封禅的，据说有七十二家，而我能记得的只有十二家。接下来他就列举了十二位赫赫有名的帝王，绝大部分都封泰山，禅云云山。他们都是承担了天命之后才举行封禅大典的。

这些话，管仲没有明说，其实就是让齐桓公自己意识到跟先王的差距。但是，心态不同，齐桓公听到的却是另外一层意思，所以更加兴奋。承担了天命就可以封禅，这方面我做得也不差啊。于是他几乎把之前跟管仲说的那段话，又说了一遍。

还是寡人南征、西讨、北伐，到了多么远的地方；还是天下诸侯没人敢于违抗我的号令；还是九合诸侯，一匡天下，为华夏做了巨大贡献。总之我功绩这么大，难道赶不上夏商周三代的开元之帝王吗？你不否认，那就对喽。所以我要到泰山去，我要封禅！

这回齐桓公算是把话挑明了。

很显然，一个人把同样的道理重复一遍，说明他已经开始较劲了。而以齐桓公的身份和性格一旦较起劲来，没人能够阻拦。怎么办？齐桓公固执己见，管仲也只能另辟蹊径。这一次管仲并没有像齐桓公那样，把之前的道理重复一遍，而是列举事实，讲起了困难。

他说：嗯，也可以。不过有个事情得商量一下。古时举行封禅大典的时候，盛在礼器当中的是鄗上的黍和北里的禾；铺在地上的是江淮之间的三脊草。东海送来比目鱼，西海送来比翼鸟，不召而自至的吉祥物还有十五种之多。而我们现在用来祭祀的奇珍异宝啥都没有，这个封禅大典怎么举办呢？意思说，要么咱们这次祭祀因陋就简，将就一下，不用这些东西了，您看行吗？

听了管仲这番话，齐桓公心里说了声"算你狠"，也就作罢了。

但是封禅的事情虽然被管仲劝下来了，齐桓公的心态却难以避免地流露了出来。按照《春秋公羊传》的记载，接下来再召开盟会，就有九个国家拒绝参加。为什么呢？因为——

> 葵丘之会，桓公震而矜之。
>
> ——《春秋公羊传》

震的意思是盛气凌人；矜的意思是老子天下第一。于是霸业开始走起下坡路。六年后管仲去世，继而齐国内乱，千秋伟业也就自我终结了。

到这里可能会看得更加明白了，孔子为什么认为齐国霸业是管仲的功劳。

齐桓公厉害吗？当然厉害。但没有管仲，他会走向何方？也许他有能力取得局部成功，但是任性、张扬、好胜、虚荣，这样的人是无法站在巅峰之上的。如果没有了管仲的理性和克制，这次葵丘大会极有可能开出的是一场历史闹剧。

巅峰是最荣耀也是最危险的地方。站在巅峰，必须注意自己的姿态。

想要站得稳，就必须克制多走一步的冲动。

说实话，管仲真的不想封禅吗？

齐国霸业毕竟花了他一生的心血，如果能以隆重的方式在历史上书写出浓墨重彩的一笔，肯定是极具诱惑的事情。所以说管仲内心一点都不想，是不合情理的。同时封禅这事虽然僭越礼制，逆天行道，但是齐国国力强大，齐桓公又是天子的舅舅，的确是可以操作成功的。

所以，可取而不取，在规劝齐桓公之前，管仲要做的是首先克制自己的欲望。说得辩证一点，人生的成就，不仅仅在于他拼命做什么，还在于他坚决不去做什么。该为的要坚决去为，不该为的坚决不为，这才是成功者的智慧。

但是，管仲毕竟只是宰相，借助齐桓公提供的平台来实现自己的理想，不容易。由于历史的局限、地位的差别，他无法真正全方位长时间地影响齐桓公。称霸过程当中的这场对手戏，看似管仲屡屡占上风，但剧情总会有反转的一天。

有人指责说管仲当了那么多年宰相，掌握着那么大的权力，但干出的事业却远没有期望的那么大，所以能力平庸。

当然，对一件事情看法不同是正常的。其实要想弄清楚管仲的真实水平并不难，第一跟他同时代的人比较一下。看看那段时间内还有哪位宰相比他当得好，还有哪位思想比他高，还有哪位成就比他大。第二在历史上纵向梳理一下，看一看他的思想到底影响过什么样的人，他的方法是否经世致用，看一看当代生活当中能够找到多少他的痕迹。两个方向都看全了，结论自然也就有了。

【原文选摘】

《管子·小匡》（节选）

葵丘之会，天子使大夫宰孔致胙于桓公曰：“余一人之命有事于文武[1]。使宰孔致胙。”且有后命曰：“以尔自卑劳，实谓尔伯舅毋下拜。”桓公召管仲而谋，管仲对曰：“为君不君，为臣不臣，乱之本也。”桓公曰：“余乘车之会三，兵车之会六，九合诸侯，一匡天下。北至于孤竹、山戎、秽貉，拘秦夏。西至流沙、西虞。南至吴、越、巴、牂牱、䯀、不庾、雕题、黑齿[2]。荆夷之国，莫违寡人之命，而中国卑我。昔三代之受命者，其异于此乎？”管子对曰：“夫凤凰鸾鸟不降，而鹰隼鸱枭丰[3]，庶神不格[4]，守龟不兆[5]，握粟而

筮者屡中；时雨甘露不降，飘风暴雨数臻❻；五谷不蕃，六畜不育，而蓬蒿藜
藋并兴❼。夫凤凰之文，前德义，后日昌❽，昔人之受命者，龙龟假❾，河出图，
雒出书❿，地出乘黄⓫。今三祥未见有者，虽曰受命，无乃失诸乎？"桓公惧，
出见客曰："天威不违颜咫尺，小白承天子之命而毋下拜，恐颠蹶于下，以为
天子羞。"遂下拜，登受赏服、大路、龙旗九游⓬、渠门赤旗⓭。天子致胙于
桓公而不受⓮，天下诸侯称顺焉。

【注释】

❶ 之命：后世学者分析原本无此二字，当因下文天子之命而衍。

❷ 此句当中，罗列的是南夷的一些国号。牂牁：约在今贵州、云南等地，不是齐桓公所到之地。
     𣲅：疑为长瓜，即长沙。不庚：疑为北朐。雕题：交趾。黑齿：位于岭南。

❸ 鹰隼鸱枭：鹰类和猫头鹰，泛指凶猛飞鸟，古以为是不祥之物。

❹ 格：感应。

❺ 守龟：占卜用的龟甲。

❻ 臻：至。

❼ 藋：草名。

❽ 前德义，后日昌：古代人给凤凰赋予的品性。

❾ 假：来到。

❿ 雒：通"洛"。河出图，雒出书：传说中的两种吉祥征兆。传说伏羲氏时，有龙马从黄河出现，
     背负河图；有神龟从洛水出现，背负洛书。

⓫ 乘黄：传说中神马名。

⓬ 大路：大车。龙旗九游：旗名。

⓭ 渠：通"巨"，大。

⓮ 不：后世学者分析当为"下"字。

《管子·封禅》

桓公既霸，会诸侯于葵丘❶，而欲封禅。管仲曰："古者封泰山禅梁父者
七十二家，而夷吾所记者十有二焉。昔无怀氏封泰山，禅云云❷；虑羲封泰山❸，
禅云云；神农封泰山，禅云云；炎帝封泰山，禅云云；黄帝封泰山，禅亭亭❹；
颛顼封泰山，禅云云；帝喾封泰山，禅云云；尧封泰山，禅云云；舜封泰山，

禅云云；禹封泰山，禅会稽；汤封泰山，禅云云；周成王封泰山，禅社首❺。皆受命然后得封禅。"桓公曰："寡人北伐山戎，过孤竹❻；西伐大夏，涉流沙，束马悬车，上卑耳之山❼；南伐至召陵，登熊耳山以望江汉❽。兵车之会三，而乘车之会六❾，九合诸侯，一匡天下，诸侯莫违我。昔三代受命，亦何以异乎？"于是管仲睹桓公不可穷以辞，因设之以事，曰："古之封禅，鄗上之黍，北里之禾❿，所以为盛；江淮之间，一茅三脊⓫，所以为藉也；东海致比目之鱼，西海致比翼之鸟，然后物有不召而自至者十有五焉。今凤凰麒麟不来，嘉谷不生，而蓬蒿藜莠茂⓬，鸱枭数至，而欲封禅，毋乃不可乎？"于是桓公乃止。

【注释】

❶ 葵丘：古地名。在今河南民权县境内。

❷ 无怀氏：古代王者，在伏羲之前。云云：山名，泰山下的小山。

❸ 虙羲：伏羲。虙，通"伏"。

❹ 亭亭：山名，泰山下的小山，在今山东泰安市南。

❺ 社首：山名。

❻ 山戎：古代族名，又称北戎。孤竹：国名。在今河北卢龙南面。

❼ 卑耳：山名。在今山西平陆县境内。

❽ 熊耳山：古山名。

❾ 兵车之会：出动兵马以武力相会。乘车之会：乘车而来以和平面目相会。

❿ 鄗上、北里：皆地名。

⓫ 一茅三脊：江淮之间生长的一种草，又名菁茅。

⓬ 蓬蒿藜莠：都是草名，借指杂草。

第十四篇

齐国愚公的一场悲欢

齐桓公这人有三大爱好，其中之一是打猎。并且在北伐山戎返回齐国之际，很可能就是因为打猎吃了一个大亏，向燕国割让了很大一片土地。

但是，齐桓公打猎也并不总是那么倒霉。比如，接下来的这次，就给齐国百姓带来了福音。

一、不一样的愚公

齐桓公因为有了管仲，大小事情都有一个能人打理，国君当得比较轻松。再加上爱好，所以就有闲心出去打猎。

有这么一次打猎，齐桓公遇到了一头鹿。

鹿是一种非常可爱的动物。身材匀称、体毛熨帖、秀目含春、性格驯良。所以，齐桓公瞬间产生了狼爱上羊的感觉。

但是鹿很善于奔跑，这就大大地刺激了齐桓公的好胜之心。于是他紧追不舍，直到那头鹿划着一条优美的大弧线跑进一个山谷。齐桓公赶紧带人搜索。结果鹿不见了，搜出来了一位老翁。这时候齐桓公问了：请问老人家，这是什么地方啊？

老翁回答：愚公之谷。

那个年代，还没有愚公移山的故事，也不过四月一号愚人节，并且齐桓公也未必有现代人的幽默细胞。但是他还是很好奇，说别人起名字往往起得很大气、很美丽、很吉祥，或者很有纪念意义，而您这地方却叫愚公谷，为什么呢？

老翁回答说：是因为我的缘故。大家送给我一个外号叫愚公，所以这个地方才有了这个名字。

原来是这位老翁外号是愚公！

齐桓公一听就更有兴趣了，仔细打量了一会儿，然后说：我看您的长相、说话，并不愚钝啊，怎么会把您叫作愚公呢？

愚公很老实，也许想跟人说一下心中的委屈。既然您想知道，那就请允许我给您仔细讲一下吧。他说，我家里养着一头母牛，生了一个小牛犊。等牛犊长大了一点，我就把它卖了，然后买了一匹小马驹。看来齐桓公看人也挺准确，这位愚公的确不算愚钝。家里有牛，力气活可以干了，但是还有速度活啊，所以老翁买了匹小马驹，等它长大了，速度活也不发愁了。

但是，接下来愚公又说：这个时候来了一个小伙子，非要把马驹牵走。为什么？他的理由是，你家明明是一头牛，怎么可能生出一匹马呢？！我没办法，只能任凭他把马驹牵走了。结果我的亲戚啊朋友啊，都觉得我太愚蠢了，所以就管我叫愚公，管这个地方叫愚公谷了。

这回明白了，这是一个"愚公失马"的故事，此愚公确实非彼愚公也。那个愚公挖山不止，人们说他愚，是因为他坚持做一件做不到的事情；而这个愚公自保无力，人们说他愚，是因为他放弃了原本属于自己的权益。但是挖山的愚公最终感动了"上帝"，把两座大山搬走了；而这位养牛的愚公，他会面临怎样的命运？

听完这段话，齐桓公感叹了一声说：您啊，的确够愚了。

这时候齐桓公已经忘了那头迷人的小鹿了，于是打道回府，然后把这个故事讲给了管仲听。

齐桓公本以为管仲会跟他一样，听过之后会大笑三声，但是管仲的反应却出乎意料。只见他正了正衣冠，然后向齐桓公拜了一拜说：

这其实是我管夷吾的愚钝啊！

齐桓公听了一愣，我讲的这个故事就是个笑话，可没有责备您的意思，怎么成了您的愚钝呢？

说者无意，听者有心。

管仲是一个善于从小事入手思考大问题的人。我们的古圣先贤，大多都有这样的思维特点。那么管仲想到了什么呢？他说：假如尧帝在世的话，假如咎繇为法官，有谁敢强取别人马驹呢？

这句话里提到的尧帝，自不必说，是古代伟大的五帝之一。而咎繇是谁呢？其实也是一位历史名人，皋陶。他是舜帝的大臣，也是历史上记录最早的司法官员。在《尚书》当中讲到过他运用五刑，就是五种刑罚治理社会，深得舜帝赞赏。所以很多人认为皋陶是中国司法的鼻祖。

那么，管仲提及这两位是什么意思呢？

像愚公这样的老实人，尧帝皋陶在世的时候，不会受欺负，而沧海桑田多年之后，这种事情却在齐国发生了。说明什么？说明齐国的社会治理远没有达到满意的水平。看一个社会的文明程度，指标之一就是看老实人会不会常被人欺负；会不会在被人欺负之后求告无门；会不会在求告之后根本得不到公正的裁决，总之就是弱势群体能否得到合理的保护。如果这些问题的回答都是否定的，其他指标再好，也谈不上有多文明。而现在齐国出了这样的问题，虽然愚公只是特例，而管仲却由此想到了更多。

愚公移山是一个寓言，能够鼓舞精神，所以很有意义。但是愚公失马这件事让管仲进行了更多思考，并由此入手给社会带来改变，同样很有意义。

接下来就看管仲怎么做了。

二、法者，民之父母也

管仲接着说，在尧舜和皋陶的时代，即便是有人敢去强抢，也不会有人就这样给他。而为什么愚公就那么轻易地认栽了呢？

其实遇到这种事情，愚公大概有三种解决办法。

第一，口才足够好，年轻人说不过他，显然愚公不属于口才好的；

第二，体格足够好，年轻人打不过他，你抢我东西，我当然要自卫。显然这位愚公不是那位挖山不止的愚公，不属于体格好的；

第三，就是向公安部门或者法院求助啊。这是一个社会提供给百姓的最文明、最公正的解决渠道。所以愚公可以走这条路，报警！

但是，愚公为什么不去求助司法部门呢？

管仲分析说：显然是愚公认为我们断案和刑罚都不公正，即使求助也未必能够得到保护，是出于无奈才让年轻人把马驹牵走了。

管仲的说法说明他的工作作风很务实，既没有想到遮掩工作中存在的问题，也没有找任何借口为自己开脱。

根源找到了，接下来怎么办？管仲当即表示，我得先把其他事情放一放，去抓一下国政建设了。于是——

请退而修政。   ——《说苑》

但是，所谓国政有很多方面，而现在出的是老实人挨欺负的事情，到底修哪个方面呢？

愚公的事情，既然是齐桓公亲自调查出来的，当然是必须首先解决的一个特例。连国君亲身调查到的问题都不能解决，这些官员就成了摆设了。但是非常遗憾的就是这件事情的处理结果，并没有资料留存下来。后人也只能在心里祝愿愚公找回了自己的马驹，他的心情从而能够化悲伤为欢喜了。

但是像愚公这种老实人受欺负的事情，在古代社会当中却往往是通例，也就是普遍存在的。管仲看到，一个社会总会有聪明人和强壮的人，如果治理不当，就很容易出现"智者诈愚，强者凌弱"的情况。所以不只是这位愚公，还会有其他人，比如愚公、愚婆、愚叔、愚婶、愚哥、愚姐也会受欺负。也就是说，管仲必须在解决特例之后，继续解决老实人挨欺负这一社会通例问题。而通例问题怎样解决呢？当然是进行法治建设了。

古今都有一些学者想把管仲归纳进法家，认为他是法家代表人物甚至是创始人物。其实给管仲贴上法家的标签是不准确的，因为一个法家无法概括，也无法承载他的主体成就。但是通过这些学者的声音可以感受到，管仲对传统法学的贡献是不容忽视的。

中国传统法学的发展，前面提了皋陶，最早的司法官员之一。

接下来，一个很重要的人物，周公。周公在周朝建立之初，就制定了一套官制，其实是执政规范，这就是今天经常能听到的《周礼》。礼在当时起到了一部分法的作用。

接下来，厉害人物就要出场了。西周的第五位天子周穆王，他给中国传统法治建设做了重大贡献。他命吕侯制定了《吕刑》，为五种肉刑制定了非常细致的条款，一共有 3000 条之多。这是目前流传下来的最早的法典。

而这位周穆王不是别人，正是管仲的祖上。

周穆王可不是一般人啊。

首先，他的寿命很长，仅在位时间就有 55 年之久，是西周在位时间最长的天子。并且他两伐犬戎、西征昆仑、平定徐乱、南讨荆楚，同时也曾经会诸侯于涂山，大大地扩展了周王朝的势力范围。他发展交通，重视车辆制造，他希望到处都有车辙马迹，以周行天下。不难发现，管仲的情怀、抱负、格局、作为、思路，都跟他的这位祖先很相似。就比如，《吕刑》有 3000 条款，这种把问题细化的思维，也是后来管仲的风格之一。

于是，在传统法学方面，管仲相当于站在皋陶、周公、周穆王等先人的肩膀上了。这个时候他具备了为中国传统法学开辟新局面的基础。

于是在他当上宰相之后，做了一项非常重要的工作，就是：

修旧法，择其善者而业用之。 ——《国语·齐语》

择其善者，就是保留切合实际，效果良好的；"业"，就是在旧法的基础上，进行一些创造。两者并用，就是现代人说的继承和发展啊。

于是，在《管子》当中，就有了法的定义：

法者，天下之程式也，万事之仪表也。　　　——《管子·明法解》

法是社会生活规范，是做事的标准。这个定义当中的法是广义的，是社会规范的总和。所以刑法和礼制，也都是这种广义法中的一部分内容。

于是，管仲的法就有了明确的功能：

法者，民之父母也！　　　　　　　　　　　——《管子·法法》

父母会做什么样的事情呢？当然是生养子女，保护子女，教育子女。所以在管仲的眼里，能够起到父母一样作用的，是法。国君也好，法官也好，都是以法作为依据，来对民众进行保护的。

于是，齐国就有了基本的法治精神。那就是——

君臣上下贵贱皆从法。　　　　　　　　　　——《管子·任法》

也就是说，不管什么身份都必须守法。即便愚公遇到的是高衙内，同样也能打赢官司。虽然在古代，管仲受历史局限，不可能真正做到现代意义上的法律面前人人平等，但在那个时代他能够提出这样的想法，已经难能可贵了。

总之管仲在法治方面所做的贡献太多太多，无法详述。管仲时代，法的意识在齐国得到了很大的加强。即使到了一百多年后，齐景公想杀个冒犯自己的人，宰相晏婴还会搬出法律条款进行理论。

但是讲到这里，问题又来了。是不是只要有了法治，世界就会变成美好的人间呢？

三、四维不张，国乃灭亡

管仲的看法，仅有法治是不够的。

在祖庙对策之时，管仲在回到齐国之后给齐桓公所讲的称霸方案当中有一条非常重要。当时齐桓公提出想要修明政治，管仲就建议了两件事情。

第一件，管仲说，国君也好，大夫也好，官吏也好，都应该首先回去把自己的家族修整好。让自己家族的人，事业和荣誉相关联，于是家族当中的人都变得互相亲近，互相帮助了。这件事儿很像现代人常讲的团队意识。

第二件，管仲说，就是各乡要选用和推崇贤士，这样一来，民众就懂得礼节，并且勤于求知了。这个建议也很像现代人说的发挥榜样力量。从这以后，齐桓公上朝，就开始向各乡长以及各属大夫询问了：

在你管辖的地方，有没有那些既仁义又好学，既聪明又厚道，既对父母孝敬又对兄弟友善的人？有，就要报告，不然就是埋没人才，要治罪。

在你管辖的地方，有没有不孝敬父母，不恭敬长辈，淫乱粗暴，不听国家号令的人？有，就要报告。不然就是包庇坏人，也要治罪。

一个国家提拔干部的标准，就仿佛高考的科目一样。考啥，想上进的年轻人就会在意啥、学习啥，社会上就会流行啥。所以会形成相应的社会风尚。

那么，这两个建议施行的结果如何呢？

各级官吏都加强属地的治理和家族的修整。任何人，哪怕一个普通的人做了好事，也要进行表彰；同样任何人，就算是高官做了坏事，也要受到处分。于是无论在哪里，无论什么人，都开始加强自律。出现的状态就是，品行不端的男人，无人与之为伍；品行不端的女人，无人娶之为妻。

在当时的齐国很有意思，离婚可以，但离多了不行。男人离婚三次，就会被驱逐出境；女人离婚三次，就要被送去劳教。所以，夫妻二人都尽最大努力把家庭搞和睦。而家庭是社会的最小细胞，这个细胞越健康，社会就会越加稳定和谐，老百姓的幸福感当然也会越高。

最终齐国民众都明白了。在外面做好事，不如回来尽本分。与其为善于乡，不如为善于里；与其为善于里，不如为善于家。

是故士莫敢言一朝之便，皆有终岁之计；莫敢以终岁为议，皆有终
身之功。

——《管子·小匡》

所以，士人不敢贪图一时的方便，都有终年的打算；也不敢只考虑一年之事，
都有终生的事业。显然如果一个人没有明天，今天就可能破罐子破摔；而一旦
有了长远打算，就会进行自我约束，强化自身修养。像那个年轻人强抢愚公的
马驹，明显只能短期痛快一下，而一生的前途，长远发展，都会受到影响。

所以从这些事情看，给管仲贴上法家的标签，显然是不合适的。他提倡
以民为天，在齐国推行九惠之教，并且推举表彰贤人，为社会树立道德仁义忠
信孝悌等风尚，管仲在推行德治方面做过的事情实在太多了。如果非要贴标签，
也可以说除了法家代表人物之外，他还是儒家的代表人物之一。并且因为他是
宰相，具有操作平台，所以他的理想在当时是部分实现了的。

到这里可能有人会有疑问。以上这些都是管仲做的事情，要想称其为"家"
得有自己的理论啊。那么他对儒家的理论有什么贡献呢？

管仲的个性，超级理性，喜欢悟道又喜欢行道，所以他是理论和实践贯通
之人。翻开《管子》一书，关于德治的内容太多了，并且有一些对现代中国仍
然产生着影响。

今天的中国对孔子非常崇拜，很多地方立了孔子的雕像。但是个别雕像存
在一个错误，就是往往在底座上镌刻四个大字，礼义廉耻。孔子固然是伟大的，
但实事求是地讲，"礼义廉耻"这句话，不是出自他老人家之口，而是比孔子
早生了一百七十多年的管仲提出的。

在《管子》一书当中，礼义廉耻，是非常重要的内容：

国有四维，一维绝则倾，二维绝则危，三维绝则覆，四维绝则灭。
倾可正也，危可安也，覆可起也，灭不可复错也。何谓四维？一曰礼，
二曰义，三曰廉，四曰耻。礼不逾节，义不自进，廉不蔽恶，耻不从枉。
故不逾节则上位安，不自进则民无巧诈，不蔽恶则行自全，不从枉则
邪事不生。

——《管子·牧民》

首先，礼义廉耻被称为四维，那么什么是维呢？这个维，其实是绳子。所谓四维，就是古代的车上面从中心支柱拉出去四根绳子，拴在车厢的四角。四维张开，车顶盖就固定住了。

进而，什么是国之四维呢？

管仲说了，国家就仿佛是车顶盖，礼义廉耻就仿佛是固定这个车顶盖的四根绳子。一根绳子断了，顶盖就倾斜了；两根绳子断了，顶盖就摇摇晃晃岌岌可危了；三根绳子断了，顶盖就坍塌下来了；而四根绳子断了，顶盖就被风吹跑了。如果不把礼义廉耻这四根绳子拴牢固，国家就会走向衰败乃至灭亡。所以，国有四维，礼义廉耻。四维不张，国乃灭亡。

礼义廉耻这四个字的具体含义，今天已经不必再做更多解释了。但是，这四个字并不是简单地罗列在一起的，这一点需要引起注意。礼义二字，关注的是正面；而廉耻二字呢？关注的是负面。礼和廉，是行为上对制度的遵守；而义和耻呢？是精神上的道德自觉。所以，礼义廉耻是一个非常科学的结构。

此外在《管子》当中道德仁义忠信孝悌同样也得到推崇。显然，同不宜贴上法家标签一样，也不宜给管仲贴上儒家的标签。但必须承认"礼义廉耻"对儒家学说的形成也产生了非常深刻的影响。

实际上到这里已经很清楚了，管仲所主张的其实是德法兼治。

但是，德法兼治，肯定要比单纯的德治或者法治来得复杂啊。为什么管仲不只用德治或者法治一种打法呢？

四、一个社会的两只翅膀

管仲在一生的工作当中，很擅长理性思维，强调系统构建。理性让他客观，而系统使他兼顾。管仲客观、务实、全面、运动、发展、辩证、系统，更像一个理工男。

比如说刚才讲周穆王，也对中国法治有贡献吧？但是，五项肉刑加起来3000条，一不小心就被割鼻子、剁膝盖、杀头，或者五马分尸，恐怖吧？这种刑罚的严酷，虽然说在当时有进步意义，但必然会随着人类文明发展而遭到扬弃。管仲会不会因为周穆王是自己祖先，就对他的东西不分青红皂白地维护和继承呢？当然不会！所以管仲一边主张进行法治建设，而另一边又不断要求齐桓公"宽刑罚"。管仲的理性客观可见一斑。

另外，管仲在行政、土地、人才、信息、贸易、金融等方面的系统构建，非常出色。同样他在社会风气治理方面的系统构建也很值得后人学习。这套系统的结构就是德法两大模块相辅相成，也就是德法兼治。

还是在祖庙对策之时，齐桓公问：如何保住祖先留下的宗庙社稷啊？

管仲说：从前的先王，周昭王和周穆王效法周文王和周武王，名声也远播后世。那么他们是怎么做到的呢？在这里他提到了两件事：

第一件事情。就是把德高望重的老人们聚集起来，一起来考察推选有德之人，把他们树立成民众的典范。

第二件事情。就是把其他人的行为与这些典范进行对照，并一一记录在册。于是就能发现谁的品行好，谁的品行差。发现了这些，接下来就好办了。管仲说：

> 劝之以庆赏，振之以刑罚。　　　　　　　　　——《管子·权修》

好人好事，要进行庆赏。这个庆赏，用今天玩微信的概念很容易理解。庆就是点赞，赏就是红包。既要有精神鼓励，又要有物质奖励。同时，对坏人坏事，当然就要进行刑罚。这就等于说，庆赏、刑罚双管齐下，说白了就是德治和法治并驾齐驱。

那么，管仲为什么会有这样一种兼治的思维呢？这里需要找一下理论根据。管仲说过这样一句话：

> 凡万物阴阳两生而参视。　　　　　　　　　　——《管子·枢言》

所有的事情是由阴阳对立的两方面合成，这是本质。把这句话结合人性，人性也有善恶的两面，两面结合会出现三种状态，两极和中间，于是就有了三种人，全善的圣人、大恶的恶人，及善恶混合的常人。而这三种人群的划分，就可与德治和法治相联系了。

道德和法律，一个是高标，一个是底线。高于高标的是圣人；低于底线的是恶人；而在两者之间的是常人。高标太低，社会会变得很肮脏；底线太高，民众会活得很紧张。所以，高标和底线一个不能少，宽严有度才是健康的治国之道。

再打个比方，德治和法治仿佛就是一个社会的两只翅膀，只有两只翅膀同样坚强，才能飞到目的地。一只强一只弱，尽管眼睛盯着目标，但是飞翔的姿态是倾斜的，飞久了，就会发现自己偏离了方向，甚至在不停地兜圈子。历史大循环，周期律也有这个原因。

当管仲把这个问题想清楚之后，当然就知道德法兼治才能让齐国飞向美好的未来。

那么，管仲心中的美好未来是什么样子呢?

其实美好的未来，中华民族祖祖辈辈都在憧憬。但是，通过阅读《管子》，我们发现他心中的画面是具体、细腻、丰富，并且动人的，他有他心目当中的理想国度。其中每个细节，都有原文的表述，但是如果讲一句原文解释一句，就需要太长时间。所以，我想用现代的语言，来呈现他心里的画面。他的画面里，到处都是老百姓的生活，每一条，都充满着他的感情、他的期望。在这个画面里——

老实人是不挨欺负的；好心人是受到尊敬的；

贤达之士是有报国之门的；寒门子弟是有机会改变命运的；

官员的财产是说得清来路的；大臣之间是不允许拉帮结派的；

国君是真正爱护民众的；百姓不满也是可以投诉的；

举国上下都是讲礼貌的；对待客人都是很热情的；

父子之间是充满慈孝的；夫妻是不会轻易离婚的；

兄弟之间是情同手足的；邻里乡亲是彼此照应的；

老弱病残是给予抚恤的；孤寡之人要帮搭鹊桥的；

农民的性格是淳朴的；工商的态度是诚信的；

工作是要精益求精的；生活是有长远打算的；

干了坏事，是没人帮着遮掩的；遇见坏人，是没人同流合污的；

法律面前是人人平等的；道德面前是人人自觉的……

除了这些，还可以列举出很多很多。

这些愿望，不仅仅是管仲的，也是无数仁人志士都在努力实现的。由于历史局限，管仲不可能在他那个年代真正实现这些愿望，而现代人对幸福的定义也会因时代的进步有所变化。但是中国人对美好生活的向往之心从未改变，并且一直在努力！

【原文选摘】

《说苑·政理》（节选）

齐桓公出猎，逐鹿而走，入山谷之中，见一老公，而问之曰："是为何谷？"对曰："为愚公之谷。"桓公曰："何故？"对曰："以臣名之。"桓公曰："今视公之仪状，非愚人也，何为以公名？"对曰："臣请陈之，臣故畜牸牛❶，生子而大，卖之而买驹。少年曰：'牛不能生马。'遂持驹去。傍邻闻之，以臣为愚，故名此谷为愚公之谷。"桓公曰："公诚愚矣！夫何为而与之？"桓公遂归。明日朝，以告管仲，管仲正衿再拜曰❷："此夷吾之愚也，使尧在上，咎繇为理❸，安有取人之驹者乎？若有见暴如是叟者❹，又必不与也。

公知狱讼之不正，故与之耳，请退而修政。"孔子曰："弟子记之，桓公霸君也，管仲贤佐也，犹有以智为愚者也，况不及桓公、管仲者也！"

【注释】

❶ 牸：母牛。
❷ 衿：衣襟。正衿：整理好衣服，表示恭敬。
❸ 咎繇：即皋陶，相传为舜时掌刑狱的大臣。
❹ 见暴：遭遇暴行。

《管子·小匡》（节选）

公遂与归，礼之于庙❶，三酳而问为政焉，曰："首先君襄公，高台广池，湛乐饮酒❷，田猎毕弋❸，不听国政。卑圣侮士，唯女是崇，九妃六嫔，陈妾数千。食必粱肉，衣必文绣，而戎士冻饥。戎马待游车之弊❹，戎士待陈妾之余。倡优侏儒在前，而贤大夫在后。是以国家不日益，不月长。吾恐宗庙之不扫除，社稷之不血食❺，敢问为之奈何？"管子对曰："昔吾先王周昭王、穆王世法文武之远迹，以成其名。合群国，比校民之有道者，设象以为民纪❻、式美以相应❼，比缀以书，原本穷末。劝之以庆赏，纠之以刑罚，粪除其颠旄，赐予以镇抚之，以为民终始。"

【注释】

❶ 庙：庙堂，古代君王祭祀和议事的地方。
❷ 湛乐：过度的享乐。
❸ 毕：古代打猎用的长柄网。弋：用绳系在箭上射物。
❹ 弊：破旧的。
❺ 血食：祭祀因有牲牢，所以称血食。
❻ 象：法象。民纪：模范。
❼ 美：后世学者分析当为"券"。此句意为券契表格有法式，让民众依照填写。

第十五篇

汇流成海的科教之兴

管仲主张德法兼治，希望能够建设出一个美好的国度。但是仅有良好的社会风气，没有繁荣的经济当然也不行。当然管仲在经济方面的造诣，可谓先秦历史中的一座高峰。而之所以能够把经济搞上去，也是因为他在另外一件事上下了很深的功夫，这件事就是科技。

一样的社会风气，一个国家坐牛车另一个国家坐高铁，没有比较的时候无所谓，只要有比较，幸福感就会立即不同。管仲当然不可能在德法兼治发展经济的同时，漏掉科技这一大项。

一、关于五音的悬案

在小说《东周列国志》当中有一个故事，这个故事涉及艺术，也涉及科技。

故事上说齐桓公继位之后管仲还在鲁国避难，经过鲍叔牙的劝谏，齐桓公同意重用管仲，于是派人去向鲁庄公要人。但是，当时不敢说想重用管仲，那样管仲就可能被鲁国杀掉。所以只说因为他和齐桓公结下了一箭之仇，想羁押回来，让齐桓公亲手杀了他，以解心头之恨。这样，管仲就坐着囚车上路了。

人家鲁国也有明白人，肯定会有人劝阻鲁庄公，所以管仲担心鲁国反悔。如果鲁国派兵追赶，自己可能就活不成了，想要干一番大事业的理想也就泡汤了。

怎么办呢？问题难不倒管老师。管仲此时心生一计，现场写了一段歌词，名为《黄鹄》，教那些差役唱歌。黄鹄其实就是鸿鹄。

这段歌词写得比较古奥，大意就是感叹一身本领却为现实所困，期待有一天能够振翅高飞，大展宏图。

那么管仲为什么教差役唱歌呢？小说里说，差役们学会了之后，边唱边走，就不觉得疲倦了。于是马奔车驰，一天赶出了两天的路，很快就走出了鲁国。就仿佛纤夫唱着川江号子一样。管仲干过粗活，这事很懂。

而鲁国那边，不出管仲所料，果然后悔了，派了追兵但没有追上。这时候管仲仰天叹曰：吾今日乃更生也！今天是我重生之日啊！

所以小说告诉我们，管仲后来能够大展宏图，多亏了他有音乐才华。

那么，这一段故事是不是真实的呢？

说实话，无论是从读者的角度，还是从研究者的角度，都非常希望是真实的。一般来说，即便是作者想象，也应该有那么一点点影子。如果管仲一点点音乐天分都没有，非给他加这么个情节，底层逻辑不通，写出的人物就不可能像。艺术虽然高于生活，但总得来源于生活啊。

其实作者这样写，还真不是空穴来风，管仲的确跟音乐有一定的关系。

中国古代音乐采用宫商角徵羽五声音阶，就是今天的12356。所以一直以来把唱歌走调称为五音不全。而这五音相对音高怎样确定的呢？最早的记载居然在《管子》一书当中。这就是中国音乐史上著名的"三分损益法"。

《管子》当中说道：宫商角徵羽，这五个声音，其实是五种动物的叫声。比如，宫是牛叫；商是羊叫；角是雉鸣，雉就是野鸡；徵是猪叫；羽是马叫。这是五音来源的说法之一。古今文字读音可能会有所变化，但在农村生活过的人，可能仍然可以找到其中的一些联系。

到这里仍然是个艺术问题，接下来就是科技问题了。

那么如何确定宫商角徵羽这五音呢？《管子》当中是这样讲的。

先确定一根琴弦，这个长度弹出的声音，定为宫，就是1。然后就从这个长度出发，交替着增加三分之一或缩减三分之一。这个方法就叫三分损益法。

具体怎么操作？举例如下：

比如先确定宫音弦长为81，以它为基准。宫弦加长三分之一，就成了108，发音为低音徵，也就是 5̣；再按徵弦长度108缩减三分之一，就成了72，发音为商，就是2；再按商弦长度72增加三分之一，就成了96，发音为低音羽，就是 6̣；最后再按羽弦长度缩减三分之一，就成了64，发音为角，就是3。

于是初步得到了五音长度关系。

古代五音	徵	羽	宫	商	角
简谱音阶	5̣	6̣	1	2	3
弦长比例	108	96	81	72	64

但是徵羽两根弦发的是低音，还需要变成中音。办法是把两根弦各剪掉一半。这样再排列一下，于是宫商角徵羽与弦长的对应关系就确立了。

古代五音	宫	商	角	徵	羽
简谱音阶	1	2	3	5	6
弦长比例	81	72	64	54	48

三分损益法，是我国古代音乐的一个杰出成就，也是我国古代物理学和应用数学的最早例证之一。

但是《管子》当中的这个记载又成了后世的悬案。这个成果是管仲自己研究出来的？还是管仲从乐师那里学到然后记载了下来的？或者跟管仲本人无关，是由其他人整理进《管子》一书的呢？几种可能都有，需要等待更多的证据来解开这个谜。

二、有本事就会有机会

《管子》这本书包罗宏富，近似于中国古代的百科全书。其中科技问题也有很多讨论。

第一，这本书对万物本源、天人关系进行思考，主要观点偏重自然和客观性，没有走神秘主义的路线。这样的思考当然有利于科技发展。

第二，数学问题。在这本书里就有了九九口诀、分数、比例、平方的概念。其中平方，现代很多人也是到初中才开始学习的。并且在书中有一处计算齐国盐政所得的收益，现代研究专家进行验算，结论是严丝合缝。这个好理解，齐国商业发达，算术不好，账就算不清楚。

第三，这本书还谈到了天文历法、土壤学、植物学、探矿学、水文学、物候学等。对由此发展出的农业科技、水利工程、生态保护等科技思想也都有很多记载。

第四，《管子》一书，居然是中国历史上第一本把阴阳和五行配合在一起的典籍，由此讨论了中医理论，并且也有气功和养生知识。所以在科学出版社乐爱国专著《管子的科技思想》当中，认为《管子》一书很可能是《黄帝内经》的思想和资料来源之一。

第五，还有一个令人震惊的事情，就是在《管子》一书当中居然说到，天下水域占 70%，而陆地占 30%。更加不可思议的是，这本书当中给出了地数，其南北方向数据与现代测量到的地球直径相差 1.9%；东西方向数据与地球直径相差 9.8%。这件事情，现代人根本无法解释。

这样的《管子》显然是令人激动的，但是有一个问题也随之而来了。那就是这么多科技思想和成果，难道都是管仲本人研究出来的？

在进行解释之前，先看看管仲做过什么事情。

在《管子》一书讲到，管仲当时确定了七项专业能力。

比如，您家擅长种粮食。在管仲执政时期，齐国的粮食亩产达到了 90 斤，在当时的条件下已经算高产了。这一年粮食丰收了，于是朝廷就派人到您家来了。他们来干吗呢？当然一不是抢粮食，二不是来征税。而是一见到您，官员就先施一礼，因为您是生产能手，高级技术人才啊。

管仲所提倡的社会治理方式，双管齐下，叫劝之以庆赏，振之以刑罚。您家丰收了，官员来表示祝贺，这是庆。但是只庆不赏还是不够给力，所以同时也会给予赏赐。管仲说话算话。那么，赏多少？

> **黄金一斤，直食八石。**　　　　　　　　　　——《管子·山权数》

黄金一斤，或者八石粮食。齐国当时民间使用刀币，而奖励却用黄金，就说明重视程度很高。听到这里，您一定非常高兴吧？

但是您还得先绷住，因为还有好事等着呢。管仲同时还给一项特殊优待，就是免除兵役。当时齐国按照管仲的想法搞了点兵制，就是战事一来，各家都要出人。古来征战几人回？所以免除兵役是一项保护技术人才的重大措施。到这儿您就更高兴了吧。

但是，事情还没有做完。高级技术人才，头脑里的东西是最重要的。就算不去打仗，也总有生老病死的那一天。这个道理管仲当然明白。那么技术的传承和发展，又该怎么进行呢？

首先，还是您这一家，种粮高手。管仲派官员过来的同时，还派了文书。因为您家里人虽然会种地，但未必会写字。文书的任务就是对您进行采访。您的地为什么会种这么好？每一步都要做什么？遇到各种问题怎么办？等等。您就说吧，他不懂的地方还得跟您反复确认。于是您说的话都被记录了，然后就存放到官府当中。作为资料以备其他农户查阅，或者用作教材进行技术推广。这就等于把自己的话变成铅字一样，说大点相当于著书立说了。

也许您家里有个儿子说了，爹啊，咱们这么宝贵的技术，都让别人知道了，好不好啊？

第一，别人家多打粮，你又没少打，有什么不好？

第二，黄金一斤，或者粮食八石，免除兵役，这种奖励能拒绝吗？

所以，管仲做事是懂得人性的。

当然，刚才这些都是比方。您家也许不擅长种粮食，所以这一项奖励您拿不到。不过别灰心，因为管仲还说另外六项能力也可以得到同样的待遇。比如：

蓄育六畜，就是擅长牲畜养殖的；能树艺，就是擅长植树造林的；还有擅长种植瓜果蔬菜；擅长养蚕；擅长医术；通晓天时，擅长预测灾害预估丰歉的，都可以。奖励同样也是黄金一斤或者八石粮食，免除兵役，并且对您进行采访，把您的思想变成文字，为社会贡献智慧。

但是，说到这里您也许还是很着急。我家不是搞生产的，而是搞人文的啊。

别着急，管仲连这个也想到了，所以他确定了五种技艺，比如诗就是其中一项。按照管仲的说法，懂诗说明有文字能力，能记录事物。对生产能手的采访，当然需要这样的人出马。如果您识文断字，懂得写作规范，就会有用武之地。所以在那个年代，您有技能，真是不愁饭吃，也不愁国家发现不了您。有技能的人，国家是会任命官职，也给予相应的奖励。

齐国社会这样搞，结果当然是促进了科技发展。其实，齐国对科技的重视，是有传统的。姜子牙老人家在刚刚开国的时候，就劝其女工极技巧，所以在手工业生产方面早已经领先于华夏。齐国的纺织品、冠带衣履天下，一直以来都是潮流的引领者。后来又有管仲的努力，齐国科技想不领先都难。

三、科技的事情得有人做

实际上，《管子》这本书，目前认为有三个来源。第一就是管仲自己写的；第二就是史官整理的；第三是后世研究者补写的。不过现代研究者有一个基本共识，就是这本书反映的还是管仲的思想和实践。管仲身为宰相，治国理政是他的本职工作。想把齐国经济搞上去，没有科技是不行的。所以他关心科技，扶持科技，注意保护科技成果，是自然而然的事情。

其实管仲本人就很爱琢磨。比如老马识途，因为年轻的时候养过马，所以他懂得牲畜的习性。这件事说大点其实就是动物学的内容。也就是说书中可能有一些科技问题，是管仲自己琢磨出来的。

但是，管仲毕竟是宰相，科技的事情他不一定要身体力行，他可以组织人手帮他记录整理，甚至帮他研究。这是他在先秦诸子当中的独特优势，就像现代的领导有秘书，教授有课题组一样。有些早期学者说了，管仲是宰相，没时间写书啊。这个问题，放在今天都不用解释了。

并且管仲常年对内选拔人才，对外招募人才，这些青年才俊识文断字，因工作需要也会学习科技知识或者进行一些研究。所以在科技方面，齐国也有很多人与之呼应。比如管仲最得力的助手，外交大臣隰朋。在老马识途的那场战争当中，管仲找到了几匹老马，迷路的问题解决了。但是走了那么久，大军已经相当疲劳了，需要进一些饮食啊，于是需要寻找水源。这个时候隰朋就让人去四处看看，哪里有蚂蚁出没。结果真的找到了一个蚂蚁洞穴，向下深挖，水的问题就解决了。在那个时代，这就是科技了。

但是现在有一个问题，那就是管仲那么忙，动不动就出去打半年的仗，有关科技方面的日常工作怎样抓呢？讲到这里，就不得不提到一个人——陈完，桓管时期的科技工作，与他有很大关系。

陈完是陈国的公子，因为陈国内乱，在公元前672年逃难到了齐国。他的后裔取代了姜氏成了齐国的君主，所以这个人本身在历史上就有一些传奇色彩。

齐桓公见面一聊，觉得陈完挺有才，就想用他来做上卿。但是被陈完婉拒了。他担心自己是外来户，身居高位会遭人忌恨。最后齐桓公任命他做了一个业务干部——工正，负责管理工业生产，相当于现代的工业司长。而这个职务受管仲直接领导，所以管仲的治国之道、军事理论，陈完肯定学了不少。前面曾经讲过，管仲提出古代的大数据思维，"遍知天下，审御机数"，他作为工业口的负责人，当然感受最深，于是通过家学影响到后人。他的后人被齐景公赐姓为孙，而这位的孙子就是大军事家孙子，孙子提出的"知彼知己，百战不殆"，其实是管仲"遍知天下，审御机数"在军事领域的具体运用。

陈完分管工业，而工业对科技进步最为敏感。并且他是一位公子，读过书，所以一个关于他的巨大猜想，就出现在现代学者的头脑当中了。

大家都知道，在古代有一本书《考工记》，这本书是目前保留下来为数不多的几部科技著作之一。这本书的历史地位，非常高，是中国现存年代最早的手工业技术文献。记载了大量的生产技术、工艺美术，还有一系列的生产管理和营建制度。目前多数学者认定是齐国的一本官书，用于政府指导、监督、考核手工业工作。

但遗憾的是这本书的作者一直无法确定。最近根据多方面资料，齐文化研究的资深专家宣兆琪教授把写作时间的上限，定在管仲的社会改革时期。由此就在学术界产生了一种假说，即这本书很可能最早是由陈完开始组织写作的。首先管仲重视科技进步；第二陈完又在负责具体的管理工作；第三《考工记》里确有生产管理的内容，从这三条很容易联想到他。这本书当中的技术资料非常宝贵，陈完作为主要负责人，不可能不重视、不过目、不检验、不保留。所以虽然只是猜测，但仍具有很大的合理性。

并且，从时间线索看，在陈完到齐国 6 年之后，管仲把关税降低到零，把齐国变成自由贸易区。为什么？很可能是因为齐国这时的科技已经足够发达，所以出售给他国商人的多是高附加值的商品。陈完经过六年时间，科技工作有了成效，工业品的技术含量大大提高，因此齐国开放市场，时间顺序上也能说得通。

除了《考工记》这本书之外，还有另外一部古代科技著作《齐民要术》，在中国几乎家喻户晓。这本书同样也与齐国有重大牵连。作者贾思勰虽然比管仲晚了一千多年，但他是山东寿光人，古代也属于齐国，并且他还作过齐国故都临淄的太守。而这本书所引用的资料，也与山东或者古齐国有所关联。于是又有一个猜想，管仲当年所搜集的各种农业科技资料，是否也是《齐民要术》的资料的来源之一呢？这个问题即便现在已经无法确知，但是管仲重视科技的思想，一定影响了齐地的风气。至少贾思勰在这点上会受到熏陶。

综合以上分析，由于管仲的重视，促进了齐国科技的发展。但是科技和教育一脉相承。那么齐国的教育又是怎样搞的，在历史上又为中国留下了什么呢？

四、百家争鸣的圣地

春秋时期，知识和技能重点是靠家学传承。

比如管仲的智慧是从哪里来的，这一点他本人做过交代。他说，都是从先王的书里读出来的。但是管仲是贫寒之士，他的书又是从哪儿来的呢？这就有两种猜想。

第一种，因为管仲自己就是周穆王的后代，家里可能保存了一些典籍。也许他的先辈都是爱书如命的。

第二种，管仲先是因为头脑聪明，当上了公子纠的老师，然后到了齐国朝廷，看到了很多先王的典籍。

总之，不是自家的，就是东家的，或许兼而有之。

管仲的交代符合那个时代教育的特点。当时周朝是有官学的，都城设有学校。但是对于接受教育机会很少的平民，基础模式还是家学。

那么，管仲对这种教育模式又做了哪些促进呢？

在祖庙对策的时候，管仲就提出要"士农工商，定业分居"。

先说定业：定业就是子承父业。这样做的好处，管仲说：

> 其父兄之教不肃而成；其子弟之学不劳而能。——《管子·小匡》

这样一说，就知道子承父业在那个时代具有优越性。所以古代某种产业一旦形成，就会持续很长时间，因为是靠子承父业、耳濡目染的熏陶来维持的。

再说分居：分居就是士农工商，不同行业的人分开居住。这样做的好处，管仲说，一是不会见异思迁；二是促进同行之间的交流。

比如说您家里是农民，左邻右舍也是农民。有时候老哥们一起喝喝酒，在豆棚瓜架之下摇着蒲扇聊聊天，就把农业技术顺便交流了。现代人说，你有一个苹果，我有一个苹果，交换一下，每人还是一个苹果；但是你有一个窍门，我有一个窍门，交换一下，每人都有两个窍门了。

这种方式，对农工商而言，主要用来讨论交流专业技能。而士呢？他们讨论什么呢？管仲给这群人划定了一个居住区域，靠近学校。平常他们见面聊的内容，管仲说：

> 父与父言义，子与子言孝，其事君者言敬，长者言爱，幼者言弟。
> ——《管子·小匡》

这些士人本身就是官吏，他们的孩子也是官吏的重要来源，他们能够互相学习，共同进步，肯定会促进社会管理水平提高。

到这里，需要进一步打开思维。

历史总是继往开来的，管仲的做法，毫不夸张地说，也为三百年后稷下学宫百家争鸣的出现播下了宝贵的种子！

一般认为，稷下学宫是齐桓公去世近三百年之后设立的。目的之一是招募天下贤才。稷下学宫，既相当于一所大学，又好比是社科院。在这里发生的百家争鸣，是中华文化史上的重大事件。当时除了官方推崇的黄老之学外，儒墨法兵等各家，都在里面活动，形成了思想多元化的格局。当时的学生可以自由求教，老师也需要努力吸引学生。所以各家各派进行竞争，就出现了前所未有的百家争鸣的生动局面。于是学者们扬长补短、渗透融合、精进学说，而学生们也能开阔眼界、不拘门派、博采众长。如果说东周时期发生了中华思想史上的奥林匹克，那么齐国就是运动会的举办国，稷下学宫就是主赛场。

今天的稷下学宫遗址，只剩下一片田野，禾苗青青。站在遗址，遥想两千年前的智慧激荡，余音袅袅，作为后生多想听听先哲们的交谈！有人认为，《管子》一书的内容也有稷下学者们的贡献。

那么为什么说稷下学宫是管仲播下了种子呢？

第一，管仲通过各种方法招募人才，齐国的、他国的，都欢迎。这些人才的学问大部分不同，所以需要管仲有包容的态度。同时管仲又把士人居住区划定在学校附近，促进他们讨论交流争论，本身就是开风气之先。管仲身后多年，一直备受尊重和推崇，他对齐国各方面影响都是深远的，所以稷下学宫的管理上，包容百家，体现他的精神，没什么可奇怪的。

第二，管仲的职务，使他必须关注各行各业、各个领域，因此他的格局是开放的。这一点只要阅读《管子》一书就能看出端倪。除了科技内容，在哲学、政治、文化、行政、法律、经济、军事、外交、管理、营销、个人修养等方面都在探讨，可以说是那个时代的百科全书。而《管子》之所以能够形成百科全书的风格，其实是因为管仲自身就有大海一样的品格。

通过之前的品读，不难感受到管仲的正面理性，像山一样厚重。但同时，还必须注意到他广阔包容，像大海一样深沉。高山，不为风雷所动，不论谁来，我都坚守自我；而大海，消化万条浊流，不论谁来，你都会变成我。

> 海不辞水故能成其大，山不辞土石故能成其高。
>
> ——《管子·形势解》

管仲是颍上人，在颍水边上长大，后来跨过了淮河、黄河、济水，到了齐国淄水之滨。向北一望，就是大海。管仲思维的开阔、包容、灵动，与海纳百川的景象相呼应，《管子》一书同样也形成了海纳百川的模式。

也许，管仲品格与他所处的自然环境是有关联的。在《管子》一书当中，他曾经谈到过一种现象，就是所谓一方水土养一方人，具体解释是某个地方的人，他的品格与旁边流过的河水有关。河水清澈，人就容易公正；河水湍急，人就容易粗暴。管仲的这个结论，虽然至今无法验证，但是他的思路，既符合古人从自然吸取智慧的方式，也与现代心理学有所吻合。现代社会心理学有一个分支叫环境心理学。环境心理学认为，除人文环境之外，物理环境也对人类群体心理变化有很大的影响。

不是每个人都会受大海的启迪，但是管仲借水悟道，却是有迹可循的。

受大海的启迪，具有大海一样的格局，波澜壮阔的内心造就了波澜壮阔的历史。管仲是真风流！

【原文选摘】

《管子·地员》（节选）

凡听徵，如负猪豕觉而骇❶。凡听羽，如鸣马在野；凡听宫，如牛鸣窌中❷；凡听商，如离群羊；凡听角，如雉登木以鸣，音疾以清。凡将起五音凡首❸，先主一而三之❹，四开以合九九❺，以是生黄钟小素之首❻，以成宫。三分而益之以一，为百有八❼，为徵。不无有三分而去其乘❽，适足，以是生商。有三分，而复于其所，以是成羽。有三分，去其乘，适足，以是成角。

【注释】

❶ 豙：猪。觉而骇：声音直而惊。
❷ 窌：地窖。
❸ 凡：风律。首：调。
❹ 主：后世学者分析当为"立"字。
❺ 四开以合九九：三为一开，九为二开，二十七为三开，八十一为四开。
❻ 黄钟：古代十二律之首。
❼ 有：又。百有八：一百零八。
❽ 不无有：有。乘：三分之一。

《管子·山权数》（节选）

　　桓公问于管子曰："请问教数❶。"管子对曰："民之能明于农事者，置之黄金一斤，直食八石❷；民之能蕃育六畜者，置之黄金一斤，直食八石；民之能树艺者，置之黄金一斤，直食八石；民之能树瓜瓠荤菜百果使蕃袤者❸，置之黄金一斤，直食八石；民之能已民疾病者，置之黄金一斤，直食八石；民之知时、曰岁且阨❹、曰某谷不登、曰某谷丰者，置之黄金一斤，直食八石；民之通于蚕桑、使蚕不疾病者，皆置之黄金一斤，直食八石。谨听其言而藏之官❺，使师旅之事无所与，此国策之者也❻。国用相靡而足❼，相困揲而❽，然后置四限，高下令之徐疾❾，驱屏万物❿，守之以策。有五官技⓫。"桓公问："何谓五官技？"管子曰："诗者，所以记物也⓬，时者所以记岁也⓭，春秋者所以记成败也⓮，行者道民之利害也⓯，易者所以守凶吉成败也⓰，卜者占凶吉利害也⓱。民之能此者皆一马之田一金之衣。此使君不迷妄之数也。六家者即见⓲：其时使豫先蚤闲之日受之⓳，故君无失时，无失策，万物兴丰；无失利，远占得失，以为末教⓴；诗记人无失辞㉑；行殚道无失义㉒；易守祸福凶吉不相乱。此谓君栋㉓。"

【注释】

❶ 教数：教育的方法。

❷ 置：设立。直：相当于。

❸ 瓡：一种可食用的葫芦。荤菜：指葱蒜等带有刺激性的蔬菜。蕃衰：蕃衍。

❹ 阨：困难。

❺ 藏之官：予以记录保存。

❻ 国策之者也：后世学者分析当为国策之大者也。

❼ 靡：指消费。

❽ 相困撰而嗇：后世学者分析当为相撰而澹。撰：积累。澹：通"赡"，丰富，充足。

❾ 四限：四周。高下：调节。

❿ 驱屏：驱策和收藏。

⓫ 有五官技：又当管理五种技能之人。

⓬ 诗者：掌握诗的人。

⓭ 时者：掌握天时的人。

⓮ 春秋者：掌握历史的人。春秋为古代史书的通称。

⓯ 行者：掌祭行神的人。古者道路有神，其名为行。

⓰ 易者：掌握《易》的人。

⓱ 卜者：掌握占卜的人。

⓲ 六家：一诗，二时，三春秋，四行，五易，六卜。前面说五技，在此又说六家，后世学者分析易、卜当为一技。即见：指即刻显现效用。

⓳ 其时使豫先蚤闲之日受之：知天时可使君主及早得到预报而做准备。

⓴ 远占：预测得失。末教：日后的借鉴。

㉑ 失辞：言语失当。

㉒ 殚：后世学者分析当为"阐"。

㉓ 棅：同"柄"，指权柄。

第十六篇

一对组合的成功要诀

管仲的宰相当了四十年。在这四十年里，齐国政坛仿佛在上演一出两个男人的对手戏。齐桓公和管仲，既有对立，又能统一，每当遇到问题，总是能够找到办法把事情拉回到正确轨道，最终干成了彪炳史册的大事。从这个角度说，他们算得上一个很成功的君相组合。

君相组合是历史上一种流行模式。但是不同组合，形成原因不同，运转机制不同，结果也不相同。成功的比如刘备和诸葛亮；失败的比如项羽和范增。

那么，齐桓公和管仲的君相组合为什么能够成功呢？

一、彼此看清看好对方

显然，两个人之所以愿意成为一个组合，必然是相互认同。而认同当然要建立在认知的基础上。

首先，管仲是怎么看齐桓公的呢？

其实在齐桓公青少年时代，管仲就对他做了一个基本评判，就是不要小聪明，有大格局，得大思路，并且比较警醒还喜欢反思。后来小白继位的时候又发生了一件事，让管仲坚定了这种认知。什么事情呢？

齐桓公刚刚继位，下令杀牛宰羊，血祭土地神。当时的排场应该不小。这个时候，负责祭祀的官员祝史，给齐桓公献上胙肉，并且祈祷说：请去除苛捐，改变国君多虚少实的毛病。

说实话，齐桓公刚刚上任，在祭祀神灵这样的重大场合，面对文武百官、工作人员以及吃瓜群众，最应该说的是吉祥话。但是祝史，身为祭祀官员，一上来就挑毛病，这种行为近乎挑衅。所以齐桓公很生气，瞪着双眼，盯着祝史。

但是祝史仿佛就是来找死的，不但毫无畏惧，反而斟酒举杯，继续说：再请除掉国君身上那似贤非贤的毛病！

什么叫似贤非贤？就是假装成贤人的样子，实际上没做贤人的事情。这就等于说齐桓公是个伪君子！这句话实在太敏感了。君位本该是公子纠的，齐桓公继位其实是僭越，是违背礼制的。所以似贤非贤的说法，很容易让人联想到这一层。

于是用腿肚子想想都知道，齐桓公会勃然大怒。身为国君、重大活动、当众受辱，是可忍孰不可忍！这种捣乱分子不杀，以后国君还怎么当？

那个时代，君王手上有生杀大权，他想杀人，一句话的事，根本不用经过司法程序。所以齐桓公一声令下，把他推下去砍了！显然，事情到了这个地步，祝史已经没有活路了。

但是，就在这时剧情发生了反转。盛怒之下，话已出口，并且无人求情的情况之下，齐桓公居然自己硬生生地转了个大弯，最后做出了一个非常艰难的决定，不杀！

这件事发生的时候，管仲还在鲁国避难。消息传到鲁国，尽管是个丑闻，却让管仲看到了齐桓公的一种品格，容人！由此判断，齐桓公的确具有称霸的潜质。这个认知当然是管仲后来愿意背着巨大骂名，转而辅佐齐桓公的重要原因之一。正是因为齐桓公容人，所以才能接受一箭之仇的政敌管仲；才能被曹刬劫盟之后兑现退地的承诺；才能把国情各异的诸侯们统合到一个联盟当中，进而才能当盟主，成为真正的霸主。

组合是两个人的事情，那么齐桓公是怎样看管仲的。

可以说，齐桓公对管仲的看法，其实是来源于鲍叔牙的推荐。齐桓公曾经问鲍叔牙：您为什么这么执着地推荐他啊？

鲍叔牙说：如果仅仅是图个国泰民安，现在我们这老哥几个就足够了。但是，如果你想成就大业，那就非管仲不可。

齐桓公当然想成就大业，大业就是霸业，但是师傅您为什么干不了呢？

鲍叔牙说：在五个方面我都不如管夷吾啊！宽惠爱民，我不如他；运用权力治国理政，我不如他；用忠信交好诸侯，我不如他；制定礼仪示范于四方，我不如他；披甲击鼓，立于军门，使百姓勇气倍增，我不如他。

听完了这些，齐桓公就动了真心，这才放下了一箭之仇。

到这里很容易看明白，齐桓公和管仲除了志向相通之外，各自还有不同的特质。齐桓公有容量；而管仲有内容。齐桓公仿佛是个大葫芦，但这个葫芦到底有多大价值，那得看他装什么。水葫芦、酒葫芦、药葫芦、金丹葫芦价值当然不同。所以往齐桓公葫芦里装高质量的内容，就成了管仲的职责之一。

刘备与诸葛亮也是一对成功组合。刘备有志向有身份也有容人的雅量，同样相当于一个大葫芦，所以他也需要诸葛亮给他注入智慧。有了诸葛亮，他的事业就发展了。

而另外一对失败的组合项羽和范增，项羽力气大，脾气也大，还听不进去话，就仿佛是一个大铅球。铅球砸谁身上都难以承受，所以他横扫天下。但是范增各种想法项羽根本听不进去，只靠一己之能，虽然可以打赢一次战斗或者战役，但很难打赢旷日持久的战争。

二、以真心面对真实

一个组合能够成功，还有第二个原因。

　　齐桓公和管仲本是仇人、政敌，是经过鲍叔牙撮合才走到一起。化解仇恨彼此接纳，当然是个痛苦的过程。恰恰因为来之不易，所以双方都会加倍珍惜。另外两对呢？刘备和诸葛亮经过很长的接触和努力形成了组合，所以也会彼此珍惜。但项羽是从父亲手中继承了范增，所以珍惜之情远不如前面两组。

　　当然，珍惜就要真心，而真心的第一个要求就是说真话。

　　还是管仲刚刚被引渡回齐国之后的那场祖庙对策。两个人进行了一次长谈。管仲的多年思考、真知灼见，一般人不能告诉的，都在此时和盘托出了。管仲首先说了真话。于是齐桓公满眼喜悦，满口认同，他的葫芦开始装进了新东西。

　　但是齐桓公虽然叫小白，却不可能白得那么彻底，他的葫芦里也有预装的东西。所以新东西装进去就发生了化学反应，激烈的思想斗争。

　　几天之后，齐桓公遇见管仲，说了一段话：寡人不幸，有三大毛病，不知道是否妨碍治国啊？

　　管仲是个聪明人，一听就知道问题来了。怎么办？得让先齐桓公自己把三大毛病说出来。只有了解清楚问题在哪儿，才能下手解决。于是就说：哎，有意思，我怎么没听说过呢？

　　其实齐桓公已经思想斗争了好几天，此时只想一吐为快了。他说：第一个毛病，喜欢打猎。我经常趁夜摸黑到禽兽出没的地方，直到四周完全安静再也没有猎物踪影才回来。文武百官经常找不到我，外国客人也经常见不到我。典型的玩物丧志。

　　遇到这种情况，管仲应该怎么说呢？比如管仲说：您这可不行，这哪像个国君的样子啊？一定要改！如果真的这样说话，对方遭受打击，羞愧难当，就不愿意再说下去。接触不到真相，难免会误读误解误判误导。所以管仲说：这个确实不好，但不是最紧要的。

　　齐桓公听了管仲这话，心就没那么虚了。于是他又说了第二毛病：我呀，好喝大酒。一喝起酒来，日夜相继，连轴转。所以文武百官朝廷上看不到我，外国客人也经常见不到我。齐桓公性格的另一面，任性，张扬，好面子，经常喝醉酒，不奇怪。管仲这个时候还是那句话：这个确实不好，但不是最紧要的。

　　但是齐桓公毕竟还是一个警醒的人，一句话听了两遍，心里就有疑问了。

我这么真诚，管仲不会糊弄我吧？于是他抛出了一个更加生猛的问题，说：我这个人行为不检点，很好色。所以我那些表妹，只要长得眉眼整齐的，一般都不让她们嫁出去，而用来充实后宫。这个毛病够大了吧？请注意，古代人姑舅的后代是可以通婚的，所以齐桓公的做法构不成乱伦。

然而管仲听完，依然还是那句话：这个确实不好，但同样也不是最紧要的。

哎呀？齐桓公一想，这就怪了。前些天跟我谈了那么多德治以及官风、民风、礼义廉耻，今天就开始放水了？于是，脸色就变了，口气急迫地质问管仲：这些都不紧要？那你说还有什么坏事不能干？！

其实齐桓公的三大毛病满朝皆知，管仲在加盟之前，当然也要仔细权衡。家天下时代，君王有无上权威，还有很多毛病更多更大的君王。所以不能指望管仲用现代道德标准要求齐桓公。尤其是想成为一个成功的组合，更需要面对最真实的搭档，采用最有效的方式。所以管仲谈了自己的想法。他的意思是：这些毛病确实不好，可假以时日逐步改变。但登基为君，最迫切的是打开局面。这样就有两点忌讳，一是不够敏锐；二是优柔寡断。不够敏锐，事情很难做好；而优柔寡断，时间长了就无人跟随了。

其实，齐桓公当初被管仲射中带钩然后咬破舌头装死，这件事说明他的足够敏锐和果断。但那是处理个人问题。而现在要求他处理国家事务，这事虽然有鲍叔牙教过，但毕竟之前没亲自干过，所以没头绪。没头绪，自然就谈不上敏锐，也就容易表现得优柔寡断。

齐桓公听完，内心暂时平和了一些，然后开始务实。先任命了三位外交大使，并在三个月后任命百官，工作算是全面铺开了。

但是事情到这儿并没有完。齐桓公只问了什么事情妨碍治国，而他的目标是称霸，所以还想问问什么事情妨碍称霸。

换了个时间，齐桓公又问了：我这个人是个吃货，好酒好肉来者不拒。弄得酒都酸了，肉也烂了。我这么干，会不会妨碍称霸啊？

这一问说明齐桓公有所进步，毛病少了，目标大了。而这一次管仲怎么说的呢？这件事啊，的的确确谈不上高贵，但是对称霸构不成妨碍。跟上次说法差不多。但是什么事情妨碍称霸呢？这个说法就大不相同了。管仲说：

不知贤，害霸；知而不用，害霸；用而不任，害霸；任而不信，害霸；信而复使小人参之，害霸。

——《说苑·尊贤》

这些文言都很简单，不做解释便可理解。总之想要获得天下诸侯的尊重，关键是要用贤人。用贤人是一种精神感召，智慧整合，事业容易做大。在这一点上诸葛亮所见略同，他也主张近贤臣远小人。而范增呢？崇尚奇谋，劝项羽在鸿门宴上对刘邦下毒手，玩阴的，注定了最后被项羽怀疑，导致组合破裂。

事实证明，管仲的话确实装进了齐桓公的葫芦，因此，百年树人成了齐国重要国策，并把人才的品质作为重要考量指标。这对组合能够取得成功，与这一点有重大干系。

三、用好干爹的身份优势

管仲本来算是齐桓公的师叔。后来又被齐桓公拜为仲父。

仲父，一般解释为叔叔。但因为管仲的字是仲，所以这个仲父还有干爹的意思。但是管仲比齐桓公其实没有大到一代人那么多，基本上没代沟。所以他们之间既有尊重又能理解的沟通方式，是这对组合的难能可贵之处。

而诸葛亮呢？比刘备小二十岁是小字辈，比刘禅大二十六岁又有代沟，所以他的难度更大。诸葛亮能够干到这个程度，说明的确足够智慧。

而对于范增而言，他比项羽大四十五岁。虽然也被尊称为亚父，但以项羽的个性，天天听一位老爷爷唠叨，很容易心烦气躁。所以仅仅相处了四年。

关于这一点，可以看一看"桓管组合"是怎样沟通的。

有这么一次，齐桓公提出一个要求，说世界这么大，我想去看看。他要去的地方，东海和琅琊，当时不在齐国境内，也不是齐国霸业的主攻方向。那么又派兵又出钱，齐桓公图什么呢？大臣们心里明白，都三大毛病闹的。一路上可以打猎，到处有人请喝酒，途经各国还会献一些美女。所以没什么正事，不过就是贪玩罢了。

因为要动用军队，所以大司马，也就是国防大臣首先提出应该按先王出游的规矩进行。但是先王有哪些规矩呢？大司马不说了，齐桓公就来找管仲问个究竟。而这种问题管仲根本不需要准备就能回答。先王出游，春天外出调查农耕困难，叫"游"；秋天外出补助百姓生活不足，叫"夕"；带着人马管百姓要吃要喝，叫"亡"；在外面玩丢了魂不想回来，叫"荒"。先王重德，他们有游有夕，但从来没亡没荒。

齐桓公的脑子不慢，一听就知道话里有话。但是管仲的说法没毛病，所以连忙退后并拜谢说：哎呀，这可真是宝贵的法度！

但是前面管仲讲的只是史实，还没有表达自己的观点。接下来管仲讲的话，那才是经典。他说：

无翼而飞者声也，无根而固者情也，无方而富者生也，公亦固情谨声，以严尊生。

——《管子·戒》

这段话，乍一听有些难理解，细一想都能有所悟。这段话不说，管仲就是个读书人；这段话一说，管仲就是思想家了。

没有羽翼就能飞翔的是言语，没有根须就能巩固的是感情，没有地位就能尊贵的是心性。您也应该巩固感情，谨慎言语，严守尊贵的心性。什么意思啊？没事咱别到处溜达，把言语、感情、心性三个方面弄好，天下人就会信任您、喜欢您、敬佩您。这就叫道的发扬。

到这儿，管仲说了个道字，应该是想对齐桓公这个葫芦里的内容进行升级啦！

接下来管仲滔滔不绝，一段话讲得很长很长。从节制饮食和情欲，讲到仁义和功利，再讲到道德、诱惑和无为。身为君主要以圣人和王者为榜样，交游少而亲者多，用力少而成效好，听一言就能够贯通万物，这才叫高境界。所以，身为国君到处讲话，说不到点子上，还不如不说；见一大堆世面没空思考，弄不清对错，就很容易跑偏。总之管仲的意思是，世界那么大，走丢了也可怕。

而这一大段话足够齐桓公消化一晚上了。

第二天，齐桓公真没来上朝。

出游受阻，但手脚还在发痒，所以独自一人到了米仓附近打鸟，那个地方鸟多啊。这时候，管仲和外交大臣隰朋过来请示朝政，齐桓公马上迎了过去。为什么那么急切呢？因为他昨晚刚刚想好一套说辞。他说：

哎呀你们看那些鸿鹄，春天往北飞，秋天向南行，从来不误时令。还不是因为有两只翅膀才能在天上畅意飞翔吗？现在的我啊，没有得天下诸侯的认同，为什么是这个局面？你们两位是不是也该反思一下啊？

齐桓公够厉害吧？你们不支持我出游，我也让你们不好受！所以，轻易不要小聪明，真要起来也难弄。这段话竟让管仲和隰朋两大聪明人一时语塞。

齐桓公看两个人没反应，知道一夜的脑筋没白费。再追问一遍，两人还是沉默。于是他乘胜追击：哎哎哎，我都说了两遍了，你们怎么都不言语呢？

到这里，管仲躲不过去了。怎么说呢？没做过准备，只有照直说。所以这一次他就需要利用仲父的能量了。他说：

现在啊，百姓劳苦您却加重劳役；百姓饥饿您却加重赋税；百姓怕死您却加重刑罚。这还不算，同时您还亲近女色，疏远有德之士。像您这样搞，就算是真像鸿鹄那样长两只翅膀，方向不对，又有什么用处呢？

这段话针锋相对，太猛了，不是长辈谁敢说？所以齐桓公一下子就晕了，慌忙做出局促不安的谦恭姿态。但管仲心里清楚，这种话要说就必须一次说透，不然时过境迁，再说就没用了。所以他趁热打铁：

您看看人家先王，减少劳役、减轻赋税、宽缓刑罚，同时近有德而远女色。所以四境之内看见先王就像看见父母，四境之外归附先王就像流水而至啊！

管仲这段话，先指出齐桓公的问题，又把先王树立成榜样，并且描绘了归附者如流水的生动画面。于是齐桓公被彻底打动了。尤其是那个画面，恰恰是齐桓公最为向往的。他这辈子最大的特点，就是希望有更多的人支持自己。于是鸟也不打了，亲自驾车回朝廷。当时管仲坐在左边，隰朋在右边，齐桓公的心情那个爽朗啊。太阳照在了齐国的淄河，淄河边跑着齐桓公的车……

这回管仲的话他算真的听进去了。

四、不可忽视的居间力量

桓管合作四十年，当然发生过分歧，因为有多种共识作为基础，所以总能在对立之后达到统一。但是人毕竟是复杂的，齐桓公葫芦里预装的东西，真的就会被冲淡、湮灭、不再反复了吗？当然不可能，否则他就真的是小白了。

齐桓公年纪大了，但是喜欢喝酒的毛病未改。

有这么一次，齐桓公摆足了姿态宴请管仲。其一他自己斋戒了十日；其二他让人挖了一口新井，宴请用的是新水；其三他同时邀请了鲍叔牙和隰朋作陪，鲍叔牙是管仲的铁哥们，而隰朋又是管仲最得力的助手。其四，为了制造气氛，他还让夫人们端着酒杯给管仲敬酒。如此隆重的宴请，管仲有没有开怀畅饮呢？

管仲历来冷静理性不会情绪化，但这一次他的作为却大大出乎意料。怎么呢？喝完三杯，把杯子一放就走了。这一下场面就变得很尴尬，齐桓公脸上立即挂不住了，当场发飙：我斋戒十日请仲父喝酒，自以为足够恭敬诚恳了。但仲父只喝了三杯，连招呼都没打就走了，什么意思？我到底哪里做错了?！

虽然喝酒是小事，但桓管之间发生矛盾，就有影响国运的可能，所以鲍叔牙和隰朋不能袖手旁观。他们赶紧追出来，在半路上拦住了管仲，说：国君发怒了，赶紧回去解释一下。

发生这种事的原因，现在分析，其一是管仲不想被气氛裹挟，喝多了伤身，因为他也是古代养生的高人；其二也是想刺激一下齐桓公，然后规劝他年纪大了更要心怀江山社稷，注意生命健康，不能贪吃美味。当然这件事最后的结果是齐桓公理解并听从了管仲。

所以尽管桓管之间以真实面对真实，但并不意味着不发生矛盾。这种时候，除了他们二人要谋求解决之道，还有另外一个重要的人物也常常会帮助弥合。这个人物，就是鲍叔牙。其实何止这一次。当时推荐管仲的是鲍叔牙；向鲁国引渡管仲的是鲍叔牙；当最初几年桓管在称霸路线上发生分歧，居间调和同样还是鲍叔牙。他是齐桓公的师傅、管仲的好友，这样一个双方都信任的人物，对组合多么重要！

但是刘备父子和诸葛亮的两次组合当中，有没有一个特征如此鲜明的人物呢？一时想不起来。即便有类似角色，形象也很模糊；而项羽和范增之间，有这样的人物吗？恐怕也很难举出一二。

所以桓管组合彼此认同，能力互补，得来不易，既尊重有加又无代沟，再加上鲍叔牙的不断弥合，形成了一个长达四十年的奇迹。当我们把各种君相组合进行比较的时候，自然容易感受到这个组合的质量，也能体谅出当事人的种种艰难。

但是任何组合都不可能绝对完美。即便是桓管组合，也会出现重大问题。齐桓公的放纵之念，被冲淡了还会聚集，被压制了还会抬头。当葫芦里的化学反应不断加剧，当内心的欲望不断升腾，齐桓公终于按捺不住，于是他干了一件大事，设立女市，女市相当于后人说的妓院。

齐桓公好色，如果仅仅是充实自己的后宫，对治国的直接影响不会太大。但开设女市，直接影响风气，危害就无法估量了。于是社会舆情大爆发，国民吐槽如洪水一般，滚滚而来。

当一位国君在品行上遭到巨大质疑，被全国老百姓从内心深处看不起，他的号召力也就随之失去。没有民众的支持，什么社会繁荣、国家富强、天下和平，等等，都是泡影。

怎么办？管仲痛心疾首，但又必须解决。

怎么解决？

接下来，我们就需要品读一下管仲的另一种品格：牺牲。

管仲曾经说过他自己：

不羞小节而耻功名不显于天下也。　　——《史记·管晏列传》

他曾为了干一番大事业，在名节上做出过牺牲。同样这一次，形势所迫，他还必须继续牺牲。

于是为了转移舆论焦点，管仲主动当起了背锅大侠，做法是自建三归台。这个三归台到底是什么，建在哪里，现代人还在不断考究。但是其豪华奢侈是无疑的。三归台里有什么呢？用现代的话说，有影壁，有吧台，而这些东西当时只有国君家里才可配备。所以不仅仅是豪华奢侈，还有僭越礼制的问题。

于是，齐国百姓再次感觉到震惊。宰相享受极度豪华的生活，并且还对国君不尊重，所以很快都把舆论的炮口对准了管仲。齐桓公的舆论压力顿时减轻了。

其实现在评估管仲这种自伤于民的办法，积极方面是保护了齐国的大局稳定，经济和军事依然发展。消极方面就是社会风气问题并没有解决。管仲一直倡导的"礼义廉耻"，一直致力于维护社会道德水平，这些努力都因此打了大大的折扣。

而从个人角度来说，管仲的举动对自己的伤害是巨大的。后来孔子在《论语》虽然盛赞管仲，但也批评管仲不节俭，不守礼制。虽然到了汉代，司马迁用了一句"齐人不以为侈"，表达了齐国百姓对他的理解，但是不守礼制的印象还是一直存在，并没有得到平反。到了明朝，更加无奈的是被人移花接木，把齐桓公开设女市，安在了管仲的头上。而这种事情，总是有人津津乐道，同时不求甚解，以讹传讹。

其实世界上没有完美的组合，任何事情都有两面性。虽然会有人为管仲感到惋惜，但是从另一个角度看，甘愿为组合做出牺牲，这不也是成功的原因之一吗？

当然，无论什么样的组合也有走到头的那一天。那么桓管组合走到头的时候，又是怎样一种情形呢？

【原文选摘】

《管子·小问》（节选）

桓公践位，令衅社塞祷❶。

祝凫巳疵献胙❷，祝曰："除君苛疾与若之多虚而少实❸。"

桓公不说❹，瞑目而视祝凫巳疵❺。

祝凫巳疵授酒而祭之，曰："又与君之若贤。"

桓公怒，将诛之，而未也，以复管仲。管仲于是知桓公之可以霸也。

【注释】

❶ 衅社：用牛羊的血祭土地神。塞祷：祈祷。
❷ 祝：祝史，官名。亀巳疵：人名。胙：祭肉。
❸ 苛：苛捐。若：后世学者分析当为"君"字。
❹ 说：通"悦"。
❺ 瞑：后世学者分析当为"瞑"。

《管子·小匡》（节选）

三日，公曰："寡人有大邪三，其犹尚可以为国乎？"对曰："臣未得闻。"

公曰："寡人不幸而好田❶，晦夜而至禽侧❷，田莫不见禽而后反❸。诸侯使者无所致，百官有司无所复。"对曰："恶则恶矣，然非其急者也。"

公曰："寡人不幸而好酒，日夜相继，诸侯使者无所致，百官有司无所复。"对曰："恶则恶矣，然非其急者也。"

公曰："寡人有污行，不幸而好色，而姑姊有不嫁者❹。"对曰："恶则恶矣，然非其急者也。"

公作色曰："此三者且可，则恶有不可者矣❺？"对曰："人君唯优与不敏为不可❻。优则亡众，不敏不及事。"

公曰："善。吾子就舍，异日请与吾子图之。"对曰："时可将与夷吾，何待异日乎？"

公曰："奈何？"对曰："公子举为人博闻而知礼，好学而辞逊，请使游于鲁，以结交焉。公子开方为人巧转而兑利❼，请使游于卫，以接交焉。曹孙宿其为人也，小廉而苛伏❽，足恭而辞结❾，正荆❿之则也，请使往游，以接交焉。"

遂立行三使者，而后退。

【注释】

❶ 田：通"畋"，打猎。

❷ 晦夜：黑夜。禽侧：同"禽"，禽兽繁殖的草野湖泽之地。

❸ 莫：后世学者分析当为"漠"，静也。

❹ 姊：姊妹，是姊的异体字。

❺ 恶：哪里。

❻ 优：软弱少决断。

❼ 兑：通"锐"。

❽ 廉：考察，查访。苛，细微；忕，察。

❾ 辞结：后世学者分析当为"辞给"，意为言辞敏捷。

❿ 荆：楚国。

《说苑·尊贤》（节选）

桓公问于管仲曰："吾欲使爵腐于酒❶，肉腐于俎❷，得毋害于霸乎？"管仲对曰："此极非其贵者耳❸；然亦无害于霸也。"桓公曰："何如而害霸？"管仲对曰："不知贤，害霸；知而不用，害霸；用而不任，害霸；任而不信，害霸；信而复使小人参之，害霸。"桓公曰："善。"

【注释】

❶ 爵：古代饮酒之器。后世学者分析此句当为"酒腐于爵"。

❷ 俎：切肉用的砧板。

❸ 极：远。

《管子·戒》（节选）

桓公将东游，问于管仲曰："我游犹轴转斛❶，南至琅邪。司马曰：'亦先王之游已。'何谓也？"管仲对曰："先王之游也，春出，原农事之不本者❷，谓之游；秋出，补人之不足者，谓之夕。夫师行而粮食其民者❸，谓之亡；

从乐而不反者❹，谓之荒。先王有游夕之业于人，无荒亡之行于身。"桓公退，再拜命曰："宝法也。"

【注释】

❶ 犹：后世学者分析当为"欲"。轴：车由二字误合。转斛：转附，山名。

❷ 原：察看。不本：农民无本钱、无种子。

❸ 师行：人马出行。粮食其民：耗费百姓粮食。

❹ 反：同"返"。

《管子·中匡》（节选）

桓公谓管仲曰："请致仲父❶。"公与管仲父而将饮之，掘新井而柴焉❷。十日斋戒，召管仲。管仲至，公执爵，夫人执尊❸，觞三行❹，管仲趋出。公怒曰："寡人斋戒十日，而饮仲父，寡人自以为修矣。仲父不告寡人而出，其故何也？"鲍叔、隰朋趋而出，及管仲于途曰："公怒。"管仲反❺，入，倍屏而立❻，公不与言。少进中庭，公不与言。少进傅堂❼，公曰："寡人斋戒十日而饮仲父，自以为脱于罪矣。仲父不告寡人而出，未知其故也。"对曰："臣闻之，沉于乐者洽于忧❽，厚于味者薄于行，慢于朝者缓于政，害于国家者危于社稷，臣是以敢出也。"公遽下堂曰："寡人非敢自为修也❾，仲父年长，虽寡人亦衰矣，吾愿一朝安仲父也。"对曰："臣闻壮者无怠，老者无偷，顺天之道，必以善终者也。三王失之也，非一朝之萃❿，君奈何其偷乎？"管仲走出，君以宾客之礼再拜送之。

【注释】

❶ 仲父：齐桓公对管仲的尊称。

❷ 柴：为使井水清洁，用柴盖井。

❸ 爵、尊：皆为古代盛酒之器。

❹ 觞：酒器。觞三行：古礼，臣子侍宴，酒不得过三觞，过即失礼。

❺ 反：返回。

❻ 倍：背对着。

❼ 傅：接近。

❽ 沉：沉溺。洽：浸润。

❾ 修：后世学者分析当为"偷"字。

❿ 萃：后世学者分析当为"猝"字，意为急速、突起。

《战国策·周文君免士工师藉》（节选）

周文君免士工师藉，相❶吕仓，国人不说❷也。君有闵闵❸之心。谓周文君曰："国必有诽誉❹，忠臣令诽在己，誉在上❺。宋君夺民时以为台❻，而民非❼之，无忠臣以掩盖❽之也。子罕释❾相为司空，民非子罕而善❿其君。

齐桓公宫中七市，女闾七百⓫，国人非之。管仲故为三归之家⓬，以掩桓公，非自伤于民也⓭。

【注释】

❶ 相：任命……为相，动词。

❷ 说：通"悦"，高兴。

❸ 闵闵：忧虑的样子。

❹ 诽誉：诽谤和赞誉。

❺ 上：君主。

❻ 民时：百姓耕作的时间。以为台：去建造台阁。

❼ 非：非议。

❽ 掩盖：指为君王掩饰、代君王受过。

❾ 释：辞去。

❿ 善：赞美

⓫ 市：市场。女闾：妓院。

⓬ 三归之家：在家里修建台阁，命名为三归。

⓭ 自伤：自己故意伤害。

第十七篇

一代名相的沉重嘱托

　　管仲无疑是伟人，但伟人的生命也有走到尽头的一天。

　　公元前645年管仲去世，与此同时齐国开启了内乱模式。于是国力衰退，辉煌无法持续。

　　一般来说，只要不是特殊情况，宰相去世之前会做临终嘱托。历史上也记载过类似的事情，比如萧何、诸葛亮。所以寿终正寝的管仲，应该不会缺少这一环。但是管仲去世后齐国内乱不止，这种情况就引发了后人的追问：

　　管仲临终到底都嘱托了什么？

　　他的嘱托是否真对齐国有利？

　　齐国的内乱到底应该由谁来负责？

一、个性十足的君子

　　管仲本是贫寒之士，年轻时颠沛流离，拜相之后又日理万机。到了这个时候，已经熬干了心血，油尽灯枯，即将长眠。管仲病重，齐桓公当然要来看望，于是就有了一段往事——病榻论相。

关于病榻论相这件事，在《史记》当中记载得相对简略，而在《管子》当中，有两处记载。三处记载在内容和细节上虽有所差别，但结合起来，基本上可以还原出完整的过程。

齐桓公来了，看见管仲形容枯槁，心里非常难过。但是作为一国之君，生死见多了，这个时候应该重点关注的是比生死更重要的国家大事。于是他说：仲父啊，您病得这么重，原谅我说句犯忌讳的话，如果这病治不好，您看谁能帮我打理这个国家呢？

齐桓公的问题非常重要，但管仲这个时候却没有说话。

为什么不说话？很显然，任命宰相是齐桓公的权力，管仲最多只有建议权。而出于对国君的尊重，管仲得先看看齐桓公心里有无人选。

果然，齐桓公先亮了底牌。他问：鲍叔牙的为人怎样？

看来齐桓公想用鲍叔牙。

但是这样想的话，就把事情看得太简单了。其实这个问题味道很怪。因为鲍叔牙是他的老师，相处50多年，怎么可能不了解为人？鲍叔牙才是他最信任的人。所以，从这个角度分析很可能是齐桓公并不想请鲍叔牙做宰相。如果是真想，他的问题应该是鲍叔能力如何，宰相这个活儿能不能干下来。甚至，根本不问，管仲去世之后，直接任命就是了。

但如果不想，为什么还要问呢？

这是因为鲍叔牙是齐桓公和管仲关系当中绕不开的人物，一边是师徒一边是朋友。这个人物不谈透，管仲可能不会谈到其他人选。而齐桓公担心的恰恰是管仲直接并且强力推荐鲍叔牙。所以他这个问法就是提醒管仲注意鲍叔牙为人问题，希望他不要把友情凌驾于国家利益之上。

到这里可能会有很多人感到吃惊，鲍叔牙为人有问题？什么问题？

其实，齐桓公的担心也不是一点道理没有。一般高官卸任，谁不希望继任者是自己的好朋友？因为那样更容易保护家眷安全。谁在位上不得罪人啊。但是齐桓公这个担心，也确实把管仲看得太低了。死国而不死君，管仲一直把国家利益看得最重。

现在，我们回到对话当中。齐桓公问的是为人，管仲当然应该从这里切入。于是他说：鲍叔牙这个人，是个大君子啊！为人好到什么程度呢？即便是送给他一个千乘之国，如果他觉得没道理，也不会接受。这样的为人怎么样？当然好啦。

估计齐桓公这时已经非常紧张了，但接下来管仲的话锋一转，说：不过好是好啊，却不能把国政大事托付给他。

什么？大君子不能当宰相？不用君子，难道要用小人吗？这种疑问肯定是你有我有全都有的，所以管仲要讲清楚自己的道理。于是管仲谈到了鲍叔牙的个性——

其为人也，好善而恶恶已甚，见一恶终身不忘。——《管子·戒》

但他这个人啊，善恶太分明，眼睛里不揉沙子。看见别人做了一件坏事，就耿耿于怀，终生不忘。

这下明白了，原来鲍叔牙的个性是一柄双刃剑。

积极的一面，因为他"犯君颜色，进谏必忠，不辟死亡，不挠富贵"，所以管仲推荐他做大谏官，也请他负责啧室。

而消极的一面呢？身为宰相需要每天面对形形色色的人物。比如自私自利，好吃懒做，性情古怪，甚至有污点有前科的，等等。可以说人人都有毛病。古语说"宰相肚里能撑船"，强调的就是能包容。

鲍叔牙是君子，但谁说君子不能有个性呢？有个性才真实、才可爱。只要把个性用对地方，就能够发挥好作用。但是鲍叔牙这种个性显然不适合当宰相。他若真当，一是很难当好，二还可能伤身体。所以管仲不支持是有道理的。从这个角度看，管仲还是心疼这位老哥哥的。

到这里，齐桓公管仲达成了共识，鲍叔牙当不了宰相。但是这个位置不能空着啊。于是齐桓公问：那么，您觉得谁行呢？

二、做事还得靠团队

到底谁能入管仲的法眼呢？管仲说：隰朋能行。

隰朋这个人，简单介绍一下。

第一，身份上他也是姜家的后裔，相当于齐桓公的远房侄子。管仲在当上宰相不久，就推荐他做了外交大臣。原因是礼节娴习，语言得体，刚柔有度。

第二，虽然出生年月不清楚，但隰朋做了四十年的高官，说明年纪不小。不过管仲临终推荐他，说明不会太老。所以应该是老臣当中的少壮派。

那么，推荐隰朋有什么理由呢？接下来管仲说：

第一条，他见识很广，虚心下问。宰相要管多领域多层面的事情，如果见识不够，也不虚心学习，很容易搞成外行领导内行。

第二条，他处理国事的时候有些事情不亲自管，同样处理家事也有些事情不亲自问。懂得授权，相信部下。当宰相不可事无巨细，事必躬亲。

第三条，隰朋不会因私废公，也不会公而忘私。他既对君主忠诚，也善于自我保护。处事周到，人格健康，忠孝两全。因为没有大偏执，当宰相也不会有大偏差。

第四条，说点具体的。隰朋曾经代表国家救济难民，但是受惠者最终都不知道他是谁，就是做好事不留名。不用国家财富为自己笼络人心，所以他由贤臣变成权臣的可能性很小。这一条尤为重要。

最后管仲说：隰朋这个人——

消息盈虚，与百姓诎信，然后能以国宁。　　　　——《管子·戒》

懂得消长盈亏的规律，与百姓同屈同伸，能让国家长治久安啊。

隰朋有了这样的品格，他当宰相，就两个字，放心！

事实上，管仲去世之后，齐桓公的确重用了隰朋。但造化弄人，隰朋仅仅干了十个月就去世了。有一些文艺作品说隰朋身体不好，这是后人的杜撰，没有明确的史料依据。其实，他之所以去世得这样早，除了做宰相的劳累之外，还有一层非常重要的原因，而这个原因管仲已经看到了，并且也表达了担心。

管仲在推荐了隰朋之后叹息一声，说：

天之生朋，以为夷吾舌也。其身死，舌焉得生哉！

——《管子·戒》

天生隰朋，就仿佛是我的舌头。就是我想到什么，他都能意会，都能说出我的想法。管仲的愿望、主张、思想、理论、系统、方法等，鲍叔牙不见得能够完全理解，但隰朋却一点就通，一拨就亮。由此两人越来越默契，久而久之就成了真正的知己。管仲是隰朋的思想之源，而隰朋是管仲的希望之星。

身体没了，舌头无法独生。管仲和隰朋之间，可以称得上是知音之交。人生难得一知己，遇到知己当然是特别开心的事情。但是越是知音心就越近，一旦失去就会带来巨大的悲痛，这样的道理管仲当然明白。所以他最担心的是自己走后，隰朋会不会倍感孤独，会不会伤心以致伤身。

病榻论相进行到这里，就出现了一个问题。管仲既然表达了担忧，那么两个人为什么没有讨论隰朋之后该用谁呢？按照这个情况分析，应该是隰朋当时的身体状况非常好，所以管仲的担心并没有引起齐桓公的足够重视。管隰二人的友情到底有多深，齐桓公可能体会不到。并且推荐接班人这件事情非常敏感，国君不问，管仲自然不能主动提出。

这个时候，齐桓也有他的考虑。在认可了隰朋之后，他又生出了另外一层担心。那就是隰朋拜相，朝中其他大臣会不会心存不满。所以他问了一句：

不幸而失仲父也，二三大夫者，其犹能以国宁乎？

——《管子·戒》

如果不幸，仲父您不在了，那么国内的这几位大夫能让国家安宁吗？我理解，这里面暗含一层意思：就是隰朋当宰相，其他几位大夫愿不愿意配合？

这个担心当然很有道理。隰朋虽好，但工作还是需要团队来完成。当时齐

国大夫主要有鲍叔牙、宾胥无、宁戚、孙在四位，他们都跟管仲相处多年，彼
此非常了解。所以管仲说：鲍叔牙好直；宾胥无好善；宁戚能干；孙在能说。
什么意思呢？显然是在说这几位各有优点，如能互补，就是一个优秀团队。

但是管仲正面肯定，在齐桓公看来还是没有把问题谈透。于是他说：仲父啊，
这几位大夫的才能的确非比寻常，我现在一并用之，国家还是不安宁，这是为
什么呢？他们是不是也有问题啊？

人之将死其言也善。此前管仲从来没有点评过同僚在为人方面的缺点。但
现在是临终嘱托，此时不说，就是对国君不真诚，对齐国不负责。所以他直言
不讳。鲍叔牙的问题两人刚刚讨论过了，而其他三位呢？管仲说：宾胥无好善，
但不能为国家受委屈；宁戚能干，但不知道适可而止；而孙在能说，却不懂得
静默守信。显然管仲讲这些缺点，这是希望齐桓公继续使用时能够扬长避短。

现代人总说，没有完美的个人，只有完美的团队。每个人都有优点也都有
缺点。优点融合，团队就坚如磐石。缺点碰撞，团队就一盘散沙。所以整合优
点是团队制胜法宝。而管仲相信，以隰朋的智慧具有这样的能力。

进行到这里，一个优秀团队的框架及合作要领就基本确定了。隰朋是核
心人物，其他四位大臣都有过人之处，会用就能发挥好作用。但是话说到这里，
还有一件事一直压在管仲的心头。

三、圣人说话有远见

此刻齐桓公心里很清楚，这是最后一面了。但是最后一面，管仲难道就没
有其他要求吗？国家的事情谈过了，私人事情有没有呢？于是他又问：如果您
的病真的治不好了，您还有什么想托付我的吗？

管仲说：即便您不问我，我也必须要给您进一言。但是恐怕我说了也没用，
您还是做不到啊。

齐桓公听到这句话，马上表态：仲父啊，这么多年您让我向东，我就向东；
您让我向西，我就向西，您让我做的事情，我怎敢不听从啊？

于是，管仲突然爬起来，正了正衣冠，跪拜于齐桓公的面前。用生命最后力气，以最为郑重的姿态，提出了一个非常重要的警示：

请您一定要远离那几个小人啊！

按照《史记》和《管子》的记载，这三个小人分别是竖刁、易牙和开方，当时都是齐桓公眼中的红人。

这三个人的事情，已经在多处提及。其中为了讨好齐桓公，竖刁挥刀自宫，甘愿进宫当太监；易牙为了讨好齐桓公，杀了自己的儿子，就是为了让齐桓公尝一尝人肉的味道；而开方本是卫国公子，为追随齐桓公来到齐国，十五年没有回家看过父母。

这三个人放在古代语境当中，从齐桓公的角度看，当然会把他们当作忠心耿耿的仁义之士。而管仲基于人性判断，认为他们是齐国的巨大隐患。这种人，人格扭曲，心性残忍，最容易成为白眼狼。帮你的时候万分给力，咬你的时候一口致命，所以建议齐桓公一定要远离，要将他们赶走。

那么，这件事管仲为什么说得如此郑重呢？因为它所涉及是齐桓公自身的私欲和人性弱点。江山易改禀性难移，希望一辈子任性张扬沉迷声色的齐桓公到老了改变自己，当然非常困难。所以郑重的姿态就是为了强化规劝的效果。

管仲的预料的确精准，尽管齐桓公信誓旦旦，但最终结果是没能做到。

不久之后，管仲去世了。十个月以后，隰朋也去世了。

齐桓公最初也的确听了管仲的话，罢了几个小人的官。但是很快老国君就遇到了新问题。没有竖刁，内宫混乱了；没有易牙，饭菜难吃了；没有了开方，朝政也懈怠了。

齐桓公一看就着急了。他说：看来圣人说话，也有出错的时候啊。他认为管仲的判断有误，于是又把这几个小人官复原职了。这几位又可以围在齐桓公身边，每天逗他开心了。

但是好景不长，很快齐桓公年老体衰，走到了生命的尽头。

这个时候，几个小人原形毕露。他们把齐桓公围困在房屋之内，不允许他外出。当时，有一位妇人从墙洞爬了进去。齐桓公问她：我饿了想吃饭，渴了想喝水，但怎么喊都没人给我送，这是为什么呢？妇人告诉他，这几个小人都在支持齐桓公的几个儿子争权，道路已经十天不通了。

齐桓公终于醒悟，但为时已晚，只能叹息了一声：

圣人之言长乎哉！   ——《管仲·小称》

圣人的话还是有远见的啊。然后他无奈地说：还好啊，人一死就没知觉了。如果有知觉，我还有何脸面到地下去见仲父啊！说完，拿过白头巾，裹住脑袋，去世了。但是，由于齐桓公的儿子们忙于争夺君位，没人管他死活，六十七天没有入殓，以至于尸体上生的蛆都爬出了门外。春秋时期的大牛人，他为华夏做过巨大贡献，最后却落了这么一个可悲的下场。

但这仅仅是开始。

齐桓公共有三位夫人，遗憾的是都没生儿子。还有六位如夫人，如夫人，可以简单理解为享受夫人待遇的女子。而这六位，每位都生了儿子。

其中，公子昭，在六个公子中间显得比较仁义，因此，齐桓公和管仲就跟宋襄公做了嘱托，将来会立公子昭为太子，请宋襄公到时候加以援助。本来立了太子，就当把资源向太子倾斜，让他实力壮大。但是其他五位如夫人也想立自己的儿子，而齐桓公好色，被轮番而至的迷魂汤灌糊涂了。从后来六子争立的情况看，齐桓公极有可能经不住枕边吹风，每位公子都给了希望。

所以齐桓公还没有去世，六个儿子就开始互相攻打。后来竖刁和易牙控制内宫，诛杀群吏，立了公子无亏。群吏其实都是管仲培育起来的干部，于是干部队伍溃散了。

后来的故事非常惨烈。

三个月后，公子昭在宋襄公支持下杀掉了公子无亏，自立为齐孝公。

再后来，齐桓公的另一个儿子，杀掉了齐孝公的太子，自立为齐昭公。

又后来，齐桓公的另一个儿子，杀掉了齐昭公的太子，自立为齐懿公。

最后，齐懿公的太子也被杀了，于是齐桓公的另一个儿子回到齐国，被立为齐惠公。

到此，三十几年当中，齐桓公的六个儿子，除了有一位逃亡秦国，其余五位全部当过国君，都过了一把瘾。但就在齐国公子忙于争位的时候，华夏西北的晋国开始崛起，成了新霸主。

四、此种无奈最扎心

管仲去世前后的故事，《史记》《左传》《管子》当中都有记载。虽然各有侧重，细节不同，但大脉络是一致的。由于齐国后来发生了内乱，所以历史上有人因此指责管仲，说他没有把身后的事情安排好。

那么，对管仲的指责是否能够站住脚呢？

在进行分析之前，先看看历史上另外两次临终嘱托。

第一次，汉代的萧何。

汉代萧何去世之前，年轻的皇帝汉惠帝也到了病榻之前。同样也提出了接班人选问题。但是萧何却只说了一句：知臣莫如主。萧何为什么不直接回答？显然他也需要知道皇帝心中有没有人选。贸然提议，有可能会引起皇帝的猜疑，认为萧何结党营私。萧何跟管仲一样，即便临终也要讲这个分寸。

果然，汉惠帝问道：让曹参干怎么样？

这时候萧何立即点头，说：皇上得到了贤才，我萧何死而无恨了。

萧何去世之后，曹参接班。由于萧何制定的各个方面的制度都很到位，曹参没有进行调整和改变，保持了国政的连续性。于是就有了一个常用的成语，"萧规曹随"。

第二次，三国时期的诸葛亮。

诸葛亮病重之时，后主刘禅派李福前去探望和照料，并代表刘禅咨询国家大事。数日之后李福离开，走到半路，觉得没把意思说透，所以就折了回来。诸葛亮这时才说：我知道您一定会回来的。前面虽然聊了好几天，有些话的确没有说透。您问的事情，蒋琬可以。

到了这里就知道了，诸葛亮最初也没谈由谁继任。为什么？因为李福当时没问。为什么不问？因涉及生死，李福不好开口。李福不问，诸葛亮也不能主动提起。蜀国内部本来也有质疑诸葛亮专权的舆论，诸葛亮也有顾忌。

那么诸葛亮为什么后来又主动说了呢？显然大限将至，再不说就来不及了。这个时候，个人的名声与国家利益相比，当然要服从大局了。

但是，李福头脑比齐桓公清醒，接下来又问了一句：蒋琬之后谁可以呢？诸葛亮回答，费祎可以。那么费祎之后呢？诸葛亮就不回答了。

后来，蜀国的情况要比齐国和汉朝都好。诸葛亮去世之后，蒋琬和费祎都得到了重用。蒋琬又活了十二年，费祎活了十九年。两个人都继承了诸葛亮制定的各种制度，因此维护了国家的稳定，边境不虞，邦家和一。所以刘禅——也就是阿斗，这样的弱主也能在位四十一年。

到了这里就可以对三个嘱托进行一些比较了。

第一，这三位名相都有一个共同特点，他们都为后世留下了伟大的遗产，就是政体和制度。司马迁在《管晏列传》当中讲道：

> 管仲卒，齐国遵其政，常强于诸侯。　　——《史记·管晏列传》

司马迁说，管仲去世之后，齐国按照他留下的国政系统继续运行，尽管经过六公子三十多年的折腾，但齐国仍然保持着强国的地位。国政系统具有强大的容错能力，这是管仲为齐国打下的坚实基础，这个贡献显然是伟大的。

第二，管仲的嘱托，按目前所能见到的史料看，要比萧何以及诸葛亮更为全面。萧何、诸葛亮，他们都只做了一个建议，就是谁来继任。而管仲呢？他推荐了隰朋接任宰相；又提醒如何用老臣之长避老臣之短；最后还提出一定要远离小人的警示。所以管仲的嘱托才是最细致的。

历史上有人指责说，小人杀不光，所以管仲劝谏远离小人没有意义，还是推荐一个好宰相最为靠谱。

首先说管子没推荐宰相，不符合史实，在此已经不需要再做分辩。

其次说远离小人没有长久意义，大道理是对的，但缺乏政治智慧。小人的确杀不光，但齐国当时已经坐大的小人就那么几个。这几个小人被废，其他小人还需要很长时间才能爬到重要位置。所以齐桓公如果真正做到远离小人，就会形成一个宝贵的时间窗口。这个窗口其实就是齐国继续发展的良机。但是齐桓公偏偏没有抓住，很令人遗憾。

第三，不管怎么说，齐国毕竟很快进入了内乱。这个责任主要在谁呢？

这个问题不用纠结，国家发生内乱，主要责任当然是要由国君来负。具体说：齐桓公继位本身就是僭越。所以他给儿子树立了一个不好的榜样。既然老爸用了这种方式，儿子们为何不可？而在这种情况下，齐桓公对太子问题还摇摆不定，六个儿子人人都觉得自己有希望。祸根是自己种下的。而立太子是国君的家事，齐桓公再摇摆不定，管仲也必须等待齐桓公的决定，不能多嘴。这正是古代为臣的无奈。

其实萧何也有这样的无奈。在他去世之后，曹参也没干多久就去世了。接下来汉朝也很快出现了诸吕之乱。皇室内部的矛盾，萧何同样无法解决。所以我们对萧何没有苛责。

那么为什么蜀国在诸葛亮身后还有很长的稳定期呢？重要原因是刘禅虽弱，却尊重了诸葛亮安排。如果刘禅也不听话，蒋琬费祎又能奈何得了他吗？所以刘禅后来宠信小人导致灭国，这笔账也算不到诸葛亮头上的。

所以，作为后人需要从内心深处感受一下管仲的无奈。

还记得管仲的那句话吧？他以生命尽头的最后一丝力气，跪拜在齐桓公面前说：我说了您也做不到。可以想想当时的他是一种什么样的心情？

人的一生应该怎样度过？管仲虽然没有虚度年华碌碌无为，但是他的能量，很可惜，并没有完全爆发出来，齐国还没有达到他心中的理想状态。当他预见到去世之后必然发生祸乱，用四十年创造的繁荣即将衰败，于是华夏稳定，百姓幸福，都将如梦幻泡影，他内心里的痛苦可想而知。

像管仲这样大智慧的人，在有路可走的情况下却无力回天，这种无奈才是最扎心的。

历史上有很多人对管仲做出过评价，有褒有贬。那么，管仲到底是个什么样的人呢？已经盖棺，但是怎样定论呢？

【原文选摘】

《管子·戒》（节选）

　　管仲寝疾，桓公往问之，曰："仲父之疾甚矣，若不可讳也，不幸而不起此疾，彼政我将安移之？"管仲未对。桓公曰："鲍叔之为人何如？"管子对曰："鲍叔，君子也，千乘之国，不以其道予之，不受也。虽然，不可以为政，其为人也，好善而恶恶已甚❶，见一恶终身不忘。"

　　桓公曰："然则孰可？"管仲对曰："隰朋可，朋之为人也，好上识而下问，臣闻之，以德予人者谓之仁，以财予人者谓之良；以善胜人者，未有能服人者也。以善养人者，未有不服人者也。于国有所不知政，于家有所不知事，必则朋乎！且朋之为人也，居其家不忘公门，居公门不忘其家；事君不二其心，亦不忘其身。举齐国之币。握路家五十室❷，其人不知也，大仁也哉，其朋乎！"

　　公又问曰："不幸而失仲父也，二三大夫者，其犹能以国宁乎？"管仲对曰："君请矍已乎❸。鲍叔牙之为人也好直，宾胥无之为人也好善，宁戚之为人也能事，孙在之为人也善言。"公曰："此四子者，其孰能一人之上也❹。寡人并而臣之，则其不以国宁，何也？"对曰："鲍叔之为人，好直而不能以国诎❺；宾胥无之为人也，好善而不能以国诎；宁戚之为人，能事而不能以足息❻；孙在之为人，善言而不能以信默。臣闻之，消息盈虚，与百姓诎信❼，然后能以国宁勿已者❽，朋其可乎？朋之为人也，动必量力，举必量技。"

　　言终，喟然而叹曰："天之生朋，以为夷吾舌也。其身死，舌焉得生哉？"管仲曰："夫江、黄之国近于楚，为臣死乎，君必归之楚而寄之；君不归，楚必私之。私之而不救也，则不可；救之，则乱自此始矣。"桓公曰："诺。"

【注释】

❶ 已：太。

❷ 握：通"渥"。路：通"露"。握露：穷困。

❸ 矍已：自己衡量。

❹ 孰：后世学者分析当是"埶"字，即才艺。

❺ 诎：受委屈。

❻ 足息：止息。

❼ 消息：即消长。诎信：屈伸。

❽ 勿已：没有终结。为：如果。

《史记·齐太公世家》（节选）

管仲病，桓公问曰："群臣谁可相者？"管仲曰："知臣莫如君。"

公曰："易牙如何？"对曰："杀子以适君，非人情，不可。"公曰："开方如何？"对曰："倍亲以适君，非人情，难近。"公曰："竖刀如何❶？"对曰："自宫以适君，非人情，难亲。"

管仲死，而桓公不用管仲言，卒近用三子，三子专权。

……

四十三年。初，齐桓公之夫人三：曰王姬、徐姬、蔡姬，皆无子。桓公好内❷，多内宠，如夫人者六人，长卫姬，生无诡❸；少卫姬，生惠公元；郑姬，生孝公昭；葛嬴，生昭公潘；密姬，生懿公商人；宋华子，生公子雍。桓公与管仲属孝公于宋襄公，以为太子。雍巫❹有宠于卫共姬，因宦者竖刀以厚献于桓公，亦有宠，桓公许之立无诡。

管仲卒，五公子皆求立。冬十月乙亥，齐桓公卒。易牙入，与竖刀因内宠杀群吏，而立公子无诡为君。太子昭奔宋。

桓公病，五公子各树党争立。及桓公卒，遂相攻，以故宫中空，莫敢棺❺。桓公尸在床上六十七日，尸虫出于户。十二月乙亥，无诡立，乃棺赴。辛巳夜，敛殡。

【注释】

❶ 竖刀：竖刁。

❷ 内：妇官。

❸ 无诡：公子无亏。

❹ 雍巫：易牙的字。

❺ 棺：入棺。

《管子·小称》（节选）

　　管仲有病，桓公往问之曰："仲父之病病矣❶，若不可讳而不起此病也，仲父亦将何以诏寡人❷？"管仲对曰："微君之命臣也，故臣且谒之❸，虽然，君犹不能行也。"

　　公曰："仲父命寡人东，寡人东；令寡人西，寡人西。仲父之命于寡人，寡人敢不从乎？"管仲摄衣冠起，对曰："臣愿君之远易牙、竖刁、堂巫、公子开方。

　　……

　　臣闻之，务为不久❹，盖虚不长。其生不长者❺，其死必不终。"桓公曰："善。"管仲死，已葬。

　　公憎四子者废之官。逐堂巫而苛病起兵❻，逐易牙而味不至，逐竖刁而宫中乱，逐公子开方而朝不治。桓公曰："嗟！圣人固有悖乎！"乃复四子者。处期年，四子作难，围公一室不得出。

　　有一妇人，遂从窦入，得至公所。公曰："吾饥而欲食，渴而欲饮，不可得，其故何也？"妇人对曰："易牙、竖刁、堂巫、公子开方四人分齐国，途十日不通矣。公子开方以书社七百下卫矣❼，食将不得矣。"

　　公曰："嗟兹乎！圣人之言长乎哉！死者无知则已，若有知吾何面目以见仲父于地下！"乃援素帻以裹首而绝❽。

【注释】

❶　病病：疾甚曰病。

❷　诏：指告诉。

❸　故：固然。谒：拜见并报告。

❹　为：后世学者分析当为"伪"字。

❺　长：后世学者分析当为"良"字。声之误。

❻　苛病：精神错乱。

❼　以书社七百下卫：古代二十五家置一社。将七百社写在文书上然后降于卫。

❽　帻：头巾，手帕。

第十八篇

逆袭人生的多面精彩

管仲的一生是个传奇。

从贫寒之士到大国宰相，他的人生之路可谓跌宕起伏、波澜壮阔、华丽转身、成功逆袭。

作为一个人，他交朋友用真心，为大局肯牺牲，负责任、有担当，讲诚信、懂克制。虽饱受生活磨难，却未坠青云之志。

作为一位宰相，他沉着冷静地下着一盘大棋，运用痛点思维、取予哲学、轻重策略、德法兼治，希望把齐国建成一个理想国度。

总之，他既像山一样稳定高耸，也像海一样开阔包容。他的身上有太多的看点。可以说他是经世济民的天才、保卫华夏的巨人、洞察人性的先哲、系统构建的大师。

一、经世济民的天才

经世济民，通常的解释是为社会带来繁荣，让百姓安居乐业。后来从这个词衍生出了"经济"

一词。这两个词既有联系，但又不完全相同。可以说管仲在经济方面非常有建树，的确发挥了经世济民的作用。

管仲是古代杰出的经济学家。无论是《史记》《国语》等史料的记载，还是《管子》一书的内容，都能说明管仲对经济问题做过很多思考。管仲本人要比西方古典经济学之父，写《国富论》的亚当·斯密早了 2400 年。在《管子》一书当中，对生产、分配、交换、消费、均衡等重大问题都有精彩的论述。更为可贵的是管仲做过具体实践。他的实践既包括系统设计，也有一些实操手段。比如他在土地、税收、盐铁、贸易、金融、科技、信息等方面，都做了精心筹划。

在《管子·轻重丁》当中讲到了这样一件事。

有一天齐桓公问管仲：五衢那个地方很多人都穿得很寒酸，衣服上有破洞，鞋底也磨穿了。有没有什么办法把衣料的价格降下来呢？

一般的思路，想让布匹降价，就应该扩大产量。供大于求，价格就会降低。但是管仲却说：把路旁树枝修剪一遍，尽量减少树荫的面积。齐桓公照办了，果然很快就有了效果，不到一年当地百姓的衣着完整了。于是齐桓公很奇怪，召见管仲询问原因。

管仲怎么解释的呢？他说：树荫大了，大白天的男女老少很多人聚在树下，谈玄论道，谈情说爱，下棋跳舞，各种娱乐。休闲人多时间又长，必然影响耕作，桑麻也得不到很好的料理，纺织出产当然就少，衣料怎能不贵呢？

管仲的想法很让人惊奇吧？树荫的大小还能跟经济扯上关系。不读《管子》恐怕没人会这样想问题。现代社会还真有一个现象与之对应。比如高速公路，路边一定要有封闭的栏杆，休息区也要保持一定距离。如果不这样，再好的路面，速度也提不起来。车速上不去，经济就得下来。管仲一个简单的动作，道理既深刻又朴实，类似的故事，在《管子》一书当中还有很多。

管仲去世之后，被安葬在临淄牛山。牛山虽不算高，但有美丽传说。尤其有了管仲墓，更是有仙则名。后来临淄区政府在此兴建了管仲纪念馆，供全世界访客拜望。在管仲墓前，有一块石碑镌刻着曾在临淄做官的明代诗人毛维骐的诗句：

> 幸脱当年车槛灾，
> 一匡霸业为齐开。
> 可怜三尺牛山土，
> 千古长埋天下才。
>
> ——《管仲墓诗》

所谓天下才，其实就是天才。管仲是天才的说法，早在他活着的时候就已经有了。在他还没当上宰相的时候，鲁国人就曾经这样评价过他。

从明朝开始，每年的三月三、九月九，当地人都会举办牛山庙会。由于管仲曾经给齐国人创造了富裕生活，所以当地人把他奉为财神。庙会的时候，附近百姓除了到庙会上交易和游玩，还要到管仲墓前进行祭拜。庙会现场，管仲纪念馆门前的广场上，十几万人，人头攒动，喜气洋洋。有一首民歌《赶牛山》反复播放：

> 年年是都有三月三，
> 姊妹二人赶来牛山……

除了在齐地被奉为财神之外，管仲还在全国范围内作为盐神受到祭拜。

比如在江苏泰州，明初就有一座管王庙，里面祭祀的就是管仲及其夫人。这座庙是由当地盐工修建的。其作用一是纪念盐神管仲，二是供盐工歇脚。

再比如在四川资中罗泉镇，有一座清代建成的盐神庙。这座庙以管仲为主神，以关羽和火神作为辅神，他们一左一右站在管仲的侧后方。从山东到四川，万水千山，但管仲的影响却没受路程阻隔。

能够成为百姓心中的财神和盐神，当然说明他是经世济民的天才。

二、保卫华夏的巨人

做这个评价的依据，主要参考的是《论语》当中孔子对管仲的点评。

《论语·宪问》当中记载，曾有一个人问孔子，管仲这人怎么样啊？

孔子说：

> 人也。夺伯氏骈邑三百，饭疏食，没齿无怨言。
>
> ——《论语·宪问》

关于这个人字，至少有两种观点。一种是人才；第二种说法按前后文看应该是在人字之前脱了一个"仁"字，连起来就是仁德之人。对管仲进行全面了解后，第二种说法的可能性更大，因为管仲是一位爱民的宰相。于是这句话就变成了：他啊，那可是仁德之人啊。他没收了伯氏骈邑的家产，伯氏只能过粗茶淡饭的日子，但是直到老死也没怨言。

这件事既然孔子提到了，当然是有的，但是具体细节没有相应的史料记载。按照常理分析，伯氏之所以没有怨言，第一说明管仲做事公正；第二当然是管仲让伯氏认识到了自己的罪过。管仲讲德法兼治，按法如果应该剥夺，当夺就夺，法不容情。但如果只是简单地夺了，伯氏就会怀恨在心，因此必须从德的角度进行教化，让他内心端正。所以孔子说管仲是仁德之人，也就可以理解了。

但是孔子说管仲仁，学生子路就有不同意见了。他说：齐桓公杀了公子纠，召忽自杀以殉，但管仲却没有自杀。管仲不能算是仁人吧？

也许不同的人对《论语》有不同的解读，这里只是一家之言。在《论语·宪问》当中，孔子说完前面那句伯氏无怨言之后，只隔六句话，就出现了子路的问题。很可能这两个问题是在同一场合提出的。即便不是同一场合，子路的问题也极有可能是伯氏骈邑那个问题引发的。因为孔子先说了管仲仁，子路没听明白。

弟子对自己的说法有疑问，孔子当然需要给个解释了。但是子路提的这个问题涉及儒家倡导的"忠"字。按照常规理解，管仲不为公子纠殉节，应该是没有把忠做到位。说一个不忠的人有仁德，孔子似乎自相矛盾了。这个问题看似有些棘手，但是孔子的境界毕竟要比学生高很多，他说：

> 桓公九合诸侯，不以兵车，管仲之力也。如其仁！如其仁！
>
> ——《论语·宪问》

桓公多次召集各诸侯国的盟会，大家没有兵戎相见，华夏和平了，这些都是管仲努力的结果啊。这就是他的仁德，这就是他的仁德。两个如其仁，一般解释为孔子在做强调。

孔子的重要主张之一，就是维护周礼。礼就是秩序，有秩序才有和平。而管仲其实也在维护礼制，所以两个人在这一点上是相通的。有人会说，为什么要维护礼制呢？既然已经出问题了，为什么不把旧制度砸碎呢？这就需要历史地看问题。管仲在世的时候周朝虽然开始衰败，但还远没有到崩溃边缘。就仿佛一台机器，虽然有几个部件坏了，但在可以修复的情况下，正常的思路当然是修复，而不是砸碎了重买。所以孔子很理解管仲。在孔子的心里，一个维护了华夏秩序的人，当然可以称作仁了。同时孔子的话说得也很有意味。子路的性格直率且好勇，年轻的时候还凌暴过孔子，所以孔子跟他说天下和平，其实也有对他的疏导。华夏社会需要和平，而作为一个人在社会上生活当然也需要平和。

这样说完，子路没问题了。但是旁边还有一个学生子贡。子贡是个商人，脑子更活泛，所以他比子路想得更多。接下来他又问了：老师，管仲不能算是仁人了吧？桓公杀了公子纠，他不殉死也就算了，反而去做齐桓公的宰相，这就不能称作仁德了吧？显然子贡的问题逼得更紧。

接下来，孔子的回答非常精彩。怎么精彩呢？

首先，孔子申明大义：

> 管仲相桓公，霸诸侯，一匡天下，民到于今受其赐。微管仲，吾其被发左衽矣。
>
> ——《论语·宪问》

就是说管仲给齐桓公当宰相，称霸诸侯，匡正天下，老百姓到今天还在享受着他创造的幸福。如果没有管仲，我们都披头散发、衣襟向左做野蛮人呢。孔子的这句话提到了三件事情，维护华夏秩序、抗击外敌侵略、创造百姓幸福。作为一个诸侯国的宰相，能为整个华夏做这么大贡献，历史上这样的人能有几位呢？屈指可数吧！

然后，孔子对照世俗。他说——

岂若匹夫匹妇之为谅也，自经于沟渎而莫之知也。

——《论语·宪问》

管仲岂能像平常男女一样，为守小节不愿蒙羞于世，就找个小水沟自己勒死？说到这里，子贡不论懂还是没懂都不好再问了。再问，就成了匹夫匹妇了。

所以按孔子的评价，维护华夏秩序、抗击外敌侵略、创造百姓幸福，这三件事情都要感谢管仲。尤其是抗击外敌这件事非常重要。"微管仲，吾其披发左衽矣"，也就是说如果没有管仲，华夏文明就中断了。孔子的说法无异于给管仲封神——中华文明的守护神！而面对这样的神明，华夏子孙都应该心怀敬意。

孔子之后，管仲仍然受到很多人的推崇。不过人无完人，管仲当然也会受到一些批评甚至诋毁。但是不论这些人出于什么目的，都无法撼动孔子的赞美。一句赞美盖得住所有的诋毁。保卫华夏的巨人，管仲当之无愧。

三、洞察人性的先哲

关于人性，中国历史上曾经有过讨论。最著名的是孔子"食色性也"，以及孟子的性本善和荀子的性本恶。但是很少有人知道，管仲对人性也有非常深刻的洞察，并且深入细致到可以执行的层面。

这里先列举几个事例。

在说到土地政策时，管仲的依据是什么呢？就是把土地分到农民手上，一家人的劳动积极性就会爆棚，起早贪黑不知疲倦。

在讨论军事问题时，管仲说如果一个人的祖坟、官爵、老婆孩子都在这里，一定会全力以赴地加以保卫。

在谈到报酬问题时，管仲说了很长一段话。如果一个人做了贡献没拿到报酬，他就会选择离开；如果贡献很多但报酬很少，用现代话说就是付出和回报不成比例，他就没有积极性了，不再卖力；如果贡献少还能拿到高报酬，他就很容易变狡诈，习惯于偷奸耍滑；如果没做贡献白拿报酬，他就常常心存侥幸。

管仲谈的这些其实都是人性。

每个人都会本能地追求幸福、逃离痛苦，这是基本人性。管仲称之为"欲利而恶害"，也就是趋利避害。但是由于人在同一个社会中生活，所以从社会的角度看会对人性有善恶的判断。就是说一个人可以追求幸福，但不能以危害他人为代价。管仲主张在无害的前提下，从人性出发调动积极性和创造性。在这一点上，现代管理学恰与管仲相通。比如绩效考核以及各种奖励制度，都是首先从基本人性出发的。

有一年，管仲算了算账，不错，国库收入就有四万二千金。这里的金，不是黄金，是青铜。于是他向齐桓公报告，并且提了个建议：选个日子开个会，把这些钱赏赐给将士。齐桓公这人比较大大咧咧，满口答应，就照你说的办！于是管仲组织了一场大练兵。他请齐桓公在主坛上站好，大臣们左右簇拥。管仲先击了一阵鼓，然后问：两军交战，谁能首先攻入敌阵，打垮敌兵？

将士们一头雾水，所以没人吭声。管仲又击了一通鼓，再问一遍，还是没有回应。直到第三遍，才有一个人问：请问是多大的敌阵？管仲说：一千人。那人说：一千人的敌阵，我能！请注意，一千人这个数字没有必要较真，因为现在已经无从了解这个人是否也是军官，到底带着多少人马了。这个时候管仲说：好！记下名字，战场上如能做到，赏赐一百金。

接下来，管仲又问：两军交战之时，谁能擒获对方的军官？这次没用三鼓，立即就有人问：多大敌阵的军官？管仲说：一千人。那人说：我能！于是管仲又说：好，记下名字，战场上如能做到，赏赐一百金。

这一下，军人们的豪气就被激发起来了，纷纷承诺自己杀敌的数量。至少要承诺杀掉一个敌人吧？没人会承诺自己只能是被杀的。就这样，四万二千金一会工夫就分完了。

看到这儿，齐桓公开始后悔了。苦着脸说：仲父，您这个搞法我怎么看不懂啊？管仲笑了：您啊，不必忧愁。这些将士在外做了承诺，相当于为乡里争得了荣誉，乡长就会夸奖他的英勇表现，父母会受到尊重，老婆孩子跟着荣耀。为了这些，将士们打仗就不再怯阵。靠这样的将士打仗，收获的东西那就远远不止区区四万二千金喽。

旁边的大臣听懂了，原来如此，有道理。齐桓公也认了，那就这样办吧。

接下来，管仲又吩咐高级将领说，对下级军官一定要以礼相待。他们来了，一定要降两阶相迎。走的时候，要送给他父母四石酒、四鼎肉；父母不在了怎么办呢？那就给他老婆孩子送三石酒、三鼎肉。那时候酒的度数虽然不高，但也不会便宜，毕竟农业还不发达，没有那么多粮食用来酿酒。

结果这套政令推行了半年，人心发生了巨大变化，老百姓都在谈论齐桓公的仁德。于是父亲教育儿子，兄长提醒弟弟，妻子鼓励丈夫：国君对我们这么好，你如果不在前方英勇杀敌，还有脸回来见我们吗？所以那个年头，男人如果没去杀几个敌人，全家老小还真不好意思见人。

接下来，管仲趁热打铁，发起了针对莱夷的战争。

历史上莱国一直与齐国有摩擦，管仲后来曾经用经济手段降伏了莱国。从那儿以后，管仲开始从莱国进口食盐，然后转手卖到中原其他诸侯国。按此推测，这次战争应该发生在管仲采用经济手段降伏莱国之前。

结果两边的军队根本没照面，莱夷就溃退了。齐国的军队声势太大了，那口号声、锣鼓声，听起来太恐怖了。所以，管仲相当于用金钱、荣誉、感情，三管齐下，激发起了将士们的勇气，结果是不战而屈人之兵。

现代人都非常熟悉"以人为本"这个成语，而历史上"以人为本"是由管仲第一个提出的。有人认为"以人为本"当中的人等同于民，这个说法有待商榷。人是一种生命形态，民是一个社会阶层。说到人，齐国人、楚国人、晋国人都是人；但如果管仲说到民，一般是指有齐国国籍，并且地位在官吏之下的普通百姓。所以，以人为本不能等同于以民为本。

以人为本表达了对人的重视。但是具体怎样重视呢？尊重基本人性，满足人性当中的合理需求，是其中重要的部分。由于人性很少变化，所以围绕着人性所做的思考，往往具有穿越性。这也就解释了为什么管仲的很多思想和方法都能经世致用。

以人为本在现代已经成为一种国际共识。一般来说，对古典的解读，很多人希望避免受当代意识影响，原汁原味最好。但是一旦接触到管仲，则往往情不自禁地发现很多他与现代意识的相通之处。品读历史的主要目的是开创未来，其中洞察人性，对现代人来说也非常之重要。而向管仲这位洞察人性的先哲学习，是取得良好效果的一个有效的途径。

四、系统构建的大师

系统是常用词汇，不用解释也能意会。比如常说的铁路系统、电力系统、教育系统、电脑操作系统等。当年，管仲对治国理政的方方面面的都进行了系统构建，涉及行政、司法、人才、信息、土地、盐铁、外贸、金融、科技、军事、外交等等领域。实践证明以上各种系统构建是成功的，所以说管仲是系统构建的大师。但是时代不同了，当年这些系统的具体结构和运行方式，已经无法生搬硬套到现代社会了。所以在了解具体系统之后，更重要的是理解管仲的系统思维方式，后者更有现实意义。

其实，中国古代的系统思维很发达。比如《易经》和中医，都是系统思维的产物。再比如周朝的体制设计，在宗法制、分封制、世袭制的基础上，构建了一个治理天下的大系统。我们常说的《周礼》，其实是用来说明周王朝大系统建设和运行规范的。

那么管仲与之前相比，有没有超越呢？答案是肯定的。

第一是管仲对周初的政体设计有所继承，但同时也改造、补充和创新了一些子系统。第二是管仲在思考方法上下功夫，梳理出了一个系统思维的模型——

七法。

　　关于七法这部分的内容，可能会很烧脑。但这是管仲送给后人的非常珍贵的礼物。如果您需要经常整理事情的头绪，如果您对生活尤其是工作还有上进的要求，那么管仲的这份礼物就能够对您有所帮助。所以看一遍没有理解，不妨反复多遍，直到烂熟于心。请相信，管仲一定不会辜负您的期望。现在，礼物来了。

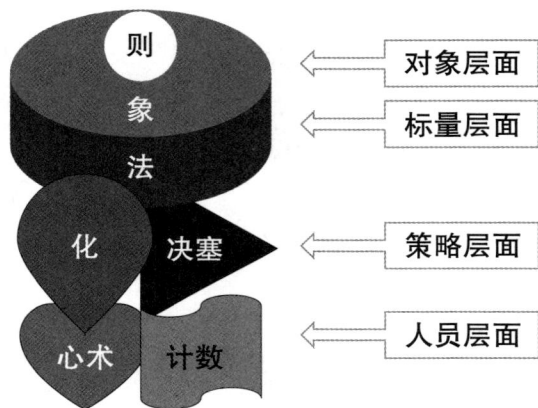

　　所谓七法，就是按照"则、象、法、化、决塞、心术、计数"七大问题，梳理头绪，构思方案。

　　首先，什么是则？其实则就是法则或规律。任何事情都有其所遵循的法则和内在规律。什么是象呢？当然就是在规律的支配下，所产生的现象。则和象，也就是规律和现象，说的是做一件事情的对象层面。

　　但是面向对象，不能只做定性描述，还要做定量的标示。在《管子·七法》当中，法与尺寸、绳墨、规矩、衡石、斗斛、角量相关。说的是测量方法、测量工具和测量结果。既包括初始状态的数据，也包括目标状态的数据。所以是做一件事情的标准和量化层面，姑且把它称为标量层面。

　　接下来的化和决塞，就进入了策略层面。化，就是采用渐变的方式，通过熏陶等方法，慢慢改变事物的状态，强调的是柔和。但是做事情光讲柔是不行的，很多时候还需要有刚。而刚在"七法"当中就是决塞。是以制度或号令的方式，通过开放和阻绝来规定事物的方向，于是刚柔并济。做一件事情，尤其是社会工作，刚柔并济往往是最好的策略。

但是再好的策略最后都要落实到人啊。于是，就必须考虑人员层面的问题。而人的问题，通常关注的是德和才。而德和才在"七法"当中分别对应心术和计数。所谓心术，在《管子》一书当中表述为，老实、忠诚、宽厚、施舍、有度量、能容让等。可见管仲是非常重视品德的。今天说一个人品德不好，也有人说"心术不正"。但是只讲品德没有才能行不行呢？当然也不行。所以管仲又提出了才能要求，计数。计数在《管子》当中主要表述为计算，依靠计算来掌握分寸。如果按现代生活扩展思维，那么其他工作技能，比如电脑编程等，都应该是从属于这个"计数"的。

于是，对象层面、标量层面、策略层面、人员层面，构成了一套解决问题的思考模型。从事到人、从客观到主观、从规律到方法，全部包含在其中。可以说，仅靠这七法，管仲已经是当之无愧的系统大师。

当然，经世济民的天才、保卫华夏的巨人、洞察人性的先哲、系统构建的大师，这四个评价，仅仅是诸多评价当中的一部分而已。他在多个领域的多种成就，依然影响着今天的中国。所以他应该得到现代社会的更多关注。

一个贫寒之士，如何当上大国宰相？一个不善经营的商人，怎样带领百姓发家致富？一个缺乏勇气的士兵，如何缔造出百战百胜的军队？一个被多次驱逐的蹩脚听差，怎样开创称霸诸侯的千秋伟业？管仲的逆袭不仅仅改变了他个人的生活，而且影响了一个时代，甚至是身后的中国历史。管仲在逆袭过程中所表现出的奋斗精神，同样也是整个民族的宝贵财富。

【原文选摘】

《管子·轻重丁》（节选）

桓公曰："五衢之民，衰然多衣弊而屦穿，寡人欲使帛布丝纩之贾贱，为之有道乎❶？"管子曰："请以令沐途旁之树枝❷，使无尺寸之阴。"桓公曰："诺。"
行令未能一岁，五衢之民皆多衣帛完屦。桓公召管子而问曰："此其何故也？"
管子对曰："途旁之树未沐之时，五衢之民，男女相好往来之市者，罢市相睹
树下，谈语终日不归。男女当壮❸，扶辇推舆，相睹树下，戏笑超距❹，终日不归。
父兄相睹树下，论议玄语❺，终日不归。是以田不发❻，五谷不播，桑麻不种，
茧缕不治。内严一家而三不归❼，则帛布丝纩之贾安得不贵。"桓公曰："善。"

【注释】

❶ 衰然：穷困的样子。屦：草鞋。纩：丝绵。
❷ 沐：砍掉树枝。
❸ 当壮：丁壮。
❹ 超距：跳跃。
❺ 玄语：不切实际的话。
❻ 田不发：后世学者分析当为"田草不发"。
❼ 严：同"厣"，瞰或视之意。

《管子·轻重乙》（节选）

管子入复桓公曰❶："终岁之租金四万二千金，请以一朝素赏军士❷。"桓公曰：
"诺。"以令至鼓期于泰舟之野期军士❸。桓公乃即坛而立，宁戚、鲍叔、隰朋、
易牙、宾须无皆差肩而立。管子执枹而揖军士曰❹："谁能陷陈破众者，赐之
百金。"三问不对。有一人秉剑而前，问曰："几何人之众也？"管子曰："千
人之众。""千人之众，臣能陷之。"赐之百金。管子又曰："兵接弩张，谁
能得卒长者，赐之百金。"问曰："几何人卒之长也？"管子曰："千人之长。""千
人之长，臣能得之。"赐之百金。管子又曰："谁能听旌旗之所指，而得执将
首者❺，赐之千金。"言能得者垒千人❻，赐之人千金。其余言能外斩首者❼，
赐之人十金。一朝素赏，四万二千金廓然虚。桓公惕然太息曰❽："吾曷以识
此❾？"管子对曰："君勿患。且使外为名于其内，乡为功于其亲，家为德于
其妻子。若此，则士必争名报德，无北之意矣。吾举兵而攻，破其军，并其地，

则非特四万二千金之利也。"五子曰："善。"桓公曰："诺。"乃诫大将曰："百人之长，必为之朝礼；千人之长，必拜而送之，降两级。其有亲戚者，必遗之酒四石，肉四鼎；其无亲戚者，必遗其妻子酒三石，肉三鼎。"行教半岁，父教其子，兄教其弟，妻谏其夫，曰："见其若此其厚❿，而不死列陈，可以反于乡乎？"桓公终举兵攻莱，战于莒必市里⓫。鼓旗未相望，众少未相知，而莱人大遁，故遂破其军，兼其地而虏其将。故未列地而封，未出金而赏，破莱军，并其地，禽其君⓬。此素赏之计也。

【注释】

❶ 复：汇报。

❷ 素赏：预许之赏。

❸ 期：同"旗"。至鼓期：召集鼓旗。期军士：会集军士。

❹ 枹：鼓槌。

❺ 执将：主将。

❻ 垒：累。

❼ 外：出列迫敌。

❽ 惕然：惊惧。

❾ 曷以：何以。

❿ 见其：得到待遇。

⓫ 必市里：莒国地名。

⓬ 禽：擒拿。

《管子·七法》（节选）

则、象、法、化、决塞、心术、计数❶，根天地之气❷，寒暑之和，水土之性，百姓、鸟兽、草木之生，物虽不甚多，皆均有焉❸，而未尝变也，谓之则。义也、名也、时也、似也、类也、比也、状也❹，谓之象。尺寸也、绳墨也、规矩也、衡石也、斗斛也、角量也❺，谓之法。渐也、顺也、靡也、久也、服也、习也❻，谓之化。予夺也、险易也、利害也、难易也、开闭也、杀生也❼，谓之决塞。实也、诚也、厚也、施也、度也、恕也❽，谓之心术。刚柔也、轻重也、大小也、实虚也、远近也、多少也，谓之计数。

【注释】

❶ 则：法则，规律。象：表象，情况。法：法度，标准。化：变化，教化。决塞：打开或堵塞，引申为对事物的判别、权衡。心术：指思想品行。计数：计算、筹划。

❷ 根：寻根，探索。

❸ 不：后世学者分析为后衍之字。

❹ 义：同"仪"，事物的外形。比：并列。

❺ 衡石：称量轻重的器具。斗斛：量器。角量：量器。

❻ 渐：渐进以化。顺：随顺不逆。靡：琢磨。久：后世学者分析当作"灸"。服：驯服。习：习惯。

❼ 杀生：杀死或者使之生。

❽ 厚：宽厚。施：博施。度：大度。恕：容让。

其实他是千古圣人

古人提出过一个标准，"三不朽"，即立德、立功、立言。达到这个标准，才是圣人。但是历史上到底有谁达标了，大家说法不一。支持孔子和王阳明的人是最多的。

所谓"三不朽"最早出现在《左传·襄公二十四年》当中。具体表述是：

太上有立德，其次有立功，其次有立言，虽久不废，此之谓三不朽。

但是这个说法过于笼统，还需要做具体诠释。于是唐代学者，孔子的三十一世孙孔颖达做了这项工作，他说：

立德谓创制垂法，博施济众；

立功谓拯厄除难，功济于时；

立言谓言得其要，理足可传。

——孔颖达《春秋左传正义》

孔颖达所讲的立德，显然不是私德，而是公德。不是个人道德水平有多高，而是社会因为有了他变得有多好。并且这个公德不仅是以自我修养对社会进行道德示范，更为关键的是要建立一套能促进国家不断强大，社会日渐文明的法制体系。因为道德倡导，往往只对自觉的人起作用；而"创制垂法"则可以借助国家机器来扬善弃恶，最大限度地让老百姓获得实实在在的保护和帮助。

然而尴尬的是，如果严格按照这个标准，孔子和王阳明在"立德"这一项上似乎都未达标。我们非常敬佩两位先贤的为人，完全相信他们有"博施济众"的强烈愿望，但遗憾的是现实并没有为他们提供"创制垂法"的充分条件。所以，我们不应该拘泥于孔颖达的文字界定，而要看到立德也有客观条件的局限。只要在能力范围内将立德行为最大化，便已堪称典范。从这个角度看孔子和王阳明被誉为圣人，并无不妥。

那么，本书的主人公管仲是否达到了"三不朽"的标准呢？

显然，对于不熟悉管仲的读者来说，这个问题本身就很唐突。在很多人心里，管仲的形象还存在不少瑕疵，甚至还很不堪。但是在中华世纪坛所立的四十位文化先贤雕像，管仲却位列第一。社会认知的反差如此巨大，正是需要解决的问题。所以这本书愿望之一，就是帮助读者解除种种误会，了解真实的管仲，从而能够对照"三不朽"来评判他的人生高度。

首先说立德。

按照孔颖达的标准，管仲当之无愧。因为管仲为齐国建立了强大的国政系统，德法兼治使得百姓越来越富裕，国家越来越强大，社会越来越和谐。比如"九惠之教"就是用制度为百姓创造福利。完全符合"创制垂法，博施济众"的标准。在他去世之后，齐国遵其政，仍能强于诸侯。并且管仲的作为并不局限在齐国国内，他还为华夏联盟制定了更加文明进步的盟约，促进了华夏圈的和平、团结、互惠，使得更多百姓过上了平安的生活。因此，管仲的公德，无可置疑。

以往人们对他的成见，主要聚焦在私德方面。比如：他跟鲍叔牙合伙做生意时是否多分了红利？是否真的当过逃兵？为什么要辅佐政敌齐桓公？为什么在上任之前要求优厚的待遇？他是不是妓院的祖师爷？为什么要把家里搞得那么奢侈并且还僭越礼制？

其实这些私德问题不在孔颖达界定的范围之内，本不必细说。但是既然影响了公众判断，还是需要在此做一些分析。其中贪利和逃跑，是管仲为了抬举鲍叔牙所做的自嘲，不可当真；辅佐政敌和要求待遇，孔子已经给了非常肯定的评价，前者是他心怀天下，后者是为了更好开展工作；奢侈和越礼，是管仲主动替齐桓公背的黑锅，为国君的形象所做的自我牺牲；所谓妓院祖师，更是无稽之谈，宋元之前的史料当中根本没有这个说法，这盆脏水是明清之际才泼到他身上的。

一个人贬低自己抬举朋友，牺牲自己维护国君，看淡小集团利益选择为国效力，以一国之力促进天下和平，这难道不是一个高尚的人，一个有益于人民的人吗？

再说立功。

每个时代都有具体的需要。所以分析古人立功，也需要考虑到现实情况。管仲所在的时代，华夏社会有两大突出矛盾：一是周王失去威信，华夏秩序紊乱，诸侯之间战争频发；二是外敌不断侵略，诸侯无力抵抗，华夏眼看不保。在这种危难之际，周天子提出过好办法吗？没有；同时代的各国诸侯，比如鲁庄公、郑厉公、宋闵公、燕庄公、晋献公提出过好办法吗？同样没有；还有天下精英，比如宰孔、单伯、曹刿、子文等提出过好办法吗？还是没有。于是，山河破碎几乎成了必然趋势。

但是，管仲从贫寒之士经过个人奋斗，在当上齐国宰相之后，通过壮大齐国实力，担负起天下兴亡。孔子在这个问题上的评价是——

微管仲，吾其披发左衽矣！　　　　　　——《论语·宪问》

没有管仲，中华文明就消亡了。所以管仲是孔子心中中华文明的保护神。

管仲仅仅是一国宰相，但他解决的是整个华夏的问题。他所促成的华夏联盟规模最大时，有齐鲁宋陈卫郑蔡燕楚江黄曹许滑滕郏等大大小小几十个诸侯国。各国诸侯有了盟主调停关系，变得和平团结，于是有精力发展经济，对抗外敌，中华文明从而得以保全。如果管仲本身是在辅佐周王，建立这样的功绩会相对容易。但仅仅是凭借司马迁所说的"区区之齐"就做出这种效果，实在令人深深敬服。这样的功绩称作"拯厄除难，功济于时"，无疑是恰如其分的。

最后说立言。

公元前 500 年左右，被很多学者称为"轴心时代"。那段时间，无论东西方都出现了一批伟大的思想家，他们的智慧照耀着人类发展路程，即便是两千五百年后的今天，我们仍然不断地在他们的著作当中接受滋养。管子、老子、孔子，则是屹立于那个时代的巨人。

管仲身后的《管子》一书，包罗万象，宏博精深，"远非他书可及"。与老子专心于道、孔子专心于仁所不同的是，管子在政治和经济领域的思考是中国历史上最为权威和独到的，被历代政治家奉为经典。他提出的"以人为本""以百姓为天""以法治国""百年树人""礼义廉耻""和谐""诚信"等思想观念，放在今天也可谓主流高端，经世致用，无疑符合"言得其要，理足可传"的标准。

但是，《管子》一书后来也遭到质疑，焦点在《管子》是否为管仲亲著上面。产生质疑的原因很复杂，既有学术探究，也夹杂着门派之争和政治目的。因此，既不能全盘否定，也不可全面接受。在此只提醒学者们注意如下问题：

第一，管仲有《管子》一书流传下来，是韩非子和司马迁都确认过的。他们与管仲在时间上更接近。他们的说法后世可以质疑，但在找到过硬的证据之前，是不能把质疑当结论的。

第二，管仲是宰相，他的职责并不是做一门学问，而是要博采众家之长治国理政。但在那个时代思想成果极为有限，因此管仲需要思考很多问题，并提出自己的观点。所以他的话题涉及哲学、政治、文化、经济、军事、科技、教育、卫生等多个领域并不奇怪，"杂"恰恰符合他的职业需要。

第三，目前普遍认为《管子》当中有管仲亲著、史官记录、后人整理补缀等多种情况，基本结论是非一人一时之作。但是即便有后人整理和补缀等成分，只要体现了管仲的思想和实践，就不能切断它和管仲的联系。其中一些重要言论，仍然可以看成出自管仲之口。这就仿佛弟子们整理的《论语》，仍然体现了孔子的思想一样。《管子》一书当中的政治和经济智慧，没有经过实战锤炼的书生们是编不出来的。

现在，将前面的论述综合起来，管仲无疑完全达到了"三不朽"的要求，理当被尊为圣人。

其实年少的管仲就被鲍叔牙视为贤人，去世之后齐桓公便开始称他圣人，到了孔子口中他甚至是中华文明的保护神。即便过了 2700 年之久，他的思想依然能够穿越时空，为现代中国人拨开迷雾。回望历史，管仲在世的那八十年当中，华夏社会有谁比他更为出色？管仲去世之后的两千六百多年里，又有几位能够与他相提并论呢？

这样一位中华民族伟大的祖先，应该得到应有的尊重。

图书在版编目（CIP）数据

穿越春秋品管仲 / 李任飞著 . -- 北京 : 中国青年出版社 , 2019.5
ISBN 978-7-5153-5582-5

Ⅰ . ①穿… Ⅱ . ①李… Ⅲ . ①管仲（ ?- 前 645）—生平事迹

Ⅳ . ① B226.1

中国版本图书馆 CIP 数据核字（2019）第 081560 号

责任编辑：彭岩 刘晓宇

*

中国青年出版社 出版 发行

社址：北京东四十二条 21 号 邮政编码：100708
网址：www.cyp.com.cn
编辑部电话：（010）57350407 门市部电话：（010）57350370
北京科信印刷有限公司印刷 新华书店经销

*

700×1000 1/16 20.5 印张 300 千字
2019 年 5 月北京第 1 版 2020 年 8 月北京第 2 次印刷
定价：48.00 元
本书如有印装质量问题，请凭购书发票与质检部联系调换
联系电话：（010）57350337